Richard Mackay

Atlas der bedrohten Arten

Haupt

Richard Mackay

Atlas der Bedrohten Arten

Übersetzt von Monika Niehaus und Coralie Wink

Haupt Verlag
Bern • Stuttgart • Wien

Richard Mackay ist Direktor für Umweltplanung bei Mott MacDonald, einer großen britischen Beratungsfirma, die auf ökologische Fragen spezialisiert ist. Er verfügt über eine außerordentlich breite Erfahrung bei Umweltstudien verschiedenster Art.

Die englische Originalausgabe erschien in 3., überarbeiteter und aktualisierter Auflage 2009 unter dem Titel *The Atlas of Endagered Species*

Myriad Editions
59 Lansdowne Place
Brighton BN3 1FL, UK
www.MyriadEditions.com

Redaktion und Koordination: Jannet King und Candida Lacey
Gestaltung und Grafiken: Corinne Pearlman und Isabelle Lewis
Karten: Isabelle Lewis
Zusätzliche Recherchen: Jannet King

Aus dem Englischen übersetzt von
Monika Niehaus, D-Düsseldorf, und Coralie Wink, D-Dossenheim
Satz der deutschen Ausgabe: Die Werkstatt, D-Göttingen
Umschlag der deutschen Ausgabe: pooldesign.ch

Bibliografische Information der Deutschen Nationalbibliothek:
Die Deutsche Nationalbibliothek verzeichnet diese Publikation in der Deutschen Nationalbibliografie; detaillierte bibliografische Daten sind im Internet über http://dnb.d-nb.de abrufbar.

ISBN 978-3-258-07454-2

Printed and bound in Hong Kong

Umschlag vorne:
Tiger: © istock 376926
Koralle, Rotes Meer: © Charles Hood, WWF-UK
Rhonegletscher: © Jan Ryser, CH-Langnau
Kleiner Krallenklee: © Konrad Lauber, CH-Bern

Umschlag hinten:
Großer Panda: © Gerry Ellis
Mandrinette: © Wendy Strahm, IUCN
Galapagos-Riesenschildkröte: © Neil Morrison, WWF-UK
Orang-Utan: © Russel Mittermeier, WWF-US

www.haupt.ch

Inhalt

Kapitel 1
Aussterben ist endgültig

Kapitel 2
Ökosysteme

Kapitel 3
Verletzliche Regionen

Kapitel 4
Bedrohte Tiere und Pflanzen

Kapitel 5

Bedrohte Vögel

Kapitel 6

Natur-, Tier- und Pflanzenschutz

Kapitel 7

Tabellen

Einleitung

Anpassungen im Rahmen der Evolution haben eine Fülle von Lebewesen entstehen lassen. Von all den Arten, die jemals gelebt haben, bewohnt nur ein winziger Bruchteil heute unseren Planeten. Katastrophen in der Erdgeschichte, wie Vulkanausbrüche und Meteoriteneinschläge, löschten ganze Organismengruppen aus, und allmähliche Klimawandlungsprozesse eliminierten andere. Die evolutionären Strategien mancher Arten waren auf Dauer einfach nicht gut genug, und sie fielen Konkurrenten und Fressfeinden zum Opfer. Das Verschwinden der Dinosaurier ist ein Beispiel, das zur Bescheidenheit mahnt. Selbst eindrucksvolle Größe und Kraft konnten ihr Überleben nicht sichern. Ganz im Gegenteil: Dies führte dazu, dass diese Tiere sich nur langsam an ihre sich wandelnde Umgebung anpassen konnten und empfindlicher als Säuger auf katastrophale Ereignisse reagierten.

Was uns Menschen angeht, so wächst dank Stammbaumforschung und genetischen Untersuchungen die Einsicht, wie nahe wir doch mit anderen Lebewesen, vor allem mit Schimpansen und Bonobos, verwandt sind. Die Australopithecinen, der *Homo ergaster* und unsere anderen Vorfahren entwickelten Werkzeuggebrauch, gesellschaftliche Organisation und Kultur deutlich über das Niveau hinaus, das man bei nichtmenschlichen Primaten findet. Wir sind zwar ebenfalls Primaten, doch die biologischen Veränderungen, die die Entwicklung dieser nichtmenschlichen Primaten begleitet haben, sind für uns ausreichend, um uns als andere «Chronospezies» zu betrachten.

Einige Weltregionen sind ökologisch interessanter als andere. Lebensräume wie Korallenriffe und Regenwälder enthalten eine große Artenfülle. Andere Regionen, wie die Arktis und die Antarktis, interessieren uns, weil sie eine ganz besondere Fauna und Flora aufweisen und noch nicht stark vom Menschen beeinflusst sind. Arten auf Inseln wie Madagaskar haben sich geografisch isoliert entwickelt, und dort sind einzigartige Formen entstanden. Australien gebührt die traurige Auszeichnung, der Kontinent zu sein, auf dem die meisten Säuger aussterben. Viele andere Regionen und Ökosysteme sollten hier Erwähnung finden, doch dazu reicht der Platz nicht aus.

Nur ein Bruchteil – wahrscheinlich weniger als zehn Prozent – aller heute lebenden Arten ist bisher identifiziert und klassifiziert worden. Die verbleibenden neunzig Prozent sind vorwiegend Wirbellose. Daraus ergibt sich insofern eine Anomalie, als die Länder, in denen die intensivste Forschung betrieben wird, auch diejenigen sind, die die größte Zahl an bedrohten Arten aufweisen. Das World Conservation Monitoring Centre, heute eine Unterabteilung des Umweltprogramms der Vereinten Nationen (UNEP), ist eine Organisation, die weltweit Daten zu Naturschutzangelegenheite n sammelt. Die Weltnaturschutzunion IUCN ist die Schirmgruppe für Naturschutzorganisationen in aller Welt. Sie hat ein System entwickelt um festzustellen, ob eine Art bedroht ist, und wenn das der Fall ist, wie hoch die Gefährdung ist. Die Organisation hat diese Erkenntnisse unter dem Titel «Rote Liste bedrohter Arten» publiziert.

Im System der Roten Liste wird eine Art als einzigartig und genetisch geschlossen betrachtet. Das bringt konzeptionelle Schwierigkeiten mit sich, wenn es darum geht, Arten zu definieren, die sich ungeschlechtlich fortpflanzen, beispielsweise bei Tieren, die sich durch Knospung oder bei Pflanzen, die sich durch Ausläufer vermehren. Trotz seiner Mängel ist das Artkonzept jedoch nützlich für den Naturschutz. Unterarten und isolierte Populationen von Arten werden in diesem Buch in der Regel nicht aufgeführt, wenn sie an manchen Stellen auch im Text beschrieben werden.

Die Verbreitung von Lebewesen richtet sich nicht nach politischen Grenzen. Entscheidungen, die den Naturschutz betreffen, werden jedoch im Allgemeinen noch immer auf nationaler Ebene getroffen, und politische Grenzen bieten eine praktische Orientierungsmöglichkeit auf Landkarten. Das Maß der Gefährdung von Tier- und Pflanzengruppen wird in diesem Atlas durch die Zahl bedrohter Arten pro Staat repräsentiert. Das vermittelt zwangsläufig den Eindruck, dass größere Länder größere Naturschutzprobleme haben als kleinere. Um das Gleichgewicht wiederherzustellen, konzentriert sich Kapitel 6 (Natur-, Tier- und Pflanzenschutz) auf Gebiete mit der höchsten Artenvielfalt und auf solche mit den meisten endemischen Arten.

Warum ist es wichtig, die Artenvielfalt (Biodiversität) auf unserer Erde zu schützen? Viele Leute sind der Ansicht, dass wir die Hüter dieses Planeten sind und die Auslöschung von Arten, wie wir sie betreiben, unmoralisch ist. Ganz abgesehen vom geistigen und ästhetischen Verlust stellt jedes Aussterben auch einen unersetzlichen Verlust an genetischer Information dar, darunter vorteilhafte Merkmale, die in Nutzpflanzen und Nutzvieh hätten eingekreuzt werden können. Chemische Naturstoffe dienen auch zur Herstellung von Pharmaka. Wenn Schlüsselarten aussterben, ist das Gleichgewicht ganzer Ökosysteme in Gefahr.

Die globale Klimaerwärmung gehört zu den Bedrohungen, die im «Millenium Ecosystem Assessment» angesprochen werden, einer Studie, die im März 2005 vorgestellt wurde. Es war die erste umfassende globale Evaluation der wichtigsten Ökosysteme weltweit. Die Studie stellte fest, dass sechzig Prozent der Vorteile, die die Menschheit aus Ökosystemen zieht (die sogenannten Ökosystemdienstleistungen, wie Fischfang oder die Verhinderung von Bodenerosion), degradiert worden sind oder nicht nachhaltig genutzt werden. Der Verlust von Arten wurde als einer der Hauptfaktoren identifiziert; er beeinflusst sowohl die Nutzung natürlicher Ressourcen als auch weniger gut fassbare geistige und kulturelle Werte. Die Konsequenzen für das menschliche Wohlergehen sind schwerwiegend, doch wenn wir Ökosystemdienstleistungen in Landwirtschaft, Industrie und in unserem Lebensstil schützen, können wir den Niedergang aufhalten.

Zwischenstaatliche Übereinkommen können den Schutz gemeinsamer Ressourcen, wie der Meeresfischerei, sicherstellen. Sie können auch den schädlichen Handel mit Wildtieren und -pflanzen bekämpfen, der von unserer Faszination für das Seltene und Exotische sowie von den angeblichen medizinischen Eigenschaften einiger Tiere und Pflanzen lebt. Im Jahr 1973 trat das Washingtoner Artenschutzabkommen CITES in Kraft, das den internationalen Handel mit gefährdeten Wildtieren und -pflanzen regelt. Aktuellere Verträge beschäftigen sich mit Naturschutzfragen innerhalb der nationalen Jurisdiktion. Im Jahr 1992 verabschiedete die UN-Konferenz über Umwelt und Entwicklung (UNCED) in Rio de Janeiro («Rio-Gipfel») das «Übereinkommen über die biologische Vielfalt» (CBD), die Klimarahmenkonvention und die Rahmenprinzipien zum Schutz der Wälder. All diese Übereinkommen sind für bedrohte Arten wichtig. Obgleich die Biodiversitäts-Konvention (CBD) nochmals das Prinzip der nationalen Souveränität betonte, verpflichtete es die Staaten auch, die Artenvielfalt zu schützen, indem es beispielsweise verlangt, dass bei Infrastrukturmaßnahmen die Auswirkungen auf die Umwelt berücksichtigt werden.

Die Größe der Weltbevölkerung ist für den Schutz der Biodiversität von entscheidender Bedeutung. Weniger Menschen würde es erlauben, Lebensräume zu schonen oder sie nachhaltig zu nutzen. Natürlich unterscheidet sich der Einfluss des Menschen auf die Umwelt, sein «ökologischer Fußabdruck», je nach Land beträchtlich. Die USA, in denen vier Prozent der Weltbevölkerung leben, produzieren ein Viertel aller Treibhausgase weltweit. Die USA und andere Industrienationen haben jedoch auch die meisten sauberen Technologien dieser Welt entwickelt.

Umweltverschmutzung ist ein globales Thema. Kohlendioxid erwärmt den ganzen Planeten, nicht nur Ihren Hinterhof. Die globale Erwärmung wird sich stark auf bedrohte Arten auswirken. Wenn sich das Eis zurückzieht, bleiben Eisbären wie Schiffbrüchige auf Eisschollen zurück und verhungern. Pflanzen mit begrenzter Verbreitung werden die steigenden Temperaturen vielleicht nicht überleben. Küstengebiete und große Flussmündungen werden möglicherweise überflutet. Die Welt wird Arten verlieren, die sich im Lauf von Milliarden Jahren entwickelt und Gemeinschaften und Lebensräume gebildet haben, die ohne Störung durch den Menschen noch immer im ökologischen Gleichgewicht wären.

Die Klimarahmenkonvention zielt auf das Zentrum von Wirtschaftssystemen. In Kyoto wurde1997 eine Übereinkunft unterzeichnet, die verbindliche Grenzen für den Beitrag von Industrieländern zur globalen Erwärmung festlegt. Das Ausmaß, in dem der Transfer von sauberer Technologie an Entwicklungsländer und «Kohlenstoffsenken» von nationalen Emissionen abgebucht werden kann, war jedoch umstritten. Gespräche im niederländischen Den Haag über Details des Kyoto-Protokolls scheiterten im November 2000 an der Kompromisslosigkeit der USA, doch im Juli 2001 stimmten 180 Länder (mit Ausnahme der USA) einer Kompromissregelung zu. Nach der Ratifizierung durch Russland trat das Kyoto-Protokoll am 16. Februar 2005 endlich in Kraft. Auf der Bali-Konferenz 2007 wurde versucht, Rahmenvorgaben für einen gemeinsamen internationalen Handlungsplan gegen die globale Erwärmung auszuarbeiten, der sich an das Kyoto-Protokoll, das 2012 ausläuft, anschließen soll. Noch ist unklar, ob der Nachfolgevertrag deutliche Emissionsreduktionen bei den Industrieländern sicherstellen und Ziele für Schwellen- und Entwicklungsländer vorgeben wird, die – und das gilt vor allem für China und Indien – dabei sind, zu bedeutenden Emittenten von Treibhausgasen zu werden. Beides ist nötig, wenn eine globale Klimakatastrophe vermieden werden soll.

RICHARD MACKAY
Cambridge, im Sommer 2008

Danksagung

Mein Dank gilt Caroline Pollock von IUCN für die Bereitstellung von Daten, ferner Patricia Patton von WWF-UK und Alex Solyom von WWF-US, die freundlicherweise viele der Fotos für dieses Buch besorgten, wie auch den Fotografen, die uns großzügigerweise den Abdruck ihrer Bilder gestattet haben (siehe unten). Außerdem möchte ich der Species Survival Commission (Kommission zur Erhaltung der Arten) der IUCN und Birdlife International für ihre Hilfe bei der Abklärung verschiedener Daten danken.

Auch dem Team von Myriad Editions, dem Verlag der englischen Originalausgabe, möchte ich ganz herzlich danken: Jannet King, Candida Lacey, Isabelle Lewis und Corinne Pearlman, die so unermüdlich gearbeitet haben, um die Genauigkeit und visuelle Wirkung des Buches sicherzustellen – besonders für Jannets Hilfe bei der Recherche der neuen Daten.

Mein aufrichtiger Dank gilt ferner meinen Eltern Judith und John für ihre immerwährende Unterstützung.

Autor und Verlag danken WWF-USA und WWF-UK für die Erlaubnis, eine Bildauswahl aus dem WWF-Fotoarchiv verwenden zu dürfen. Der WWF, weltweit durch das Panda-Logo bekannt, setzt sich in aller Welt für den Schutz bedrohter Arten und Naturräume ein. Wenn Sie mehr über den WWF und seine Programme erfahren möchten, dann besuchen Sie das Internetportal der Organisation unter www.wwf.org. Der WWF übernimmt keine Verantwortung für die Korrektheit von Text, Karten oder Diagrammen in diesem Atlas. Außerdem danken wir für die Erlaubnis, folgende Fotos verwenden zu dürfen: S. 10–11: Galapagos-Riesenschildkröte: Neil Morrison WWF-UK. S. 16–17: Neandertaler-Schädel: Patrick McDonnell/www.medicalillustration.net. S. 18–19: Schildkröte: Asther Lau/www.iStockphoto.com. S. 20–21: Koralle, Rotes Meer: Charles Hood/WWF-UK. S. 22–23: Mahagonibaum, Brasilien: Mark Edwards/Still Pictures/WWF-UK; Tropischer Regenwald: WWF-UK; Regenwaldzerstörung, Indonesien: Mauri Rautkari/WWF-UK. S. 24–25: Legaler Holzeinschlag, Russland: UPM; Aufforstung, China: Asian-info. S. 26–27: asiatisches Steppenhochland: iStockphoto/Robert Churchill; Hindutrappe: Raja Purohit. S. 28–29: Mangrovenwald: Edward Parker/WWF-UK; Wasserhyazinthe: USDA. S. 30–31: Koralle, Rotes Meer: Charles Hood/WWF-UK. S. 32–33: Kaiserbarsch: Greenpeace/Duncan; Koralle: NOAA/MBARI. S. 34–35: Eselspinguin, Antarktis: iStockphoto/Jeff Goldman. S. 36–37: Eisbären: Neil Morrison/WWF-UK. S. 38–39: Goldschopfpinguin: Mary Rae/WWF-UK; Felsenpinguin: David Lawson/WWF-UK. S. 40–41: Gouldamadine: Australian Wildlife Conservancy. S. 42–43: Kalifornische Seelöwen: iStockphoto/Carrie Winegarden; Spinnenaffe: Luiz Claudio Marigo/www.omuriqui.hpg.com.br; illegale Straßen: iStockphoto/Joseph Luoman; Pantantal: iStockphoto/Torsten Karock. S. 44–45: Galapagospinguin: iStockphoto/javaman3; Steven Morello/WWF-US; Lavamöwe: Gary Feldman; Galapagos-Riesenschildkröte: Neil Morrison/WWF-UK. S. 46–47: Madagaskar-Immergrün: David R. Parks/www.mobot.org; Madagaskarseeadler: Greg Lasley; Goldener Halbmaki: endangangeredcreatures.net. S. 48–49: Gepard: Chris Harvey/WWF-UK. S. 50–51: Pavian: D. White/WWF-UK; Alaotra-Halbmaki: David Lawson/WWF-UK; Orang-Utan: Russel Mittermeier/WWF-US; Gorilla: Rick Weyerhaeuser/WWF-US. S. 52–53: Florida-Puma: David Maehr/Conservation Biology, University of Kentucky: www.fl-panther.com; Bengaltiger: David Lawson/WWF-UK; Gepard: Chris Harvey/WWF-UK. S. 54–55: Bison: USFWS/WWF-US; Przewalski-Pferd: John De Meij/Foundation for the Preservation and Protection of the Przewalski Horse; Zwergwildschwein: Durrell Wildlife; Hunter-Leierantilope: Gretchen Goodner/WWF-US. S. 56–57: Asiatischer Elefant: David Lawson/WWF-UK; Java-Nashorn: Thinkquest; Indisches Panzernashorn: Bruce Bunting/WWF-US. S. 58–59: Braunbär: Mary Rae/WWF-UK; Großer Panda: Edward Mendell/WWF-UK; Belutschistan-Kragenbär: Ian Ledgerwood/WWF-UK; Brillenbär: David Lawson/WWF-UK. S. 60–61: Biber: David Lawson/ WWF-UK. S. 64–65: Blauwal: Paul Coppi/WWF-UK. S. 66–67: Panama-Stummelfrosch: www.messiah.edu; Meerechse: T. P. Littlejohns/WWF-UK; Dreistreifen-Scharnierschildkröte: Kurt Buhlmann/Conservation International. S. 68–69: Asiatischer Marienkäfer: Wild About Britain; Monarchfalter: WWF-US. S. 70–71: Aquakultur: Edward Parker/WWF-UK. S. 72–73: Frauenschuh: E. Lister/WWF-UK; Gemeines Hasenglöckchen: Jannet King; Kaukasus: Cathy Ratcliff/WWF-UK; Mandrinette: Wendy Strahm/IUCN Rote-Liste-Programme; Bastard-Köcherbaum: Craig Hilton-Taylor/IUCN Rote-Liste-Programme. S. 74–75: Kurzschwanzalbatros: Hiroshi Hagesawa/Toho University. S. 76–77: Kiwi: Storm Stanley/WWF-UK. S. 78–79: Affenadler: www.philipineeagle.org. S. 80–81: Hyazinthara: Edward Parker/WWF-UK; Mauritiussittich: Anne Lee/WWF-UK; Gelbohrsittich: Paul Salaman/Proyecto Ognorhynchus. S. 82–83: Kurzschwanzalbatros: Hiroshi Hagesawa/Toho University. S. 84–85: Turteltaube und Steppenadler: Sergey Dereliev/UNEP/AEWA. S. 86–87: Nebelwald, Costa Rica: iStockphoto/Francisco Romero. S. 88–89: Schimpanse: David Lawson/WWF-UK; Roter Vari: David Lawson/WWF-UK; Galapagos-Riesenschildkröte: Charles Hood/WWF-UK. S. 90–91: Everglades: iStockphoto/Harry Thomas; Epiphyten: Russel Mittermeier/WWF-US; Regenwald, Sumatra: Mauri Rautkari/WWF-UK. S. 92–93: Riesenmammutbaum: iStockphoto/Tobia Peciva; Dinarischer Westbalkan: iStockphoto/Ralf Hirsch; Zwergflusspferd: David Lawson/WWF-UK; Goldgelbes Löwenäffchenen: David Lawson/WWF-UK. S. 94–95 Alaotra-Halbmaki: James Morgan/Durrell Wildlife; Balearen-Geburtshelferkröte: Gerardo Garcia/Durrell Wildlife; Mauritiusfalke: Carl Jones/Durrell Wildlife; Rotsteißlöwenäffchen: Mark Pigeon/Durrell Wildlife. S. 96–97: Japanischer Staudenknöterich: invasive.org; Svalbard Global Seed Vault: Mari Tefre/Global Crop Diversity Trust; Magnolia sieboldii: Royal Horticultural Society; Mimetes chrysanthus: Craig Hilton-Taylor/IUCN Rote-Liste-Programme. S. 98–99: Angler Sattelschwein/FAO; Red Masai Schaf/FAO. S. 100–101: Graupapagei: Jannet King. S. 104–105: Monarchfalter: (Fotomontage): iStockphoto/Cathy Keifer.

Die Reliefkarten auf den Seiten 26–27, 38–39, 43 sowie 92–93 wurden mithilfe von MAPS IN MINUTESTM © RH Publications (1999) erstellt; auf den Seiten 18–19, 32–33, 40–41, 46–47 werden Mountain High Maps © Myriad Editions eingesetzt; auf Seite 37 wird eine Basiskarte verwendet, die von Hugo Ahlenius entworfen wurde und mit freundlicher Genehmigung von UNEP/GRID-Arendal abgedruckt wird (siehe http://maps.grida.no/).

1 Aussterben ist endgültig

«Schon pragmatisches Eigeninteresse allein sollte uns lehren, dass wir uns ändern müssen, bevor die Natur unausweichlich Rache nimmt.»

David Watson,
Autor von *How Deep is Deep Ecology*

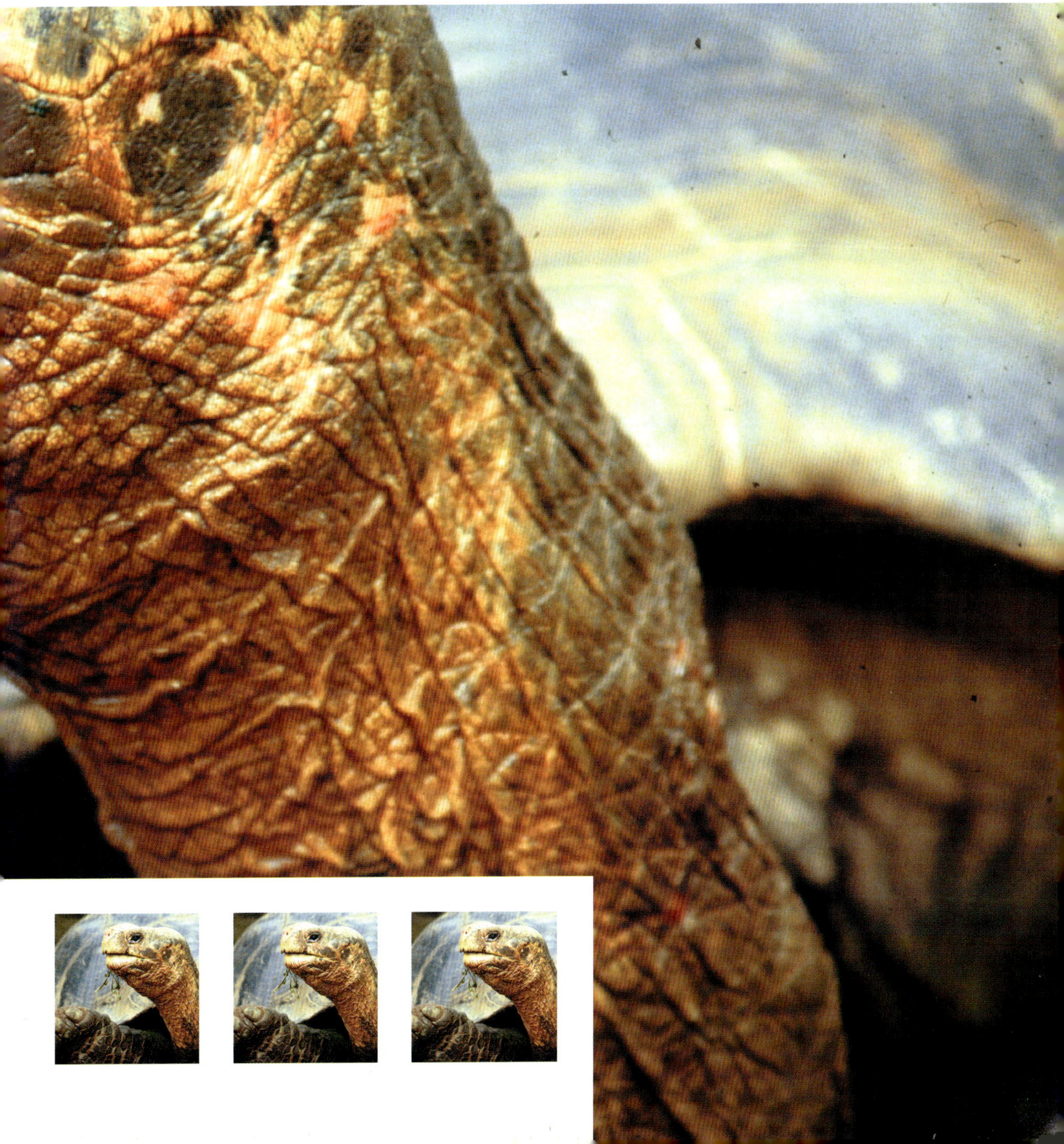

Evolution

Im Jahr 1831 unternahm der britische Naturforscher Charles Darwin eine folgenschwere Reise mit dem Forschungsschiff HMS Beagle. Mehr als fünf Jahre lang studierte er Geologie, Fauna und Fauna der Länder, die die Beagle besuchte. Er fand Fossilien lange ausgestorbener Arten und fragte sich, wie sie durch neue Arten ersetzt worden waren. Seine Beobachtungen ließen ihn zu dem Schluss kommen, dass die Unterschiede zwischen den Arten das Ergebnis eines natürlichen Prozesses waren. Darwin veröffentlichte seine Theorie 1859 unter dem Titel «Über den Ursprung der Arten» («On the Origin of Species»). Darin stellte er die vorherrschende Lehrmeinung infrage, nach der die Vielfalt des Lebens das Produkt eines übernatürlichen Plans war.

Zu Darwins Zeiten verstand man unter einer Art (Spezies) eine Gruppe von Organismen, die sich miteinander, nicht aber mit anderen Arten fruchtbar fortpflanzen können. Der schwedische Naturforscher Carl von Linné hatte Mitte des 18. Jahrhunderts ein System entwickelt, das Organismen entsprechend ihrer Ähnlichkeit klassifizierte und hierarchisch ordnete, wobei er auf höchster Ebene zwischen Tier und Pflanze unterschied. Linnés Ansatz bildet die Basis all unserer modernen systematischen Darstellungen (s. rechts).

Der Unterschied zwischen den Ansätzen von Linné und Darwin war folgender: Während Linné sein Werk als «Kartierung» der Welt ansah, die Gott geschaffen hatte, wollte Darwin erklären, wie sich Lebewesen entwickelt haben und sich weiterhin entwickeln. Darwin beobachtete die Variationen innerhalb einer Art und stellte fest, dass einige Merkmale vorteilhafter sind als andere. Er wusste, dass die Merkmale eines erwachsenen Organismus von dessen Eltern abhängen und der Umwelt, in der er lebt. Da Leben ein Wettstreit um begrenzte Ressourcen und eine Prüfung auf Widerstandsfähigkeit angesichts rauer Umweltbedingungen ist, pflanzen sich Organismen mit Merkmalen, die ihnen das Überleben am stärksten erleichtern, am erfolgreichsten fort. Diese Merkmale nehmen dann innerhalb der Art im Lauf des Anpassungsprozesses an wechselnde Lebensbedingungen an Häufigkeit zu. Wenn Ereignisse wie ein Anstieg des Meeresspiegels oder das Auseinanderdriften von Kontinenten eine Population trennen, können die beiden neuen Populationen nicht mehr zur Fortpflanzung zusammenkommen. Mit der Zeit führt die getrennte Evolution in jeder Population zu Veränderungen, die irgendwann so weit gehen, dass Individuen beider Populationen sich nicht mehr erfolgreich miteinander fortpflanzen können – eine neue Art ist entstanden.

In einer taxonomischen Darstellung, wie dem vereinfachten Diagramm auf der gegenüberliegenden Seite, sind Arten aufgrund ihrer gemeinsamen evolutionären Geschichte verbunden. Arten, die zur selben Ordnung gehören, teilen nach dieser Lesart einen jüngeren gemeinsamen Vorfahren als Arten, die zwar zum selben Stamm, aber nicht zur selben Ordnung gehören. Verschiedene Arten mit ähnlichen Merkmalen werden zu Familien zusammengefasst. Ähnliche Familien gehören zu einer Ordnung, verwandte Ordnungen zu einer Klasse und Klassen zu einem Stamm, von denen jeder zu einem der fünf Reiche gehört. Es gibt jedoch unterschiedliche Kriterien, um Organismen verschiedenen Gruppen zuzuordnen, und es wird noch immer darüber diskutiert, wie die Einteilungen erfolgen sollten – selbst auf der höchsten Ebene, der des Reiches.

Darwins Evolutionstheorie wird ständig neu auf den Prüfstand gestellt. Im 20. Jahrhundert erkannten Wissenschaftler, die das Leben auf molekularer Ebene untersuchten, dass die natürliche Selektion nicht nur auf der Ebene von Individuen, sondern auch auf der Ebene der Gene wirksam ist. Auf einem fundamentaleren Niveau wirkt sie zwischen Genen. Das erklärt Verhalten wie Altruismus: Beispielsweise opfern Ameisen ihr eigenes Leben, um ihr Nest zu verteidigen, denn wichtiger als das Überleben des Individuums ist das Überleben der Gene, die von verwandten Ameisen geteilt werden.

EVOLUTION (VEREINFACHT)

Wie aus einer einzelnen Art viele Arten hervorgehen können

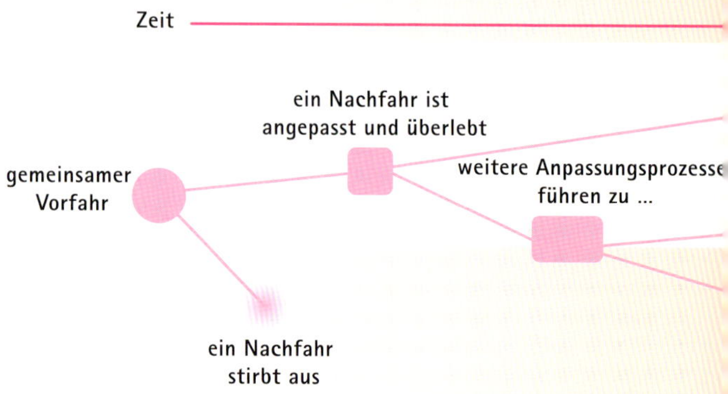

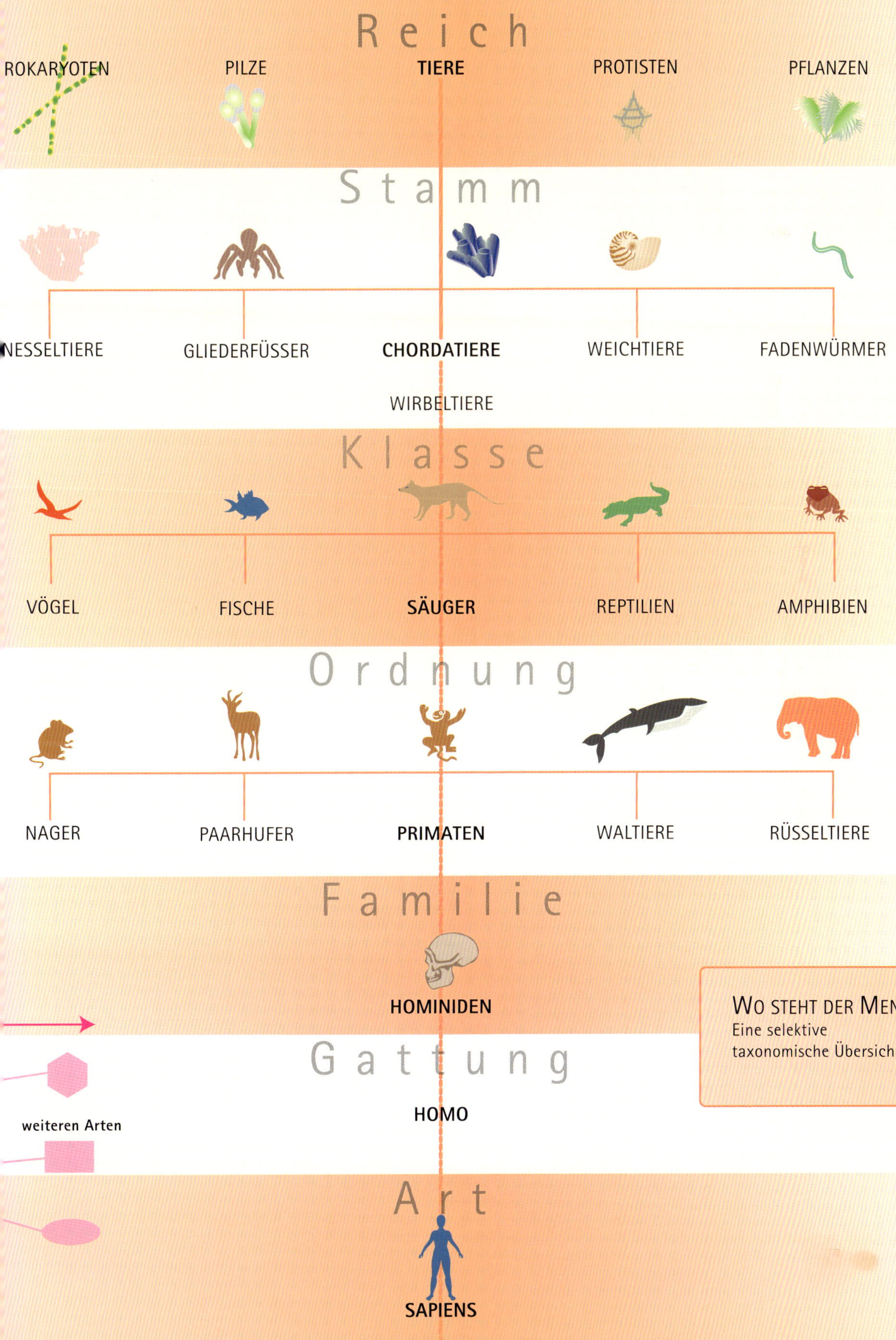

Wo steht der Mensch?
Eine selektive taxonomische Übersicht

MASSENAUSSTERBEN

Die Artenvielfalt (Biodiversität) eines Ortes oder einer Region ist ein Maß für Zahl und Häufigkeit der dort lebenden Arten. Jede Art besetzt eine «ökologische Nische», die durch die Wechselbeziehung dieser Art mit den für sie relevanten physischen und biologischen Umweltfaktoren – darunter auch andere Arten – gekennzeichnet ist. Die Gesamtheit der Organismen einer Art an einem Ort wird als Population bezeichnet; gemeinsam bilden diese verschiedenen Art-Populationen eine Gemeinschaft.

Arten sterben auf natürlichem Weg aus, wenn es ihnen nicht gelingt, sich fortzupflanzen, sei es aufgrund extremer Bedingungen oder weil sie von Konkurrenten verdrängt werden. Wenn sich eine Art durch Anpassung verändert, entwickelt sie sich dabei laut Definition in eine neue Art. Fossilienfunde sprechen dafür, dass diese kontinuierliche Rate des natürlichen Aussterbens von kurzen Perioden des Massenaussterbens – definiert als ein Zeitraum, in dem wenigstens fünfzig Prozent aller Arten aussterben – unterbrochen wird.

Die genauen Gründe für solche Massenaussterben lassen sich nur schwer rekonstruieren. Einige Massenaussterben könnten durch Naturkatastrophen wie Meteoriteneinschläge und Kometenschauer ausgelöst worden sein; globale Klimaveränderungen, Schwankungen in der Konzentration verschiedener Umweltgase und andere graduelle Umwelttrends waren vielleicht die Ursache für weitere Massenaussterben. Wechselbeziehungen zwischen verschiedenen Arten könnten ebenfalls eine Rolle gespielt haben, wenn sie in komplexen, fein ausbalancierten Lebensgemeinschaften Instabilitäten schufen. Der Verlust gewisser Schlüsselarten kann für Lebensgemeinschaften besonders schädlich sein. So haben sich beispielsweise in Regionen, wo Seeotter in jüngster Zeit fast bis zur Ausrottung bejagt wurden, Seeigel stark vermehrt und das Kelp (große Seetange) aufgefressen, wodurch der Lebensraum radikal verändert wurde. Auch kleine Arten können als Schlüsselarten fungieren, beispielsweise wirbellose Bodenbewohner oder sogar Mikroorganismen.

Zu Massenaussterben ist es unter Land- wie auch unter Meeresbewohnern gekommen. An Land waren Tiere offenbar stärker betroffen als Pflanzen. Im Meer kam es bei den Trilobiten – einer Gruppe von Meerestieren mit hartem Panzer – wiederholt zu Artenverlusten.

Massenaussterben haben sich bisher, grob gerechnet, etwa alle 26 Millionen Jahre wiederholt. Es ist nicht klar, ob dieses Muster zufällig entstanden ist oder ob es eine Erklärung dafür gibt. Fünf Massenaussterben waren besonders gravierend. Die überlebenden Arten haben sich anschließend aufgespaltet,

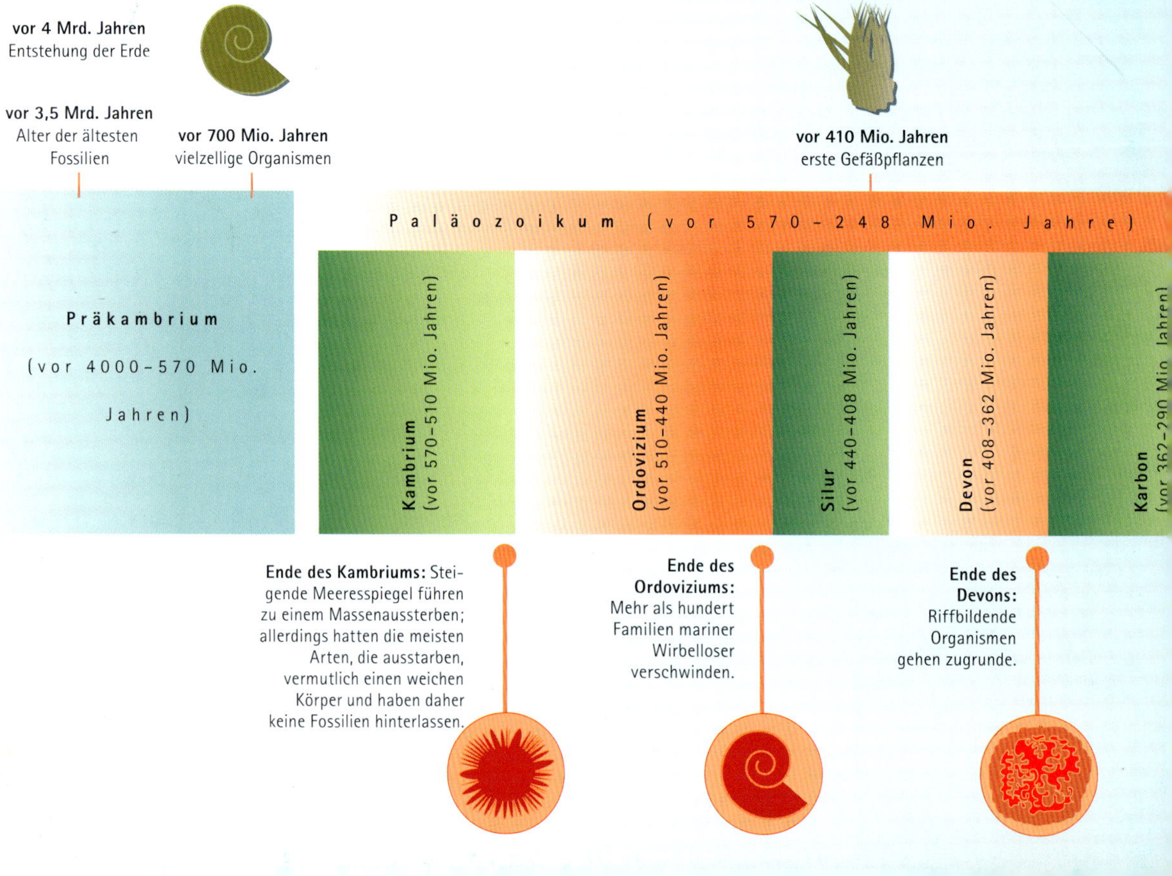

um die frei gewordenen ökologischen Nischen zu besetzen. So sind neue Lebensformen entstanden.

Zwar sind bereits 1,8 Millionen Lebewesen wissenschaftlich benannt worden, doch dies ist nur ein kleiner Bruchteil der 10 bis 100 Millionen Arten, die Schätzungen zufolge die Erde bevölkern. Die meisten dieser Arten werden wahrscheinlich noch vor ihrer genauen Bestimmung vom Menschen ausgerottet werden, sei es direkt als Folge menschlicher Aktivitäten, wie Holzeinschlag und Umweltverschmutzung, oder indirekt durch die Auswirkungen des Klimawandels auf ihren Lebensraum. Viele Wissenschaftler befürchten inzwischen, dass wir in ein sechstes Massenaussterben eintreten könnten.

Zeitskala von Massenaussterben

Wichtigste Erdzeitalter und Epochen

Mio. Jahre Millionen Jahre

Massenaussterben

vor 240 Mio. Jahren
Dinosaurier, Säuger, Flugsaurier und Schildkröten, Amphibien (Frösche) treten auf.

vor 100 000 Jahren
Der *Homo sapiens* tritt auf.

vor 210 Mio. Jahren
Gegen Ende der Trias führt ein Klimawandel zum Aussterben von Amphibien, mariner Reptilien und anderer Arten und schafft die Voraussetzungen für den Aufstieg der Dinosaurier.

vor 190 Mio. Jahren
Erste Vögel treten auf.

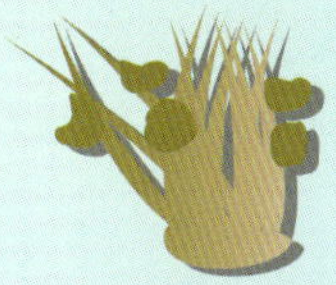

vor 130 Mio. Jahren
Erste Blütenpflanzen (Angiospermen) treten auf.

vor 50 Mio. Jahren
Primaten entwickeln sich.

vor 11 000 Jahren
Sinkende Temperaturen und Bejagung durch den Menschen führen zum Aussterben großer Säuger, darunter Mammut, Riesenfaultier und Säbelzahntiger.

Mesozoikum (vor 248–65 Mio. Jahren)

Känozoikum (vor 65–0 Mio. Jahren)

Perm (vor 290–248 Mio. Jahren)

Trias (vor 248–206 Mio. Jahren)

Jura (vor 206–145 Mio. Jahren)

Kreide (vor 145–65 Mio. Jahren)

Tertiär (vor 65–2 Mio. Jahren)

Ende des Perms: Zwischen 90 und 95 Prozent aller marinen Arten verschwinden, einschließlich der Trilobiten.

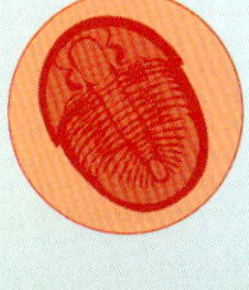

Ende der Kreide: 85 Prozent aller Arten, einschließlich der Dinosaurier, sterben aus. Die Präsenz von Iridium in 66 Millionen Jahre alten Ablagerungen spricht für einen Meteoriteneinschlag, der die Erde in Staub und Dunkelheit hüllte. Alternativ könnte das Aussterben durch einen allmählichen Klimawandel hervorgerufen worden sein.

Gegenwart: Im 20. Jahrhundert ist die Aussterberate auf ein Prozent pro Jahr gestiegen und liegt damit rund 10 000-mal höher als vor Beginn des Industriezeitalters.

Hominini (Menschen und Vormenschen)

Die heutigen Menschen sind die letzten Überlebenden der Tirbus Hominini, deren Zweige sich infolge geografischer Isolation entwickelten, die möglicherweise von einem Klimawandel hervorgerufen wurde.

Menschen sind die einzigen Primaten, die ständig aufrecht gehen. Die ältesten bekannten Hominini gehören zur Gattung *Australopithecus*, die sich vor mehr als vier Millionen Jahren in Afrika aus menschenaffenähnlicheren Vorfahren entwickelte und diesen Kontinent offenbar nie verließ. Der Kiefer der Australopithecinen war optimal an den Verzehr von Früchten, Nüssen und Beeren angepasst, und sie starben vor rund einer Million Jahren aus, wahrscheinlich, weil ihre bevorzugte Nahrung knapp wurde, als das Klima trockener und Wälder durch Steppen ersetzt wurden.

Als die Australopithecinen ausstarben, waren sie nicht die einzigen Hominini, die damals existierten. Vor 2,5 Millionen Jahren entwickelte sich ein Vormensch mit einem großen Gehirn, aus dem schließlich eine Art *(Homo sapiens)* hervorging, die einmal den ganzen Planeten beherrschen sollte.

Im Lauf der Homininievolution vergrößerte sich das Schädelvolumen, was auf wachsende geistige Fähigkeiten hindeutet. Aus Größe und Form verschiedener Hirnareale konnten Wissenschaftler ableiten, wie sich die menschliche Intelligenz entwickelt hat: Der Stirnlappen zeigt abstrakte Verarbeitungsprozesse und Sprachkapazität an, während der Scheitellappen direkt unter dem Schädeldach für technologisches und rechnerisches Denken verantwortlich ist.

Die Nutzung von Werkzeugen und Technologie, von Kleidung und Behausung bis zu raffinierten landwirtschaftlichen Anbaumethoden diente als Puffer zwischen *Homo sapiens* und einer sich verändernden Umwelt. Innerhalb der letzten 250 000 Jahre sind beim Menschen keine Veränderungen im Genpool der Population beobachtet worden, die schließlich zur Entwicklung einer neuen Art führen würden.

Vor rund 2,5 Millionen Jahren begannen die Vormenschen, Steinwerkzeuge wie Faustkeile und Steinklingen herzustellen. Dieselbe Fähigkeit zu technologischem und abstraktem Denken bietet heutzutage Gelegenheit für genetische Manipulationen und den Bau künstlicher Körperteile – eine Entwicklung, die zu der raschesten, fantastischsten und potenziell furchteinflößendsten Periode der zukünftigen Homininievolution führen könnte.

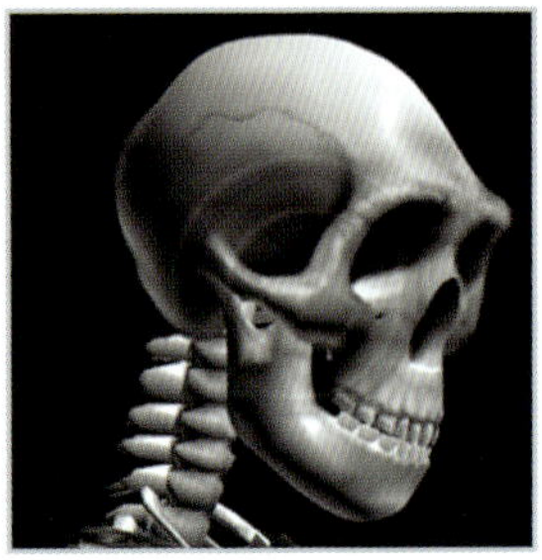

Homo neandertalensis lebte vor 100 000 Jahren in Kontinentaleuropa. Bis vor etwa 30 000 Jahren koexistierte die Art mit dem modernen Menschen. Möglicherweise starben die Neandertaler aus, weil sie den modernen Menschen im Wettbewerb um Ressourcen unterlegen waren, oder sie fanden ein gewaltsameres Ende. Andere Theorien gehen davon aus, dass die Neandertaler an kaltes Klima angepasst waren und verschwanden, als es wärmer wurde. Einige Wissenschaftler nehmen an, dass sich der moderne Mensch aus dem Neandertaler entwickelt hat, doch die meisten sehen ihn nicht als unseren direkten Vorfahren an.

Hominini sind menschenartige Primaten, die die Gattung **Homo** und ihre Vorläufergattungen bilden. In Süd- und Südostasien sind Fossilien von *Homo erectus* gefunden worden. *Homo erectus* starb vor rund 150 000 Jahren aus – vor dem ersten Auftreten von *Homo sapiens* vor rund 120 000 Jahren.

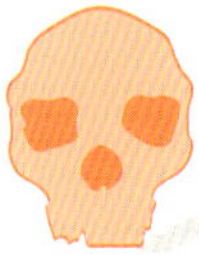

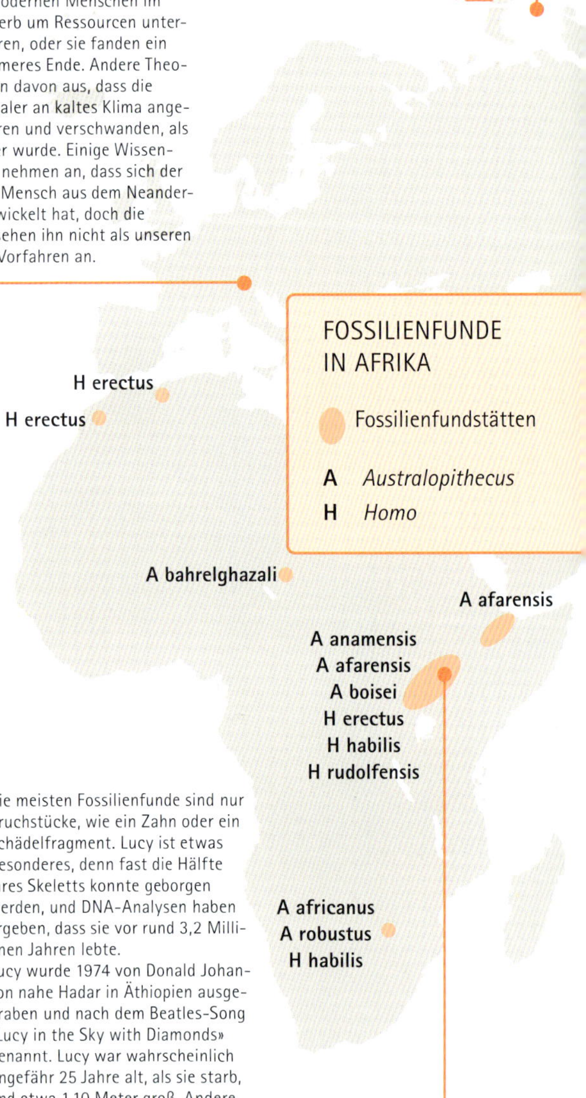

Die meisten Fossilienfunde sind nur Bruchstücke, wie ein Zahn oder ein Schädelfragment. Lucy ist etwas Besonderes, denn fast die Hälfte ihres Skeletts konnte geborgen werden, und DNA-Analysen haben ergeben, dass sie vor rund 3,2 Millionen Jahren lebte.
Lucy wurde 1974 von Donald Johanson nahe Hadar in Äthiopien ausgegraben und nach dem Beatles-Song «Lucy in the Sky with Diamonds» benannt. Lucy war wahrscheinlich ungefähr 25 Jahre alt, als sie starb, und etwa 1,10 Meter groß. Andere Australopithecus-afarensis-Vertreter aus diesem Gebiet brachten es jedoch auf bis zu 1,70 Meter.

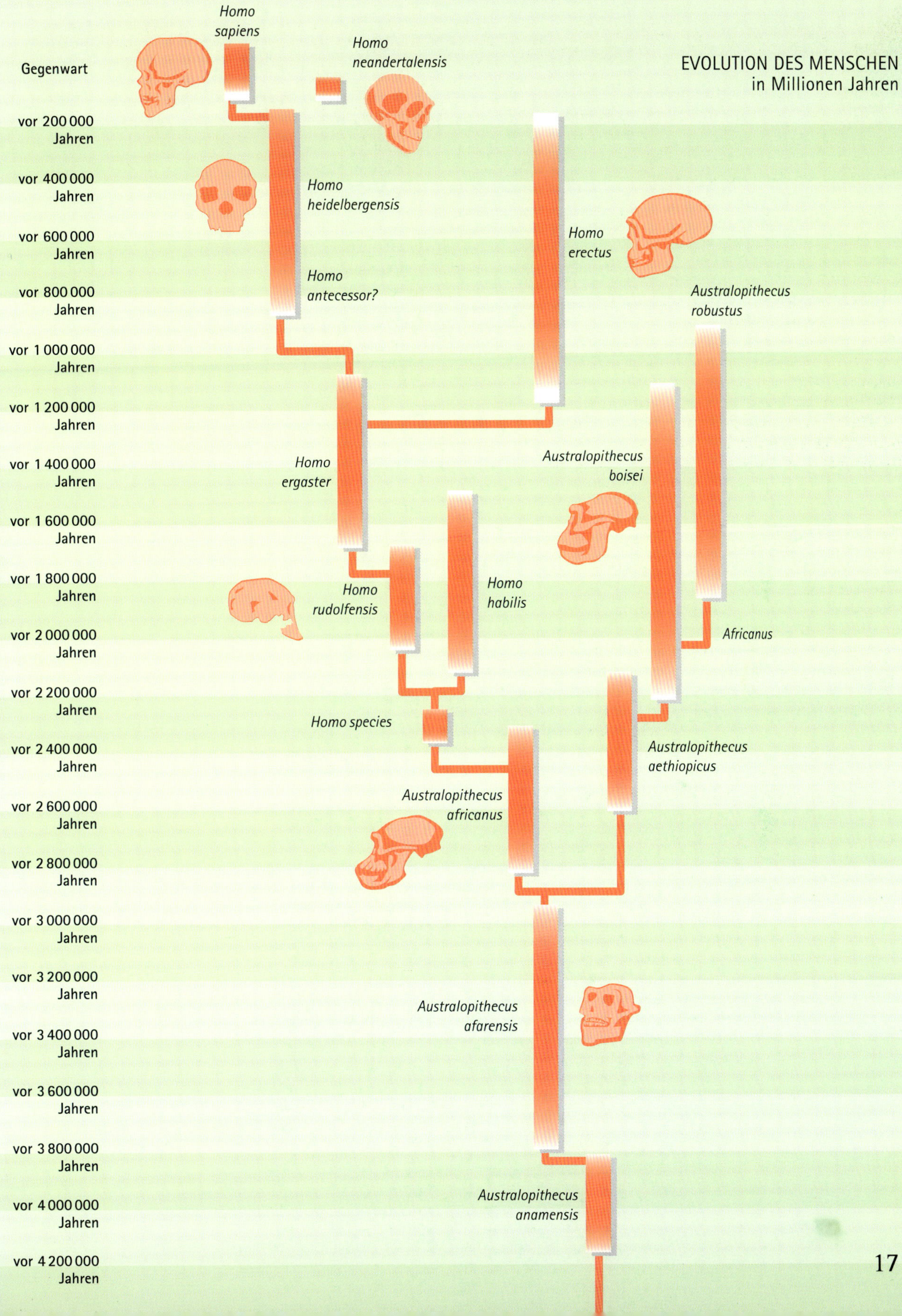

EVOLUTION DES MENSCHEN
in Millionen Jahren
Gegenwart
vor 200 000 Jahren
vor 400 000 Jahren
vor 600 000 Jahren
vor 800 000 Jahren
vor 1 000 000 Jahren
vor 1 200 000 Jahren
vor 1 400 000 Jahren
vor 1 600 000 Jahren
vor 1 800 000 Jahren
vor 2 000 000 Jahren
vor 2 200 000 Jahren
vor 2 400 000 Jahren
vor 2 600 000 Jahren
vor 2 800 000 Jahren
vor 3 000 000 Jahren
vor 3 200 000 Jahren
vor 3 400 000 Jahren
vor 3 600 000 Jahren
vor 3 800 000 Jahren
vor 4 000 000 Jahren
vor 4 200 000 Jahren
Homo sapiens
Homo neandertalensis
Homo heidelbergensis
Homo antecessor?
Homo erectus
Australopithecus robustus
Homo ergaster
Australopithecus boisei
Homo rudolfensis
Homo habilis
Africanus
Homo species
Australopithecus aethiopicus
Australopithecus africanus
Australopithecus afarensis
Australopithecus anamensis

Umwelteinfluss des Menschen

Die Anforderungen, die der Menschen an die natürlichen Ressourcen der Erde stellt, übersteigen in ihrer Gesamtheit die Leistungsfähigkeit des Planeten um 25 Prozent. Seitdem sich der *Homo sapiens* vor rund 30 000 Jahren zur dominanten Art der Gattung *Homo* entwickelte, ist er zur mächtigsten, kreativsten und letztlich destruktivsten Lebensform auf Erden geworden. Die Rate, mit der sich Menschen vermehrt und in riesigen Städten angesiedelt haben, stellt solche Anforderungen an die Umwelt, dass diese inzwischen an manchen Stellen unter diesem Druck schweren Schaden zu nehmen droht.

Der Abbau von Bodenschätzen, das Verfeuern fossiler Brennstoffe und andere mit Verschmutzung verbundene industrielle Aktivitäten, intensive Landwirtschaft mit exzessivem Chemikalieneinsatz, Entwaldung aufgrund von Holzeinschlag und landwirtschaftlicher Nutzung, Straßenbau, durch den Ökosysteme fragmentiert werden, die immer stärkere Versieglung der Erdoberfläche und eine übermäßige Grundwasserentnahme – all diese Aktivitäten verändern die Umwelt unwiderruflich. Das empfindliche Gleichgewicht zwischen den Arten, die die reichen und vielfältigen Ökosysteme der Erde ausmachen, ist zerstört worden, und Tausende von Lebensformen sind durch das Tun einer einzigen Art an den Rand des Aussterbens gedrängt worden.

Durch die Zerstörung von Ökosystemen säen wir die Saat unseres eigenen Untergangs, denn unser Überleben ist von eben diesen Ökosystemen abhängig. Wälder absorbieren Kohlendioxid und verhindern, dass Boden fortgespült wird, Mangroven filtern Verschmutzungen und schützen die Küste, Meere tragen zur Klimaregulation bei.

Zeichen für eine Klimaerwärmung finden sich überall auf der Welt, und diese Veränderung tritt so rasch ein, dass vielen Arten keine Zeit bleibt, sich anzupassen. Steigende Temperaturen führen zu schlechter vorhersagbaren Witterungsbedingungen und mehr extremen Wetterereignissen. Das stört das Pflanzenwachstum und die Fortpflanzungszyklen von Tieren, was oft eine Beeinträchtigung gegenseitiger Beziehungen und Abhängigkeiten mit sich bringt und viele Arten, nicht zuletzt den Menschen, zunehmend unter Druck setzt. Die Lebensweise – besser gesagt das Überleben – von Millionen Menschen und vielen Hunderttausend Arten steht auf dem Spiel.

Klimaveränderung

Die Auswirkungen der globalen Erwärmung auf Ökosysteme und Arten

2008 oder aktuellere Daten

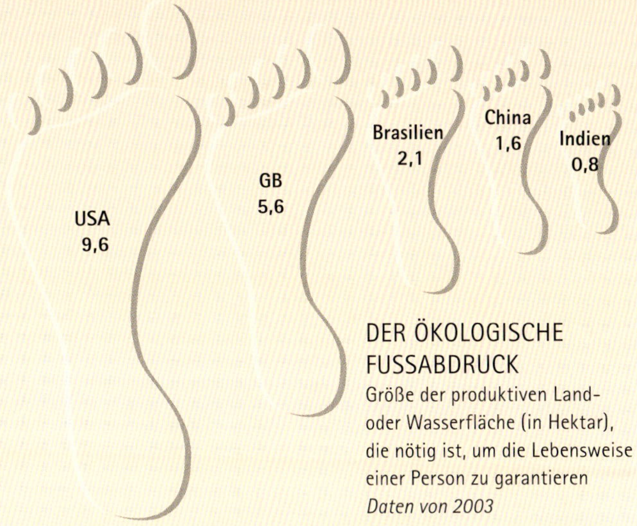

DER ÖKOLOGISCHE FUSSABDRUCK

Größe der produktiven Land- oder Wasserfläche (in Hektar), die nötig ist, um die Lebensweise einer Person zu garantieren
Daten von 2003

Wenn die **Temperaturen weltweit** um 2,5 °C oder mehr steigen, sind nach Auskunft des International Panel on Climate Change («Weltklimarat») wahrscheinlich bis zu dreißig Prozent aller Tierarten vom Aussterben bedroht.

Im Sommer 2007 erreichte das **arktische Meereis** seine geringste Ausdehnung seit Beginn der Satellitenaufzeichnungen 1979 – 23 Prozent unter dem Rekord aus dem Jahr 2005.

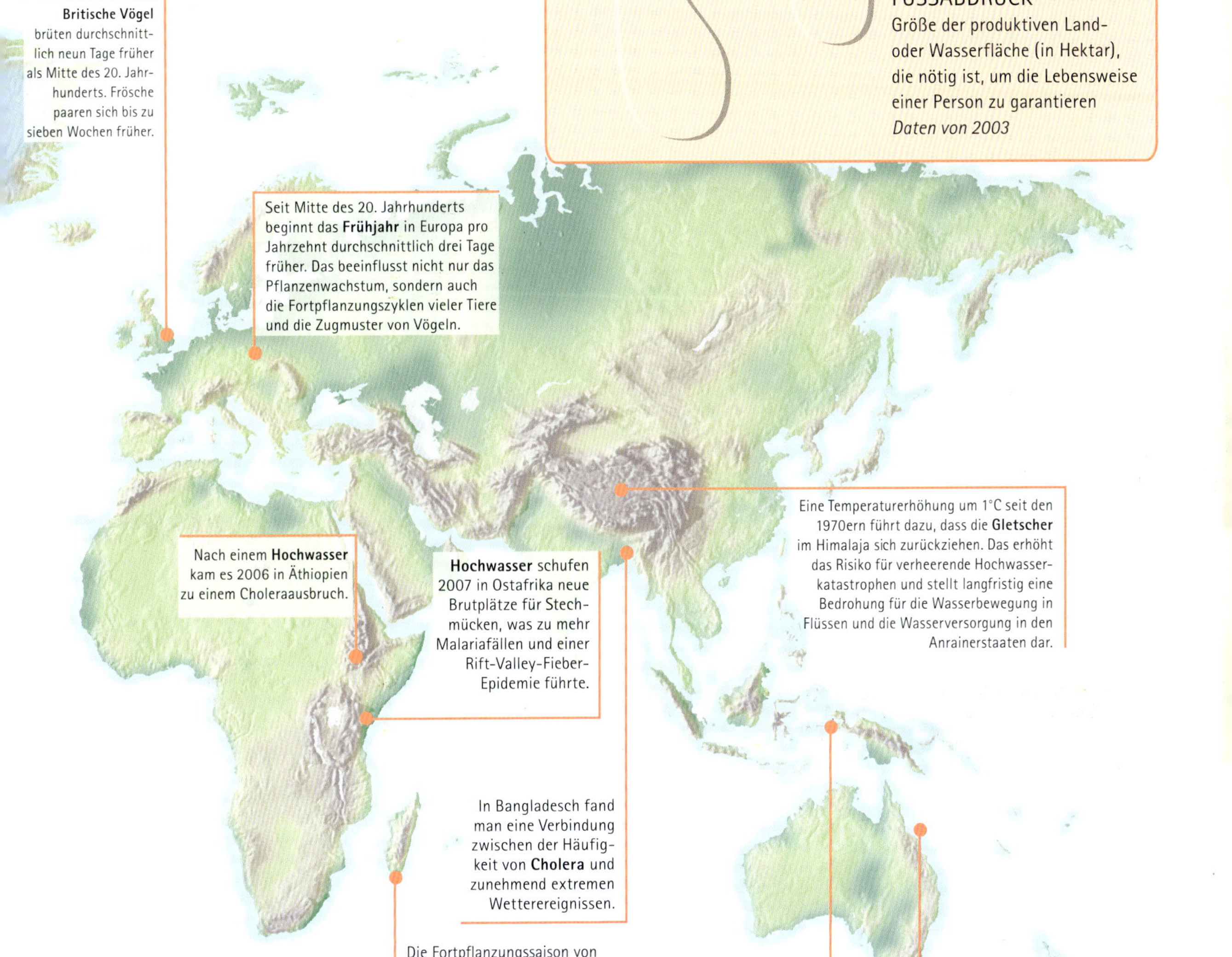

Britische Vögel brüten durchschnittlich neun Tage früher als Mitte des 20. Jahrhunderts. Frösche paaren sich bis zu sieben Wochen früher.

Seit Mitte des 20. Jahrhunderts beginnt das **Frühjahr** in Europa pro Jahrzehnt durchschnittlich drei Tage früher. Das beeinflusst nicht nur das Pflanzenwachstum, sondern auch die Fortpflanzungszyklen vieler Tiere und die Zugmuster von Vögeln.

Eine Temperaturerhöhung um 1 °C seit den 1970ern führt dazu, dass die **Gletscher** im Himalaja sich zurückziehen. Das erhöht das Risiko für verheerende Hochwasserkatastrophen und stellt langfristig eine Bedrohung für die Wasserbewegung in Flüssen und die Wasserversorgung in den Anrainerstaaten dar.

Nach einem **Hochwasser** kam es 2006 in Äthiopien zu einem Choleraausbruch.

Hochwasser schufen 2007 in Ostafrika neue Brutplätze für Stechmücken, was zu mehr Malariafällen und einer Rift-Valley-Fieber-Epidemie führte.

In Bangladesch fand man eine Verbindung zwischen der Häufigkeit von **Cholera** und zunehmend extremen Wetterereignissen.

Die Fortpflanzungssaison von **Lemuren** auf Madagaskar verläuft nicht länger synchron zur Vegetationsperiode und der Verfügbarkeit von Nahrung.

1997 wurde **Malaria** in Irian Jaya, Indonesien, erstmals auf über 2000 Meter Höhe festgestellt.

Die steigenden Wassertemperaturen am Großen Barrierriff und anderen **Korallenriffen** führen vermehrt zum Ausbleichen von Korallen. Eine potenziell größere Bedrohung stellt die Übersäuerung aufgrund einer erhöhten CO_2-Absorption dar, denn durch den erhöhten Säuregrad löst sich das Kalkskelett der Korallenpolypen auf.

Hohe Temperaturen während der Inkubationszeit der Eier führen bei **Schildkröten** zu einer größeren Anzahl von Weibchen. Zusammen mit dem sturmbedingten Verlust schattenspendender Bäume resultiert aus steigenden Temperaturen weltweit ein Überhang an Weibchen. Niemand weiß, wie das die Zahl der Schildkröten beeinflussen wird.

ÖKOSYSTEME

2

«Stellen Sie sich eine Erde ohne Ökosysteme vor ...
Jedes Ökosystem stellt die Lösung zu einer Herausforderung an das Leben dar, die sich während Jahrmillionen entwickelt hat. Ohne ihre Ökosysteme würde die Erde den kahlen, leblosen Bildern gleichen, die wir vom Mars kennen ...»

World Resources 2000–2001

Tropische Wälder

Die Regionen zwischen Nördlichem (23,5° N) und Südlichem Wendekreis (23,5° S) werden als «Tropen» bezeichnet. Tropische Regenwälder gedeihen in Gebieten mit hohem Niederschlag und setzen sich hauptsächlich aus immergrünen Bäumen zusammen. Halbimmergrüne Tropenwälder, deren Baumbestand in der Trockenzeit das Laub abwirft, sind vor allem in Gebieten mit saisonaler Dürre verbreitet. In Trockengebieten mit regelmäßigen Waldbränden und besonders nährstoffarmen Böden ist der Baumbewuchs nur spärlich, und es bildet sich ein «Savannenwald» aus.

Tropenwälder binden die Bodenkrume; dadurch tragen sie zur Erosionsverminderung und zum Erhalt der wenigen vorhandenen Nährstoffe bei. Tropische Wälder nehmen ferner Kohlendioxid aus der Luft auf und geben im Gegenzug Sauerstoff ab. Sie bedecken zwar nur sechs Prozent der globalen Landmasse, doch vermutlich ist mehr als die Hälfte aller Arten weltweit (die meisten davon noch nicht bechrieben) in Tropenwäldern heimisch.

Waldbrände – häufig durch Blitzschlag hervorgerufen – gehören zum natürlichen Zyklus, in dem sich tropische Wälder erneuern. Sie zerstören das Kronendach, sodass Licht bis zum Waldboden gelangt und das Wachstum von Jungbäumen und Krautschicht ermöglicht. Meistens werden Waldbrände jedoch durch den Menschen verursacht, gelegentlich auch absichtlich gelegt, um durch Brandrodung neues Agrarland zu schaffen. Waldbrände können auch unabsichtlich entstehen, zum Beispiel durch Zigarettenkippen oder Funkenflug von Maschinen.

Brandrodung – seit Neuerem maschinelle Rodung – kann dazu führen, dass die verbliebenen großen Tropenwaldgebiete schließlich vollständig zerstört werden. Die meisten tropischen Wälder befinden sich in armen Ländern, die in erster Linie Flächen für die landwirtschaftliche Nutzung gewinnen möchten. Die Entwicklungsförderungsprojekte der reichen Länder bewirken oft, dass Tropenwälder als Holzlieferanten ausgebeutet werden.

Sobald der Wald jedoch zerstört ist, steigt die Erosions- und Überschwemmungsgefahr. Die Bodennährstoffe werden sehr schnell ausgewaschen, sodass Ackerbau und Viehwirtschaft bereits nach wenigen Jahren unrentabel sind. Gebiete mit ursprünglich hoher Waldbedeckung – Beispiel Amazonasgebiet – haben wesentlichen Einfluss auf das Weltklima. Abholzung vermindert die lokale Niederschlagsmenge und kann sogar das Weltklima gefährden. Die nachhaltige Nutzung der Tropenwälder – das heißt, Holzeinschlag und Ernte (zum Beispiel von Früchten und Kautschuk) erfolgen nur selektiv – kann langfristig ein höheres Einkommen garantieren als Nutzungsmethoden, die den Wald stärker zerstören.

Tropische Wälder

Gesamtfläche der Tropenwälder (in Quadratkilometer)

1999 oder aktuellere Daten

- 1 350 000 – 3 013 000
- 500 000 – 890 000
- 350 000 – 460 000
- 100 000 – 250 000
- 10 000 – 99 000
- unter 10 000
- ohne Tropenwälder

geschützte Flächen

- 50 000 Quadratkilometer und/oder 40 Prozent der Gesamtfläche sind geschützt

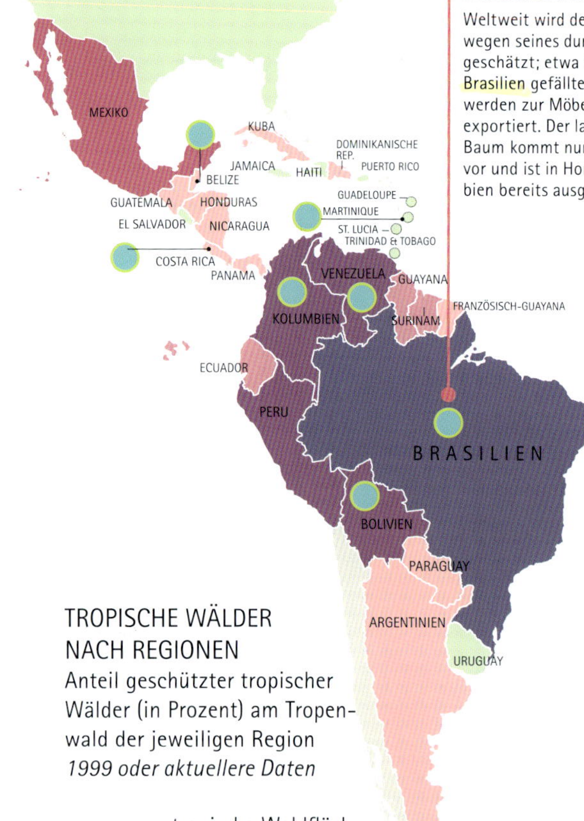

Weltweit wird der **Mahagonibaum** wegen seines dunklen Edelholzes geschätzt; etwa 40 Prozent des in Brasilien gefällten Mahagoniholzes werden zur Möbelherstellung exportiert. Der langsamwüchsige Baum kommt nur in geringer Dichte vor und ist in Honduras und Kolumbien bereits ausgestorben.

Tropische Wälder nach Regionen

Anteil geschützter tropischer Wälder (in Prozent) am Tropenwald der jeweiligen Region

1999 oder aktuellere Daten

tropische Waldflächen (in tausend Hektar)

Prozentsatz der geschützten Fläche

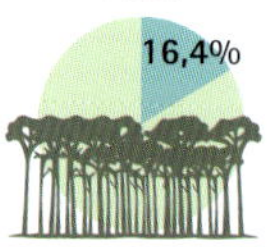

REGENWALDVERLUST

1990–2005

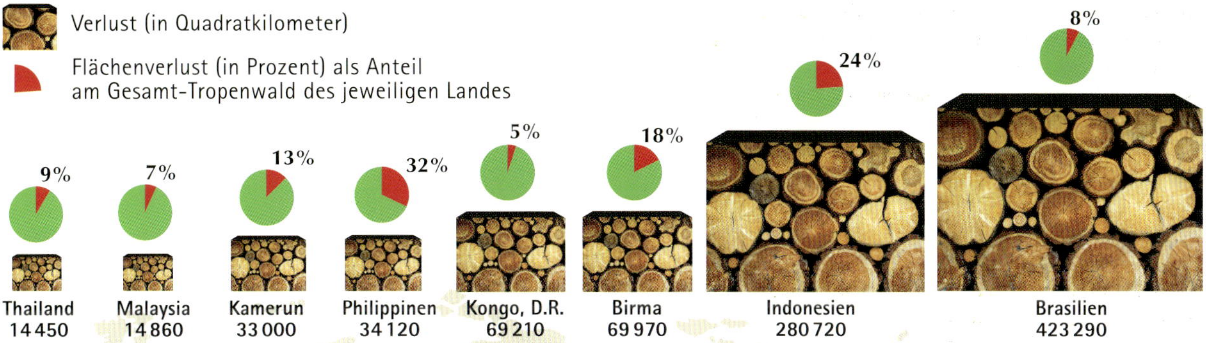

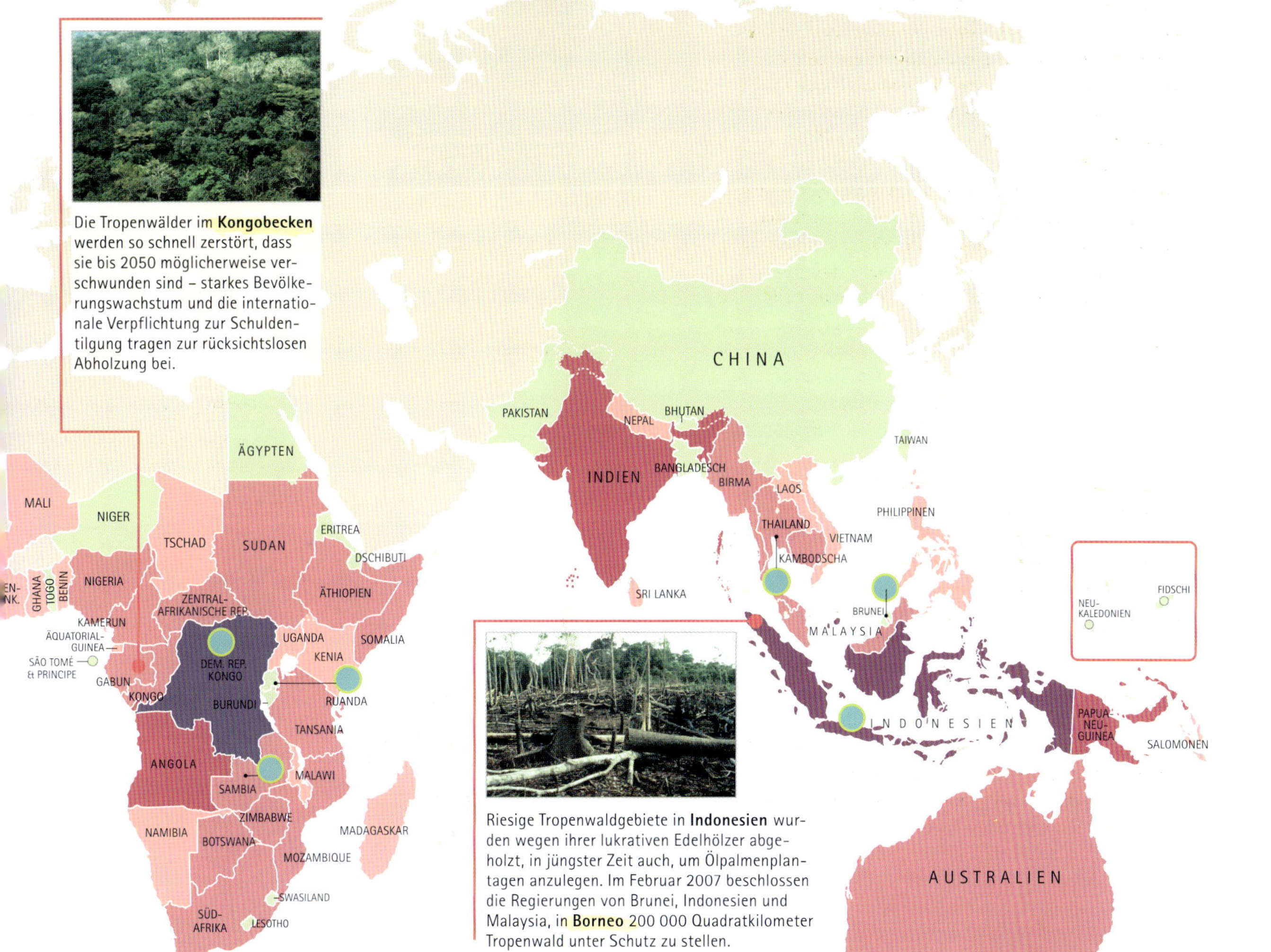

Die Tropenwälder im **Kongobecken** werden so schnell zerstört, dass sie bis 2050 möglicherweise verschwunden sind – starkes Bevölkerungswachstum und die internationale Verpflichtung zur Schuldentilgung tragen zur rücksichtslosen Abholzung bei.

Riesige Tropenwaldgebiete in **Indonesien** wurden wegen ihrer lukrativen Edelhölzer abgeholzt, in jüngster Zeit auch, um Ölpalmenplantagen anzulegen. Im Februar 2007 beschlossen die Regierungen von Brunei, Indonesien und Malaysia, in **Borneo** 200 000 Quadratkilometer Tropenwald unter Schutz zu stellen.

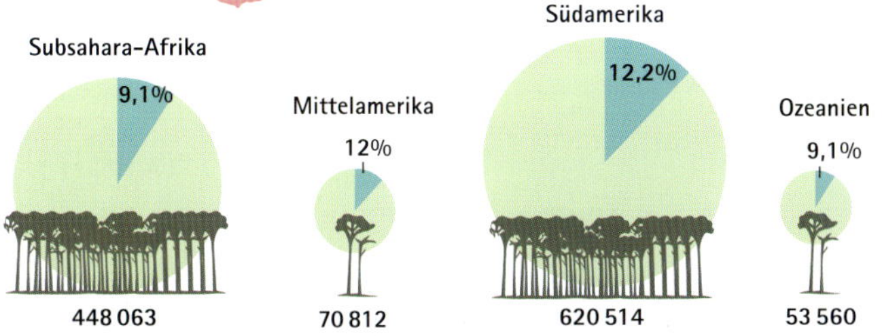

Gemässigte Wälder

Die gemäßigten (temperaten) Klimaregionen liegen nördlich und südlich des jeweiligen Wendekreises (23,5° Breite). Sommergrüne temperate Baumarten werfen ihre Blätter jeden Herbst ab. Die sich im Norden anschließenden borealen (nördlichen) Nadelwälder bedecken eine größere Fläche als jeder andere Waldtyp. In gemäßigten Wäldern dominieren Nadelbäume auch in Höhenlagen und an Standorten mit schlechtem Boden.

Gemäßigte Wälder werden seit Jahrtausenden für die Landwirtschaft und zur Holzgewinnung gerodet. Dieser Trend hat sich gegen Ende des 20. Jahrhunderts verlangsamt, da sich das Bevölkerungswachstum in den gemäßigten Klimazonen stabilisiert hat und neben Holz andere Quellen für Energie und Baumaterial erschlossen wurden. Die von gemäßigten Wäldern bedeckten Flächen nahmen in den 1990ern global zu. In vielen Wäldern ist die ökologische Qualität allerdings weiter gesunken, da «gewachsene» Wälder (Naturwälder) durch Aufforstungen ersetzt wurden und sich die Waldbrandhäufigkeit erhöht hat. Jedes Jahr wird etwa ein Prozent der noch existierenden mediterranen Hartlaubwälder durch Feuer zerstört, die von Menschen gelegt werden.

Auch die unsachgemäße Aufforstung von Wäldern, die eigentlich als «Kohlenstoffsenken» gegen die globale Erwärmung wirken sollen, kann zur Abnahme der biologischen Vielfalt führen. In den meisten Aufforstungen dominieren wenige Pflanzenarten oder gar nur eine, wie Eukalyptus und Kiefer, die häufig habitatfremd sind. Indirekt tragen Aufforstungen jedoch zum Naturschutz bei, da sie den Rodungsdruck auf Naturwälder verringern. Mittlerweile gibt es Programme, in denen bestimmte Aufforstungen mit nachgewiesen nachhaltiger Bewirtschaftung zertifiziert werden (s. S. 96–97).

Die Fragmentierung von Wäldern kann auch zur Isolierung der Pflanzen und Tiere in jedem Waldstück und damit zum lokalen Aussterben führen. Außerdem können Pflanzen und Tiere in diesem Fall bei einem Klimawandel schlechter abwandern.

Gemäßigte Wälder wurden auch durch Luftverschmutzung geschädigt. Bei der Verbrennung fossiler Brennstoffe werden Schwefel und Stickstoff freigesetzt, die als Luftschadstoffe mit dem Wind verfrachtet und später als Feinstäube auf den Boden gelangen oder zusammen mit Wasser «sauren Regen» bilden können. Einige Luftschadstoffe fördern zusammen mit Sonnenlicht die Bildung von Ozon; dieses greift in die Stoffwechselfunktionen von Pflanzen ein. Sogar Wälder, die mehrere Hundert Kilometer von Industriezentren entfernt liegen, können betroffen sein – insbesondere im Nordosten von Nordamerika, in Ostasien sowie in Nordosteuropa und Skandinavien.

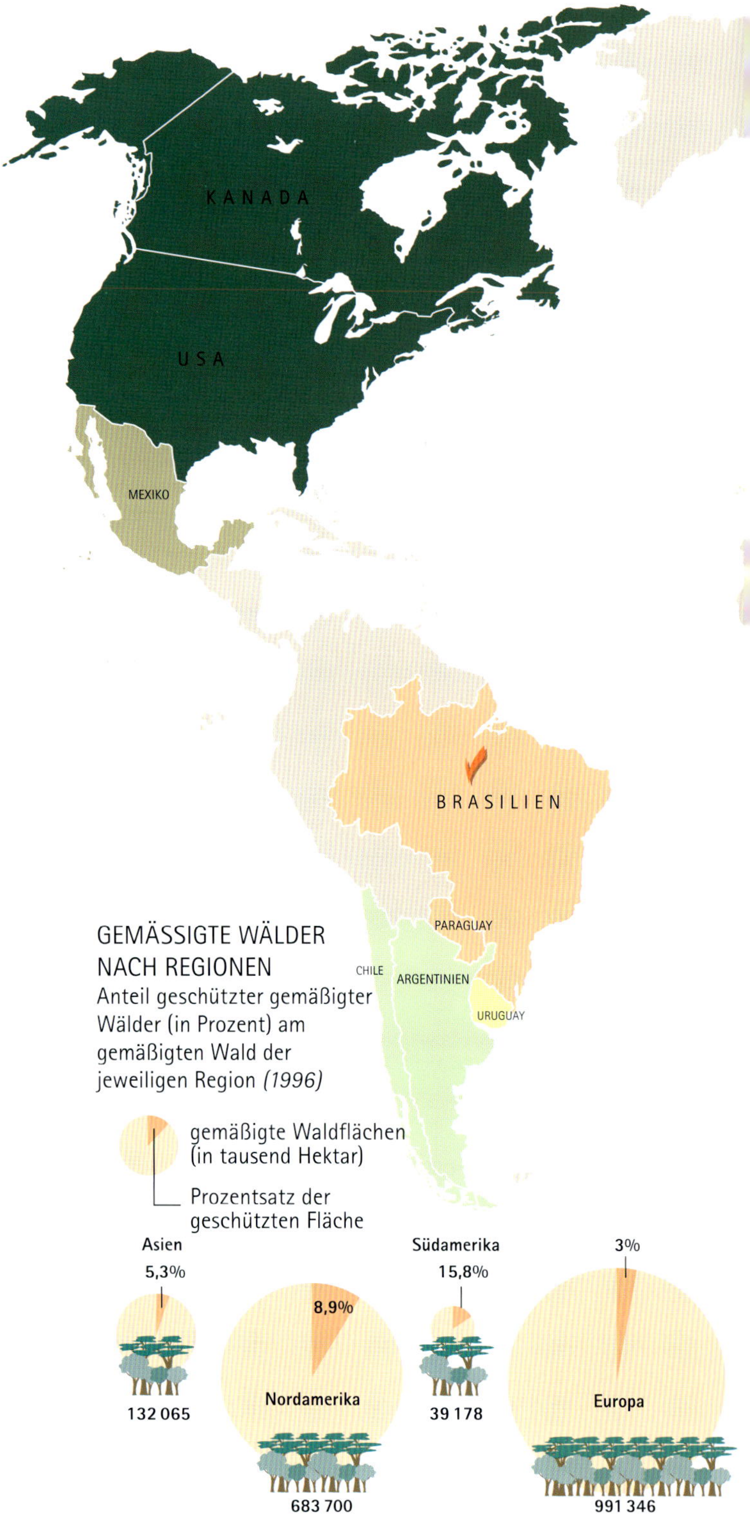

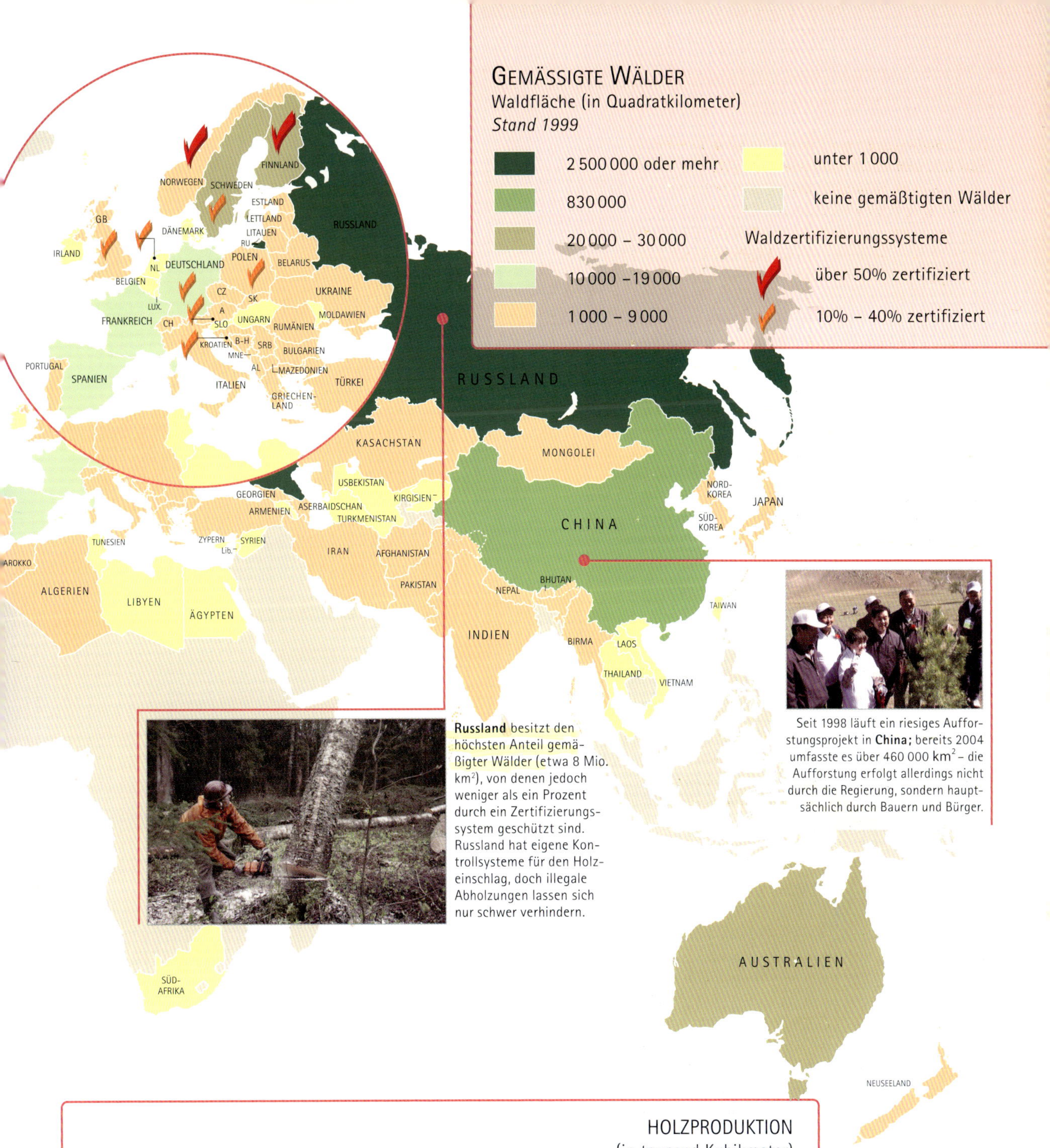

Seit 1998 läuft ein riesiges Aufforstungsprojekt in **China**; bereits 2004 umfasste es über 460 000 km² – die Aufforstung erfolgt allerdings nicht durch die Regierung, sondern hauptsächlich durch Bauern und Bürger.

Russland besitzt den höchsten Anteil gemäßigter Wälder (etwa 8 Mio. km²), von denen jedoch weniger als ein Prozent durch ein Zertifizierungssystem geschützt sind. Russland hat eigene Kontrollsysteme für den Holzeinschlag, doch illegale Abholzungen lassen sich nur schwer verhindern.

HOLZPRODUKTION
(in tausend Kubikmeter)
2005

USA	China	Kanada	Russland
471 862	286 103	199 345	186 500

Grasland

Unter den terrestrischen Ökosystemen nimmt Grasland den größten Teil der Landmasse ein. Sein Anteil wird auf 31 bis 43 Prozent geschätzt – je nach Definition des Begriffs «Grasland»: Es kann Savannen, Steppen, Prärien, Buschland, Gebirgshochebenen und arktische Tundren umfassen. In einigen afrikanischen Ländern nehmen Graslandschaften über siebzig Prozent der Fläche ein; in etwa vierzig Ländern besteht mehr als die Hälfte des Staatsgebiets aus Grasland. Graslandschaften entstehen typischerweise immer dort, wo Brände, Beweidung, Wassermangel oder Kälte die Entwicklung von Wäldern verhindern.

Im Grasland sind viele Tierarten, insbesondere Vögel, heimisch. Für endemische Vogelarten bietet es ganzjährigen Lebensraum, dient jedoch auch vielen Zugvogelarten als zeitweiliges Überwinterungs- oder Brutquartier. Graslandschaften sind daher besonders wichtig; der Verlust von Grasland hat in Nordamerika seit Mitte der 1960er zum Populationsrückgang bei Vögeln geführt.

Graslandschaften dienen auch als Weideflächen für Nutztiere; in einigen Regionen bilden diese Flächen seit Jahrtausenden die Lebensgrundlage für nomadische Schaf-, Ziegen- und Rinderherden. Das starke Bevölkerungswachstum geht mit einem zunehmenden Weideviehbestand einher, sodass die Gefahr der Überweidung steigt; diese wiederum führt zur Bodenerosion in Graslandschaften.

Grasland ist besonders von einer Zerstückelung durch Erschließungsmaßnahmen wie Straßenbau bedroht. Wenn es in kleine Areale zerteilt wird, verarmt die vorhandene Biodiversität. Dies ist in den Great Plains (USA) der Fall, wo über siebzig Prozent des Gebiets durch Straßenbau so stark zerstückelt wurden, dass die Restflächen kleiner als tausend Quadratkilometer sind.

Bei vielen der größten Flüsse der Welt sind Quell- und Einzugsbereich von Grasland bedeckt. Dieses übernimmt hier die wichtige Aufgabe, das Niederschlagswasser aufzunehmen und unterirdischen Aquiferen (Grundwasserleitern) zuzuleiten, die in die Flusssysteme münden. Grasland wirkt ferner als «Kohlenstoffsenke», indem es Kohlendioxid aus der Luft aufnimmt. Etwa 33 Prozent des in terrestrischen Ökosystemen gespeicherten Kohlenstoffs wird im Grasland festgelegt, das meiste davon im Boden.

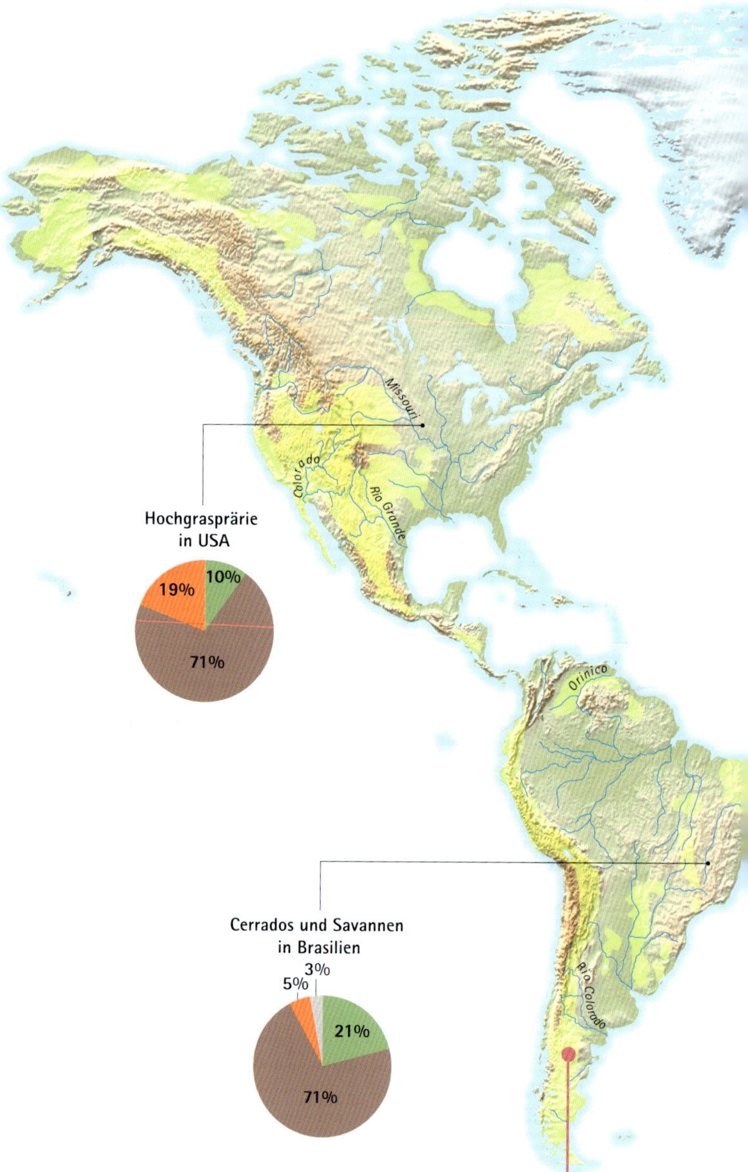

Die **Trockensteppe Patagoniens** (Argentinien) beherbergt ein reiches Tier- und Pflanzenleben, z. B. das dort endemische Guanako (Stammform des Lamas). Die Besiedlung beschränkt sich auf Estanzias (Großfarmen) und wenige Kleinstädte. Aufgrund der großen Trockenheit ist die patagonische Steppe besonders durch Überweidung (Schafe und Ziegen) gefährdet, sodass manche Gegenden Gefahr laufen, zu Wüsten zu werden. Pumas werden (häufig illegal) bejagt, da sie Weidevieh erbeuten.

In den Graslandgebieten des **asiatischen Steppenhochlands** leben etwa dreißig Millionen Weidetiere, ein Großteil davon in nomadischen Weidesystemen. In den letzten fünfzig Jahren hat man Hirten in Russland und China jedoch dazu angehalten, auf stärker sesshafte Weidesysteme mit Ackerbau umzustellen. Daher ist das verletzliche ökologische Gleichgewicht dieser Graslandschaft gestört und etwa 75 Prozent sind degradiert. Die mongolische Steppe ist zwar in besserem Zustand, doch seit der Privatisierung (ab 1990) sind diese Gebiete durch den zunehmenden Weidetierbestand bedroht.

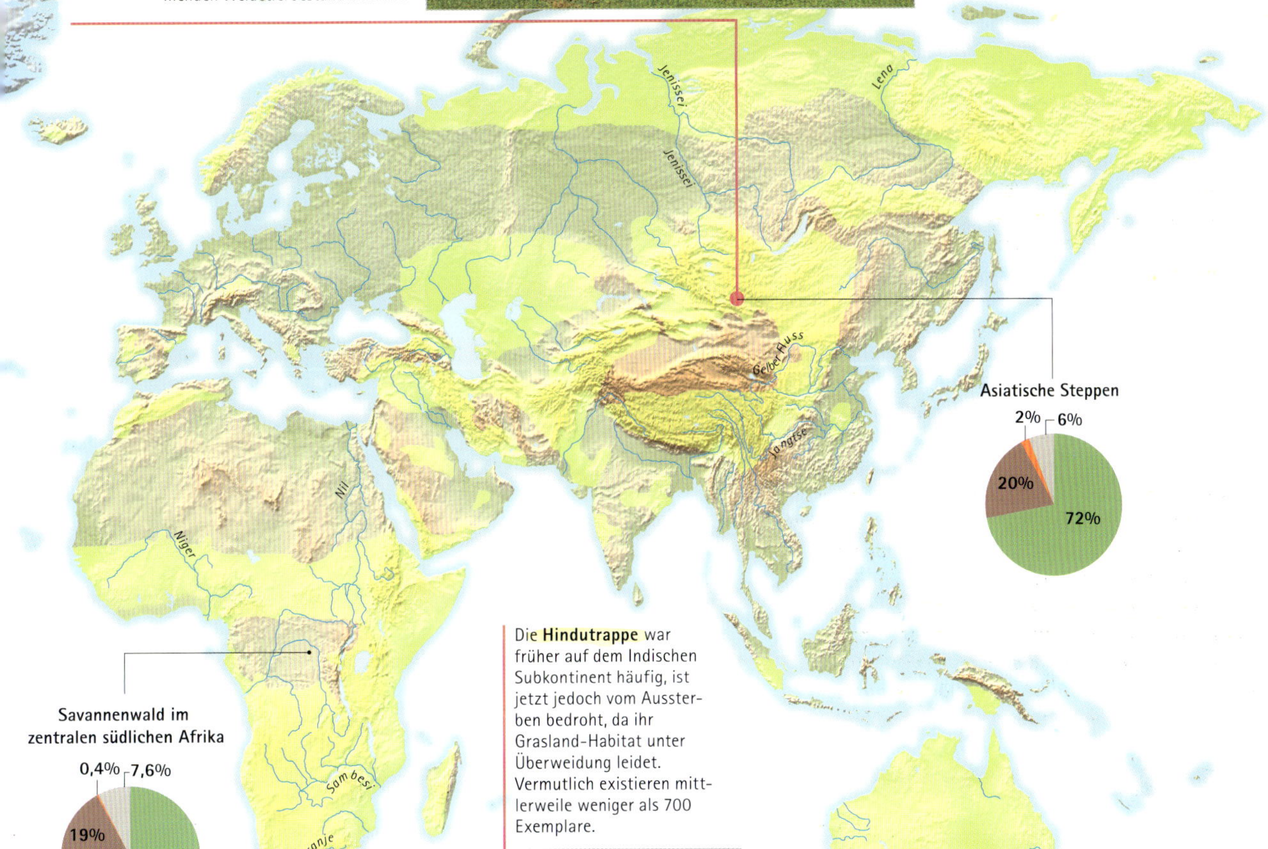

Die **Hindutrappe** war früher auf dem Indischen Subkontinent häufig, ist jetzt jedoch vom Aussterben bedroht, da ihr Grasland-Habitat unter Überweidung leidet. Vermutlich existieren mittlerweile weniger als 700 Exemplare.

Grasland

wichtige Graslandgebiete

Stand 2000

Grasland

gegenwärtige Landnutzung in ausgewählten Regionen (in Prozent der geschätzten Graslandgebiete)

- verbliebenes Grasland
- in Ackerland umgewandelt
- Umwandl. in Ballungsräume
- andere

Feuchtgebiete

Feuchtgebiete gehören zu den reichhaltigsten und produktivsten Ökosystemen der Welt; sie umfassen Sümpfe, Marschen, Moore, Mangroven, Seen sowie Flüsse und bedecken über 5,7 Millionen Quadratkilometer.

Feuchtgebiete entwickeln sich auch in Gegenden mit schlechtem Wasserabzug, wo organisches Material langsam verrottet und sich Torfschichten aufbauen, sodass Torfmoore entstehen. Deren Flora wird in nördlichen Breiten von Torfmoos *(Sphagnum)* dominiert. Auf nährstoffreicheren Böden entwickeln sich im Binnenland, aber auch an den Mündungen großer Flüsse wie Mississippi und Nil von Gräsern dominierte Ökosysteme, wie Sumpf- und Schilfgebiete. Mangroven – sie sind an den Gezeitenwechsel im schlammigen Brackwasser angepasst – kommen insbesondere im Bereich von Flussdeltas vor. Mangrovenwälder sind vorwiegend in den Tropen verbreitet; sie erreichen bei günstigen Meeresströmungen auch subtropische Küsten.

In Salzmarschen gedeihen große Mengen an Wirbellosen, von denen sich die verschiedensten Vogelarten ernähren. Mangrovenwälder bilden die Lebensgrundlage für Flechten, Orchideen und spezielle Bakterien; diese Biotope bieten Nistgelegenheiten für Vögel sowie wichtige Brut- und Futterplätze für Fische, Krebstiere und Weichtiere.

Feuchtgebiete werden hauptsächlich durch landwirtschaftliche Nutzung zerstört, doch auch die Eindeichung von Flüssen kann diese empfindlichen Ökosysteme nachhaltig schädigen. Auch im Rahmen der Malariakontrolle wurden viele Feuchtgebiete beseitigt, um die Brutstätten von Stechmücken zu eliminieren. In Europa und Nordamerika hat die Zerstörung der Feuchtgebiete bereits stattgefunden; zurzeit sind die Verluste in Afrika und Asien hoch. Um Häfen und Yachthäfen anzulegen, für Wohnungsbau und die Entwicklung der Handelsfischerei hat man Salzmarschen im Gezeitenbereich trockengelegt und Mangrovenwälder zerstört. Beide besitzen jedoch wichtige ökologische Funktionen, da sie zur Befestigung von Küsten und Flussmündungen beitragen und ein Sperrwerk gegen das Meer bilden. Ihre Zerstörung führt zu Erosion und Bodensenkungen; Salzwasser, das in die Küstenböden eindringt, kann ferner die Süßwasserversorgung bedrohen.

Im Jahr 1971 wurde in Ramsar (Iran) das «Übereinkommen über Feuchtgebiete» (Ramsar-Konvention) unterzeichnet. Bis November 2008 wurden 1822 Gebiete in die «Ramsar-Liste der Feuchtgebiete von internationaler Bedeutung» aufgenommen; das entspricht fast 1,7 Millionen Quadratkilometern – fast die doppelte Fläche wie 2001. Die Beitrittsstaaten verpflichten sich zur nachhaltigen Nutzung der Feuchtgebiete, um deren biologische Vielfalt zu erhalten.

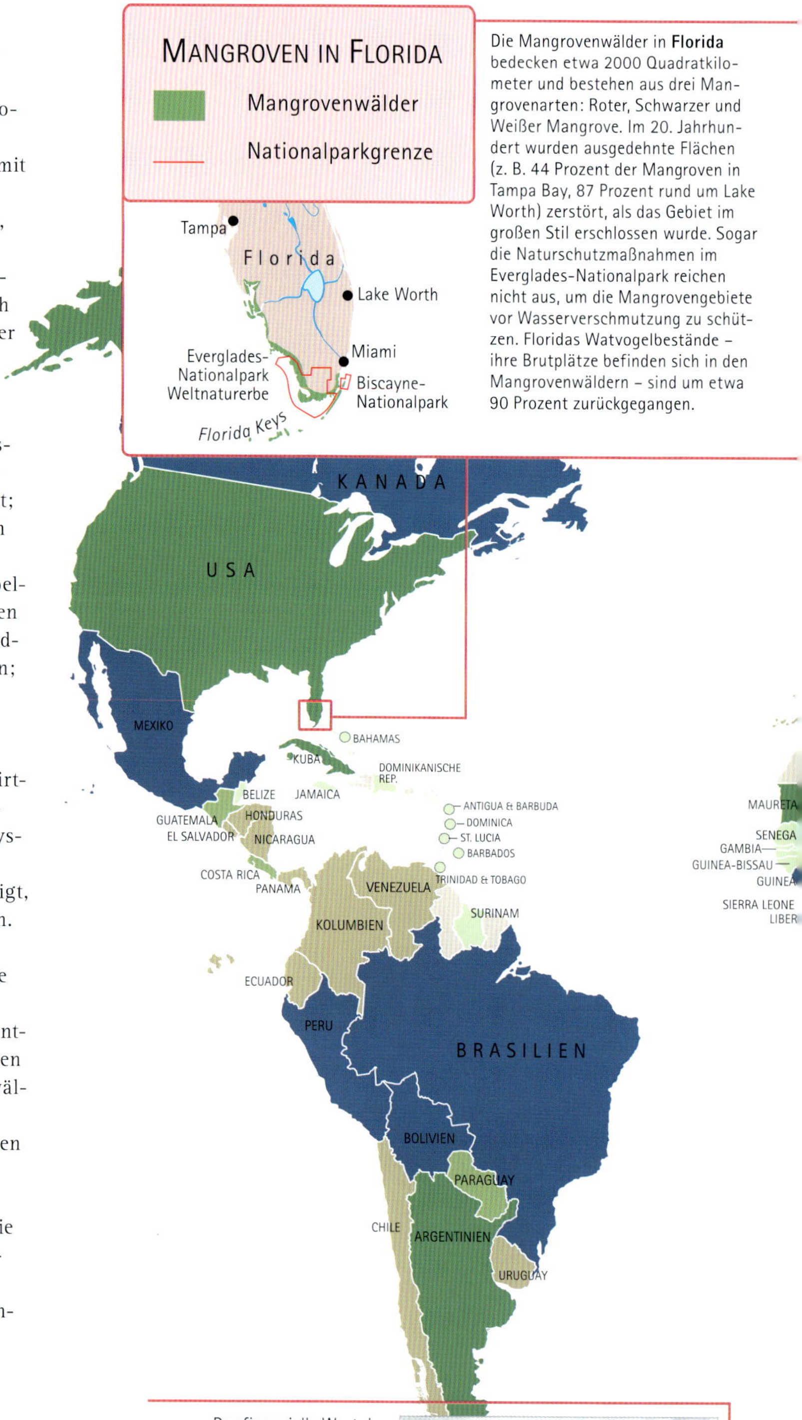

Die Mangrovenwälder in **Florida** bedecken etwa 2000 Quadratkilometer und bestehen aus drei Mangrovenarten: Roter, Schwarzer und Weißer Mangrove. Im 20. Jahrhundert wurden ausgedehnte Flächen (z. B. 44 Prozent der Mangroven in Tampa Bay, 87 Prozent rund um Lake Worth) zerstört, als das Gebiet im großen Stil erschlossen wurde. Sogar die Naturschutzmaßnahmen im Everglades-Nationalpark reichen nicht aus, um die Mangrovengebiete vor Wasserverschmutzung zu schützen. Floridas Watvogelbestände – ihre Brutplätze befinden sich in den Mangrovenwäldern – sind um etwa 90 Prozent zurückgegangen.

Der finanzielle Wert des Beitrags, den Mangroven in Form von Holz und Küstenschutz liefern, lässt sich schwer schätzen; man geht jedoch von 15 000–50 000 US-Dollar pro Quadratkilometer und Jahr aus – in beliebten Tourismusgebieten bis zu einer Million US-Dollar pro Jahr.

Feuchtgebiete von internationaler Bedeutung

Fläche der geschützten Feuchtgebiete (in Quadratkilometer) in Ländern, die die Ramsar-Konvention unterzeichnet haben

Juni 2008

- 50 000 oder mehr
- 10 000 – 49 999
- 5 000 – 9 999
- 1 000 – 4 999
- unter 1 000
- Ramsar-Konvention nicht unterzeichnet

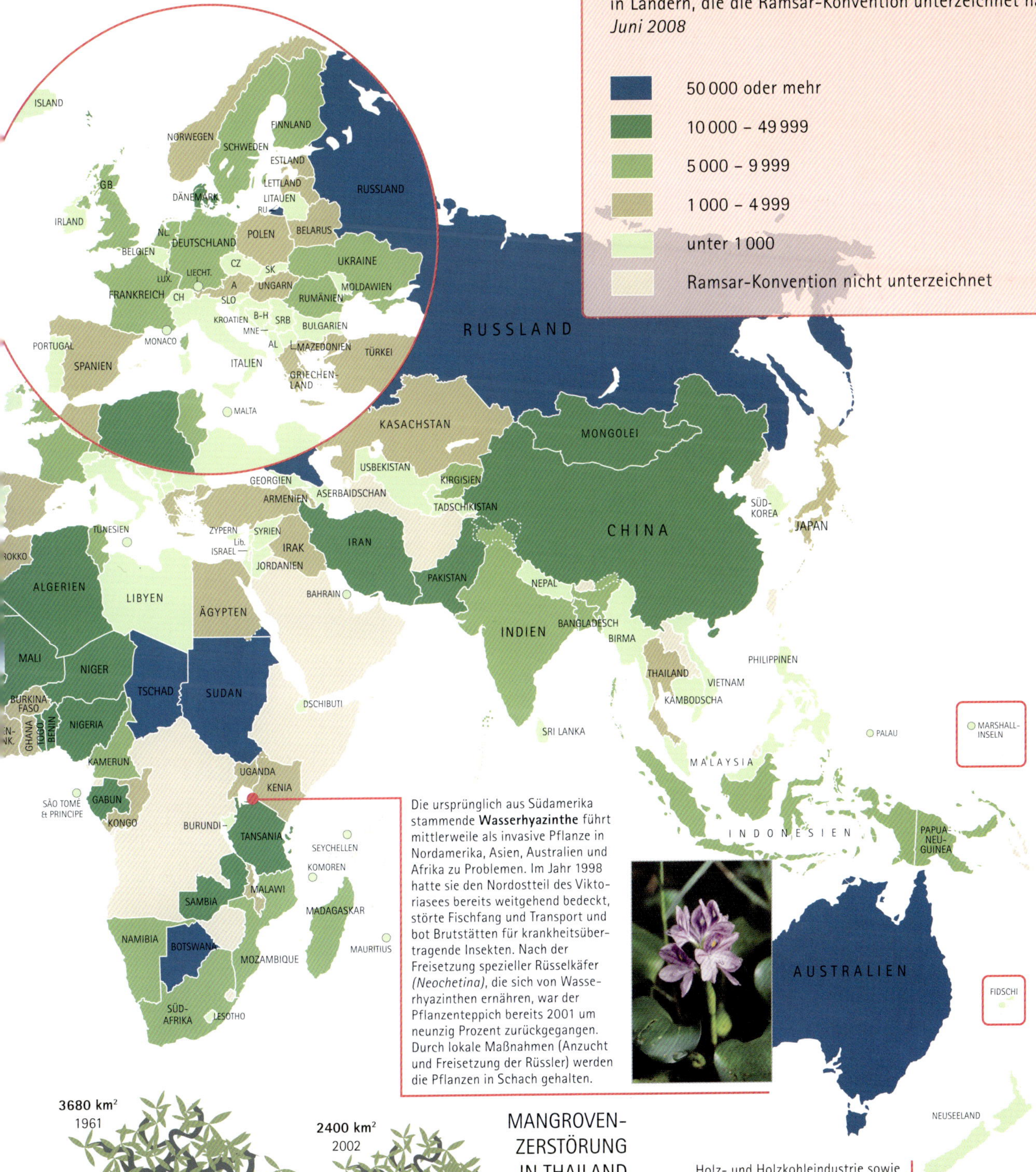

Die ursprünglich aus Südamerika stammende **Wasserhyazinthe** führt mittlerweile als invasive Pflanze in Nordamerika, Asien, Australien und Afrika zu Problemen. Im Jahr 1998 hatte sie den Nordostteil des Viktoriasees bereits weitgehend bedeckt, störte Fischfang und Transport und bot Brutstätten für krankheitsübertragende Insekten. Nach der Freisetzung spezieller Rüsselkäfer *(Neochetina)*, die sich von Wasserhyazinthen ernähren, war der Pflanzenteppich bereits 2001 um neunzig Prozent zurückgegangen. Durch lokale Maßnahmen (Anzucht und Freisetzung der Rüssler) werden die Pflanzen in Schach gehalten.

Mangrovenzerstörung in Thailand

Gesamt-Mangrovenfläche

1961–2002

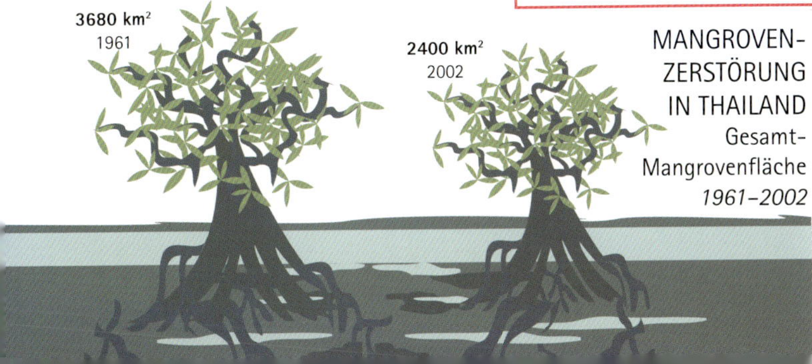

Holz- und Holzkohleindustrie sowie Verstädterung, Landwirtschaft und Aquakultur haben in Thailand zur Abnahme der Mangroven geführt. Ein Schutzprogramm für die verbleibenden Mangrovenwälder wurde 2004 initiiert; schließlich führte der Tsunami im selben Jahr den lokalen Behörden deutlich vor Augen, wie wichtig Mangroven als Schutz gegen Flutwellen sind.

Korallenriffe im Flachwasser

Korallenriffe kommen in den seichten Küstengewässern von mehr als hundert Ländern vor. Sie gedeihen am besten in warmem, ruhigem Wasser mit gutem Austausch und bedecken weltweit eine Fläche von schätzungsweise 600 000 Quadratkilometer. Was ihren immensen Artenreichtum angeht, folgen Korallenriffe gleich nach tropischen Regenwäldern an zweiter Stelle.

Korallen bestehen aus Tausenden von wirbellosen Meerestieren, sogenannten Polypen, die wie winzige Hohlzylinder aussehen und ein Kalkskelett haben. Mit ihrer Fußscheibe sitzen sie Felsen oder anderen Polypen auf. Am oberen Ende befindet sich die von Tentakeln umgebene Mundöffnung. Diese Tentakel können ausgestreckt werden und Beutetiere lähmen. Während sich Korallen, die in tiefem Wasser leben (s. S. 32–33), auf diese Weise ernähren, gewinnen Korallen im Flachwasser ihre Nahrung größtenteils aus den Fotosyntheseprodukten, die von in ihnen lebenden symbiontischen Algen gebildet werden.

Kranke Korallen sind ein frühes Warnsignal dafür, dass ganze Ökosysteme in Gefahr sind. Seit den 1980ern haben Korallen unter Dutzenden neuer Krankheiten, darunter Bakterien- und Pilzinfektionen, zu leiden. Nur wenige Krankheiten lassen sich sicher auf eine bestimmte Ursache zurückführen, doch wahrscheinlich spielt die Erschließung der Küstenregionen durch den Menschen eine Rolle.

Eine Erhöhung der Wassertemperatur und des Meeresspiegels kann dazu führen, dass die Korallenpolypen die auf ihnen lebenden Algen, von denen sie abhängig sind, abstoßen, sodass sie ihre Farbe verlieren («Korallenbleiche») und absterben. Zwar erholen sich einige Riffs in Lauf der Zeit, doch wenn solche Episoden infolge der Klimaveränderung häufiger werden, ist eine Erholung nicht mehr möglich.

Die steigende Kohlendioxidkonzentration in der Atmosphäre hat zur Folge, dass mehr CO_2 von den Weltmeeren absorbiert wird. Dadurch wird das Wasser saurer, was es Meerestieren wie Korallen schließlich unmöglich macht, Schalen beziehungsweise Skelette zu bilden. Wissenschaftler warnen, dass es in Flachmeeren bereits 2050 soweit sein könnte.

Illegale Fischfangmethoden, wie der Einsatz von Zyanid oder Explosivstoffen, um Fische zu betäuben, schädigen die Korallen ebenfalls. Auch Überfischen beeinträchtigt das ökologische Gleichgewicht im Riff, denn wenn die algenfressenden Fische verschwinden, kann das Riff von Algen überwuchert werden.

Der Verlust von Korallenriffen wird den Fischfang in vielen tropischen Entwicklungsländern wahrscheinlich negativ beeinflussen, denn rund 25 Prozent aller Fische stammen aus Riffhabitaten. Dort, wo die Riffe als Barrieren gegen Erosion dienen, kann es passieren, dass das Meer nach ihrer Zerstörung tiefer in die Küstenregionen eindringt.

Fast ein Drittel der 704 bisher untersuchten, heute lebenden Korallenarten ist einem IUCN-Bericht aus dem Jahr 2008 zufolge, der sich auf die Ergebnisse von Wissenschaftlern aus 14 Nationen stützt, vom Aussterben bedroht.

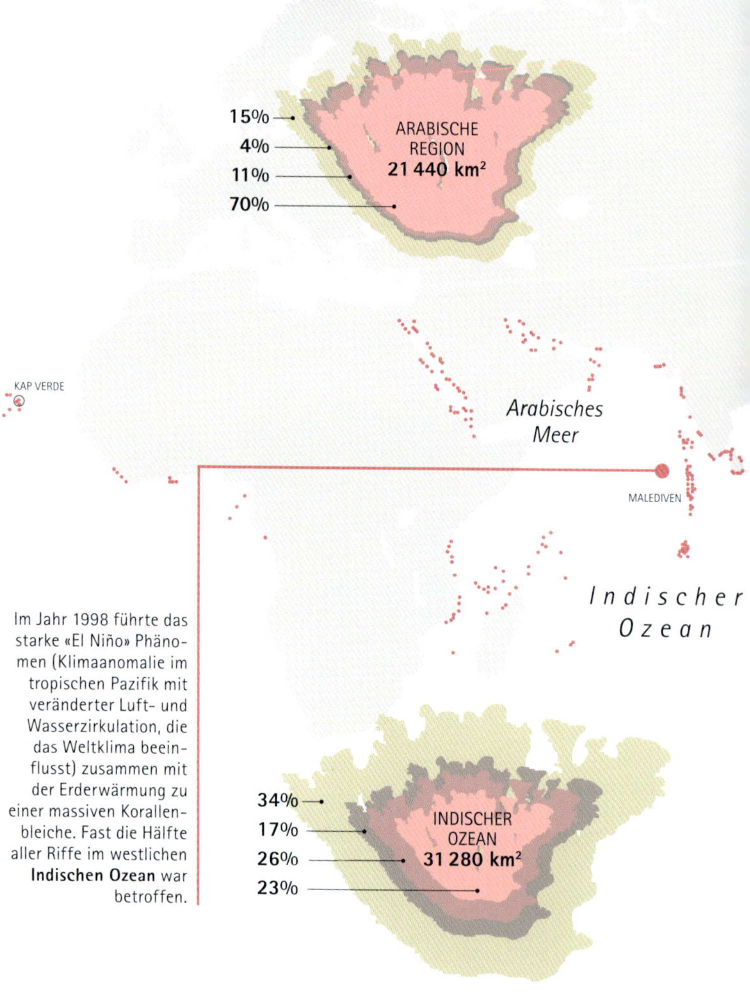

Im Jahr 1998 führte das starke «El Niño» Phänomen (Klimaanomalie im tropischen Pazifik mit veränderter Luft- und Wasserzirkulation, die das Weltklima beeinflusst) zusammen mit der Erderwärmung zu einer massiven Korallenbleiche. Fast die Hälfte aller Riffe im westlichen **Indischen Ozean** war betroffen.

Mehr als 350 Schutzgebiete umfassen auch Korallenriffe, doch diese Schutzgebiete liegen oft in Ländern, die nicht die nötigen Ressourcen haben, um die erforderlichen Kontrollen durchzuführen. Der Tourismus kann Korallenriffe schädigen, aber auch den nötigen Anreiz und die finanziellen Mittel liefern, um die Riffe zu schützen, doch ein sorgfältiges Tourismusmanagement ist unverzichtbar.

Während der 1980er löschte die Weißband-Krankheit (verursacht von einem mit dem Cholerabakterium verwandten Bakterium) die *Acropora*-Korallen, die mindestens 4000 Jahre lang die Korallengemeinschaften dominiert hatten, in der Karibik fast vollständig aus. 2005 erlebte die Karibik eine der verheerendsten Korallenbleichen, die bisher beobachtete wurden.

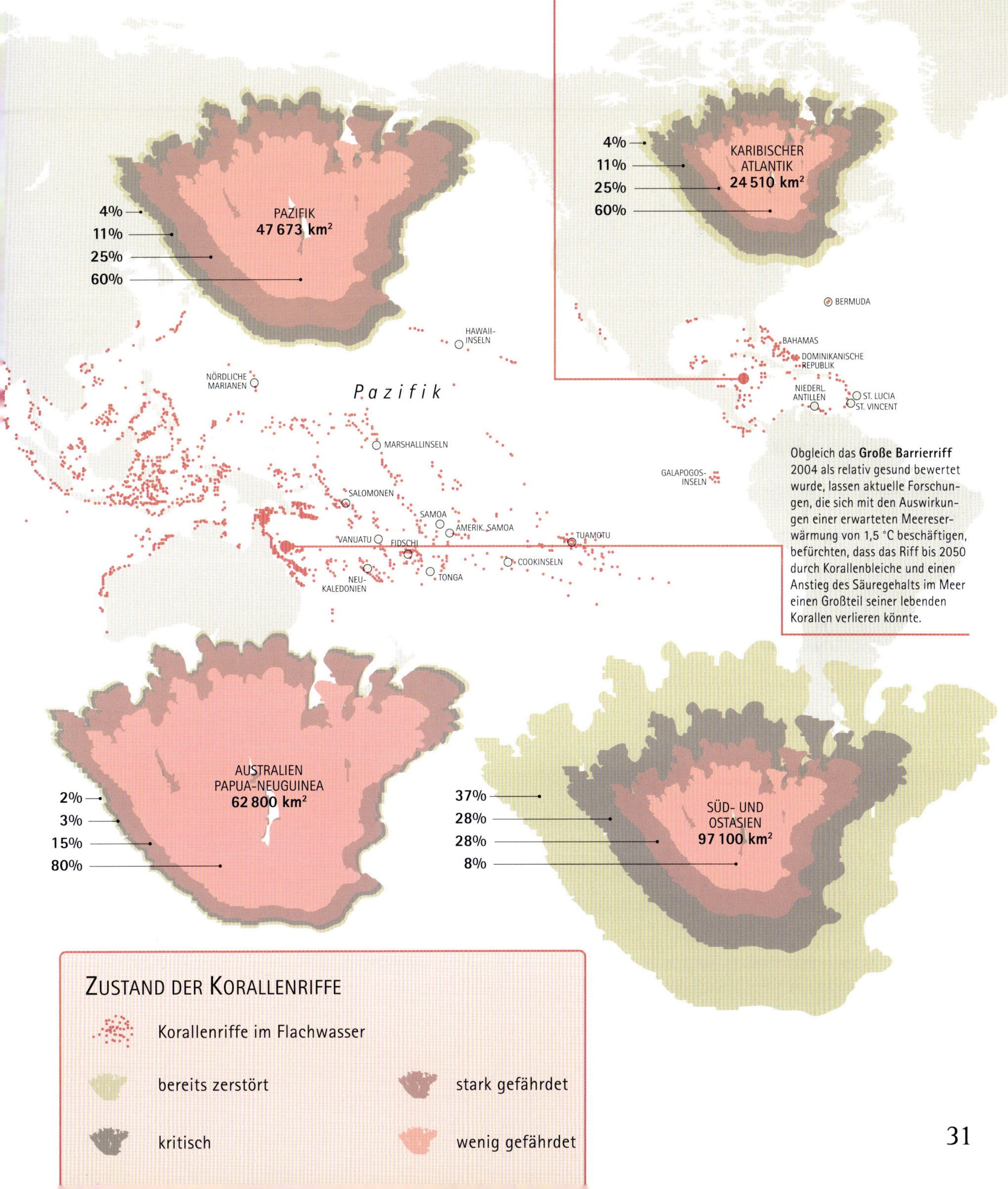

Obgleich das **Große Barrierriff** 2004 als relativ gesund bewertet wurde, lassen aktuelle Forschungen, die sich mit den Auswirkungen einer erwarteten Meereserwärmung von 1,5 °C beschäftigen, befürchten, dass das Riff bis 2050 durch Korallenbleiche und einen Anstieg des Säuregehalts im Meer einen Großteil seiner lebenden Korallen verlieren könnte.

Bis zu fünf Millionen Arten leben möglicherweise in den dunklen Tiefen des Meeres in Ökosystemen, die zurzeit zerstört werden, noch bevor sie entdeckt sind. Dieser reiche und vielgestaltige Lebensraum ist bis vor Kurzem kaum erforscht worden. Erst seit der Entwicklung von Unterseebooten, die dem immensen Druck standhalten können, sind einige Geheimnisse der Tiefsee enthüllt worden.

Tote Planktonorganismen und die Kadaver größerer Tiere, die dank der Schwerkraft nach unten sinken, stellen in dieser völligen Dunkelheit eine wichtige Energiequelle dar; Kaltwasserkorallen gedeihen am Meeresboden in mehr als 6000 Meter Tiefe, wobei sie mithilfe ihrer Tentakel Nahrungspartikel fangen. Tiefseevulkane, deren Gipfel die Wasseroberfläche nicht erreichen, sogenannte Seamounts, schieben sich durch die dünne Erdkruste, und hydrothermale Schlote am Meeresboden stoßen Schwefelwasserstoff aus, der von Mikroorganismen chemosynthetisch genutzt wird und eine weitere wichtige Energiequelle darstellt.

Rund um diese Seamounts ist das Tiefseeleben am reichhaltigsten. Aber bereits im Moment, in dem diese Lebensräume entdeckt und erforscht werden, sind sie das Ziel von Fischtrawlern mit Grundschleppnetzen; diese Netze ziehen über den Meeresboden und zerstören alle Korallen auf ihrem Weg. Solche Fischfangpraktiken liefern nur ein Prozent der Fischproduktion weltweit, richten jedoch unermessliche Schäden in der Meeresumwelt an.

Tiefseeorganismen sind in der Regel langlebig und pflanzen sich nur langsam fort, die Grundnetzfischerei führt dazu, dass ihre Bestände sinken. Seit Ende der 1970er wird mit Grundnetzen nach dem Kaiserbarsch gefischt, seitdem sind seine Bestände in über der Hälfte der untersuchten Gebiete um mehr als siebzig Prozent zurückgegangen. Neben den Fischen, denen gezielt nachgestellt wird, verfangen sich viele andere Arten in den Netzen, darunter seltene Tiefseehaie. Die UN-Generalversammlung sah 2006 akuten Handlungsbedarf, um die verletzlichen Ökosysteme zu schützen, von denen diese Tiefseearten abhängen. Auf einer Konferenz der UN-Ernährungs- und Landwirtschaftsorganisation (FAO) konnten sich die vierzig Teilnehmerstaaten jedoch nicht auf Leitlinien für deren Schutz einigen.

Öl- und Gasbohrungen schädigen und verschmutzen den Meeresboden lokal. Da sich die Vorkommen in flacheren Gewässern allmählich erschöpfen werden und technische Fortschritte Bohrungen in immer größeren Meerestiefen erlauben, suchen die Unternehmen in immer tieferen Regionen nach Bodenschätzen. Langfristig sind auch gefrorene Methanknollen am Meeresboden für die Energiegewinnung interessant, und die eskalierenden Rohstoffpreise führen dazu, dass Metalle und Mineralien in der Tiefsee ebenfalls ins Visier von Abbauunternehmen rücken.

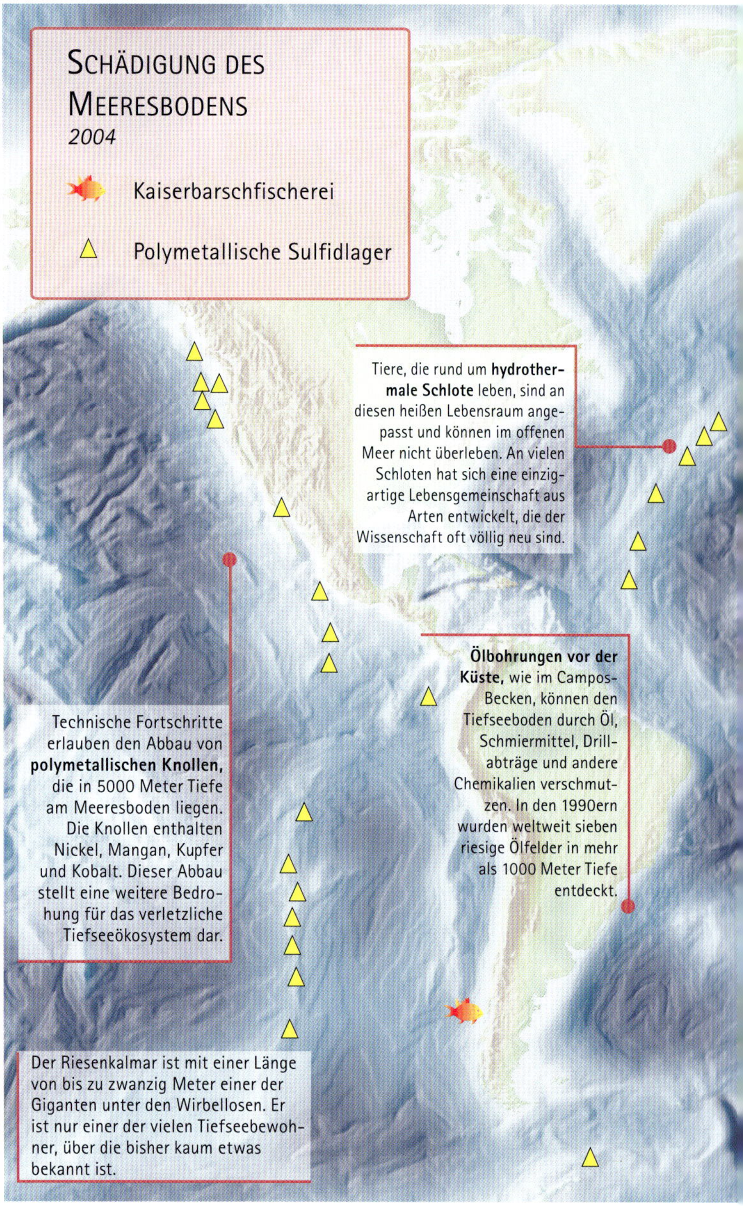

Kaiserbarsche, auch Granatbarsche genannt, wachsen langsam und werden erst spät geschlechtsreif, was sie besonders empfindlich gegen Überfischen macht.

Korallen leben nicht nur in warmen, seichten Gewässern, sondern auch in kalten und tiefen Wasserzonen. Nur relativ wenig über sie ist bekannt, und sie werden rascher zerstört, als sie erforscht werden können. Das höchste bisher entdeckte Riff ist 35 Meter hoch und nach einer Kohlenstoffdatierung 8000 Jahre alt.

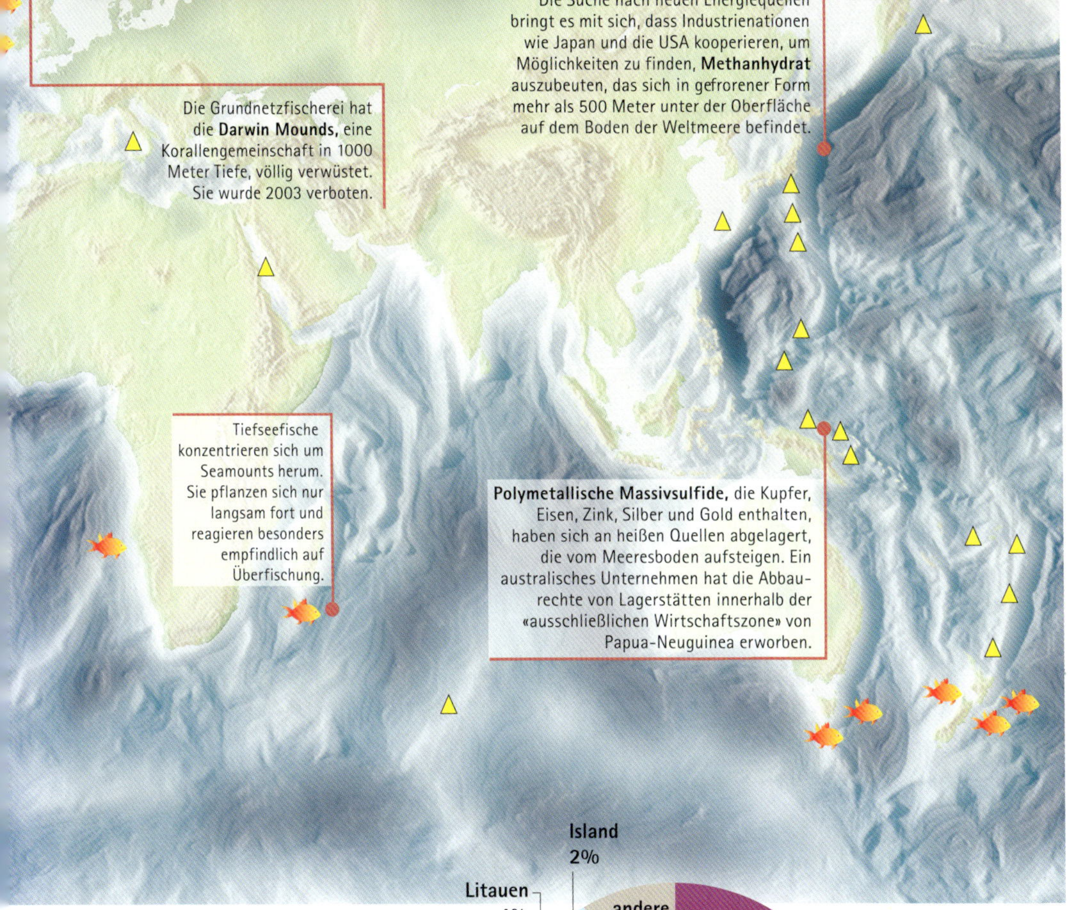

Die Suche nach neuen Energiequellen bringt es mit sich, dass Industrienationen wie Japan und die USA kooperieren, um Möglichkeiten zu finden, **Methanhydrat** auszubeuten, das sich in gefrorener Form mehr als 500 Meter unter der Oberfläche auf dem Boden der Weltmeere befindet.

Die Grundnetzfischerei hat die **Darwin Mounds,** eine Korallengemeinschaft in 1000 Meter Tiefe, völlig verwüstet. Sie wurde 2003 verboten.

Tiefseefische konzentrieren sich um Seamounts herum. Sie pflanzen sich nur langsam fort und reagieren besonders empfindlich auf Überfischung.

Polymetallische Massivsulfide, die Kupfer, Eisen, Zink, Silber und Gold enthalten, haben sich an heißen Quellen abgelagert, die vom Meeresboden aufsteigen. Ein australisches Unternehmen hat die Abbaurechte von Lagerstätten innerhalb der «ausschließlichen Wirtschaftszone» von Papua-Neuguinea erworben.

FISCHFANG IN DER TIEFSEE:
Länderanteil am Ertrag der Grundnetzfischerei auf hoher See
2001

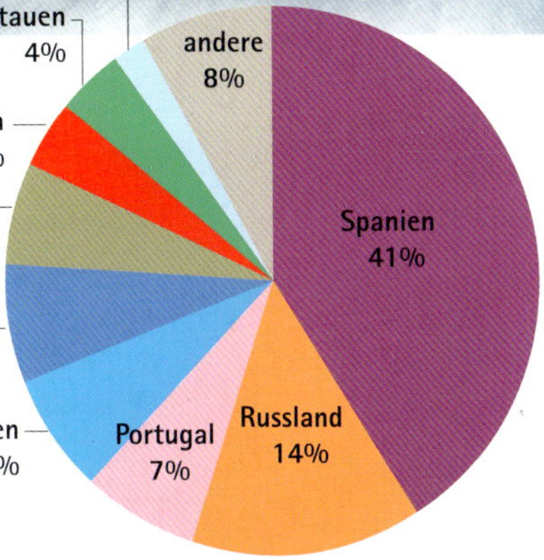

Fangmenge insgesamt: 205 024 Tonnen

3 Verletzliche Regionen

«Auf dem Raumschiff Erde gibt es keine Passagiere.
Wir gehören alle zur Mannschaft.»

Marshall McLuhan

Die Lebensbedingungen in der Arktis gehören zu den härtesten auf unserem Planeten, gleichzeitig beherbergt die Arktis einzigartige und verletzliche Lebensgemeinschaften. Pflanzen, die fast das ganze Jahr in der Ruhephase verbringen, blühen im kurzen Arktissommer. Ungeheure Mengen an Vögeln – darunter über hundert Wasser- und Watvogelarten – brüten hier und ziehen dann in die ganze Welt. Säuger wie Eisbären, Polarfüchse und Robben nutzen die Arktis als Kinderstube und überwintern ebenfalls hier.

Eisbären wurden als Pelz- und Fleischlieferanten intensiv bejagt, sodass ihr Bestand um 1970 auf unter 10 000 Tiere zurückgegangen war. Im Jahr 1973 unterzeichneten Kanada, Dänemark (für Grönland), Norwegen, die USA und die damalige Sowjetunion ein internationales «Abkommen zum Schutz der Eisbären und ihrer Lebensräume». Dieser Vertrag stellt die Nahrungs- und Fortpflanzungsgebiete sowie die Wanderrouten der Eisbären unter Schutz. Er verbietet ferner den Fang von Eisbären – ausgenommen sind nur wissenschaftliche Projekte zum Eisbärenschutz oder die Jagd durch die Inuit: Diese müssen eine bestimmte jährliche Fangquote einhalten und dürfen keine trächtigen Weibchen oder Mütter mit Jungtieren erlegen.

Die fünf Staaten haben Reservate eingerichtet, in denen Eisbären vollständig geschützt sind. Im Abkommen ist ferner festgelegt, dass die Länder auch die Eisbärenjagd vom Flugzeug oder von großen Motorbooten aus verbieten müssen; ferner sollen Management- und Forschungsvorhaben durchgeführt und koordiniert sowie Forschungsergebnisse und Daten ausgetauscht werden. Seit 1973 ist die Eisbärenpopulation wieder auf 20 000 bis 40 000 Tiere angestiegen.

Doch das Tierleben der Arktis ist nicht nur durch die Jagd bedroht. In den letzten Jahren ist wärmeres Atlantikwasser bis in das Becken des Nordpolarmeeres gelangt. Eisbedeckung und Salzgehalt haben mit dem Schmelzen der Eiskappe abgenommen. Die Permafrostböden in Alaska, Kanada und Russland tauen auf. Aufgrund des Klimawandels schrumpft die arktische Eisfläche, daher sinkt die Menge der Eisalgen, die unter dem Eis leben und die Grundlage der arktischen Nahrungskette bilden. Dies wird Auswirkungen auf Fische, Robben, Wale und Eisbären haben. Die Eisbären leiden bereits unter dem Verlust ihrer Jagdgebiete auf dem Schelfeis. Die globale Erwärmung wird auch dazu führen, dass sich die Wälder nach Norden ausdehnen und damit die arktische Tundra verdrängt wird; dies wiederum betrifft Vögel – zum Beispiel die stark gefährdete Rothalsgans, die in der russischen Tundra brütet.

Weltweit entstehen in der industriellen Produktion langlebige organische Schadstoffe, sogenannte POPs (von engl. persistant organic pollutants), die über Wind und Meere in die Arktis verdriftet werden. Die arktische Tier- und Pflanzenwelt ist zum Beispiel DDT (einem Pestizid), PCBs (aus Elektrogeräten) und Dioxinen (aus Plastik) ausgesetzt. POPs werden von Tieren nicht ausgeschieden, sondern im Fettgewebe gespeichert. Tierarten an der Spitze der Nahrungspyramide, wie Robben und Eisbären, sind am stärksten betroffen. Diese Substanzen können Fruchtbarkeit und Immunsystem schädigen. Auch Schwermetalle wie Quecksilber, Arsen und Blei werden in die Arktis verfrachtet.

Eine der größten Bedrohungen für das Tier- und Pflanzenleben ergibt sich aber aus den Öl- und Gasbohrungen, die mit der Entwicklung einer umfangreichen Infrastruktur von Pipelines, Straßen und Häfen einhergehen. All dies kann die Wanderrouten von Tieren zerschneiden und ökologisch reichhaltige Gebiete zerstückeln. Auch die Gefahr einer Ölpest wird größer, denn aufgrund der schmelzenden Eisfelder in der Region ist zu erwarten, dass der Schiffsverkehr noch stärker zunimmt. Die russischen Ansprüche auf 1,2 Millionen Quadratkilometer Land unter der Eiskappe (mit dem Argument, dies sei die Fortsetzung des eigenen Kontinentalschelfs) würden im Erfolgsfall den Meeresbergbau in der Arktisregion noch wahrscheinlicher machen.

Die Zusammenarbeit zwischen den Arktisanliegerstaaten wird durch den Arktischen Rat koordiniert, um Umweltprobleme im großen Kontext zu diskutieren. In Wirklichkeit haben viele Probleme, mit denen die Arktis konfrontiert ist (wie globale Erwärmung und Umweltverschmutzung), weiter im Süden, in den Industrienationen, ihren Ursprung und können nur dort bekämpft werden.

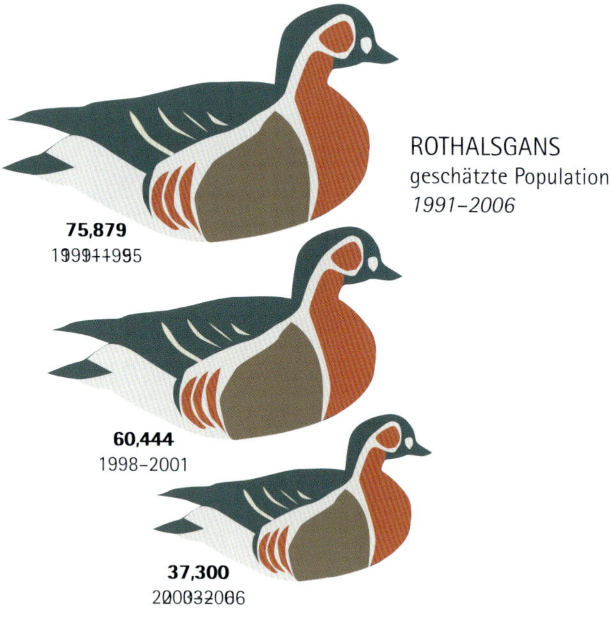

Im **Arctic National Wildlife Refuge** – einer Wildnis von 80 000 Quadratkilometer – sind Karibu (Rentier), Eisbär, Moschusochse, Polarfuchs und Grizzlybär heimisch. Jedes Jahr brüten hier Millionen von Vögeln aus über hundert Arten. Das Refuge ist zwar seit seiner Gründung (1960) von der Erschließung ausgenommen, doch die in der Küstenebene geplanten Ölbohrungen stellen eine Bedrohung für das Tierleben, insbesondere für die Karibus, dar.

Eisbärenjunge kommen in Schneehöhlen zur Welt; durch Temperaturanstieg und zeitigeres Einsetzen der Frühjahrsschmelze könnten sie zukünftig in einem zu frühen Entwicklungsstadium der eisigen Arktiskälte ausgesetzt sein.

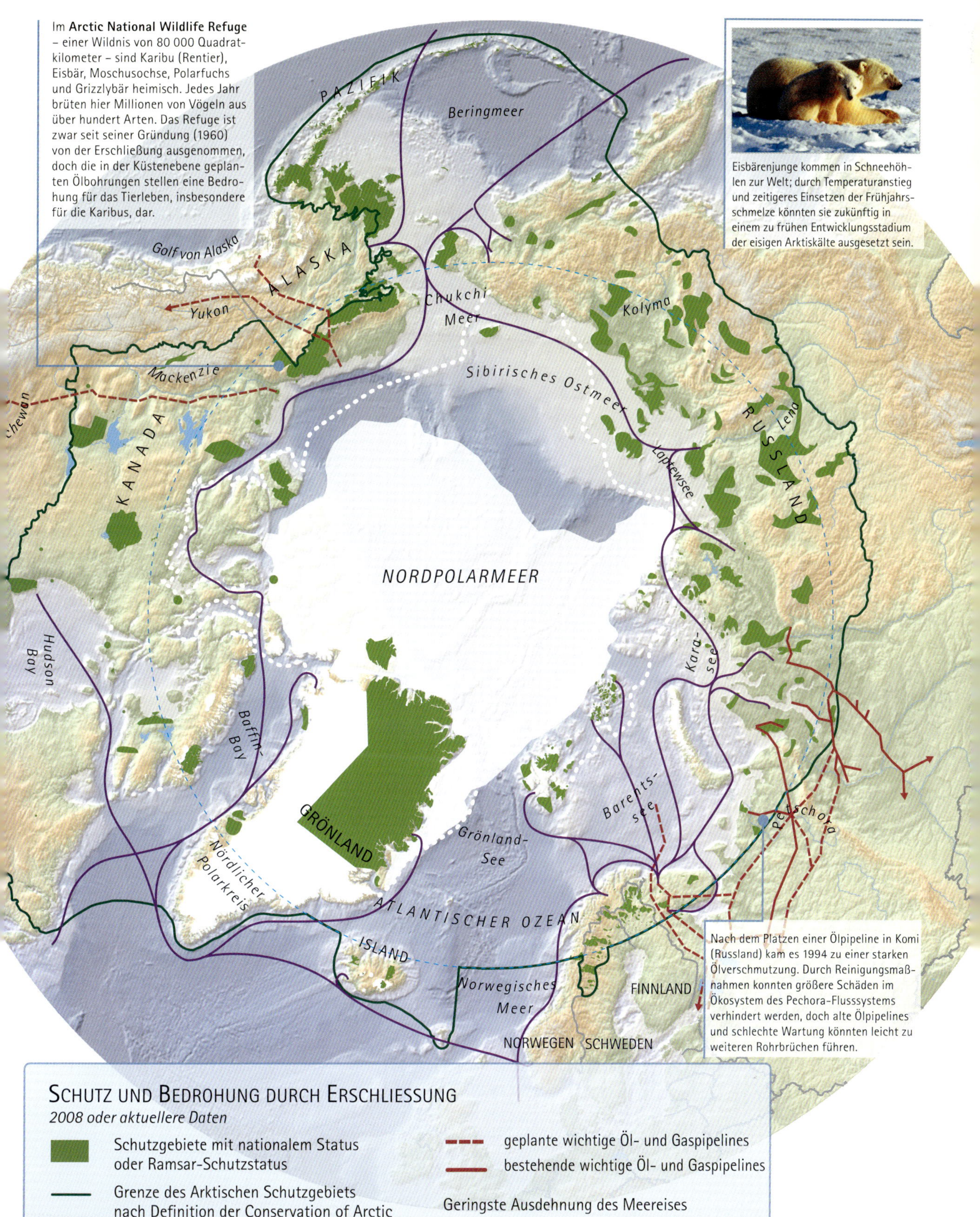

Nach dem Platzen einer Ölpipeline in Komi (Russland) kam es 1994 zu einer starken Ölverschmutzung. Durch Reinigungsmaßnahmen konnten größere Schäden im Ökosystem des Pechora-Flusssystems verhindert werden, doch alte Ölpipelines und schlechte Wartung könnten leicht zu weiteren Rohrbrüchen führen.

Schutz und Bedrohung durch Erschliessung

2008 oder aktuellere Daten

- Schutzgebiete mit nationalem Status oder Ramsar-Schutzstatus
- Grenze des Arktischen Schutzgebiets nach Definition der Conservation of Arctic Flora and Fauna (CAFF)
- wichtige Schifffahrtsrouten
- geplante wichtige Öl- und Gaspipelines
- bestehende wichtige Öl- und Gaspipelines

Geringste Ausdehnung des Meereises

- 1982
- 2007

Antarktis

Der antarktische Kontinent ist größer als Europa und umfasst 14 Millionen Quadratkilometer. Die Temperaturen steigen nur selten über den Gefrierpunkt, und die Landmasse ist überwiegend eisbedeckt. Aus dem Landesinneren ergießen sich Gletscher in das Südpolarmeer und bilden riesige, fast einen Kilometer dicke Eisschelfe.

Trotz dieser harten Klimabedingungen gedeiht hier ein vielfältiges Leben, und Wissenschaftlerteams aus der ganzen Welt nutzen das Gebiet als Feldlabor. Flechten, die auf den Felsen der kalten Trockentäler von Victorialand wachsen, liefern zum Beispiel wichtige Erkenntnisse zum Überleben unter widrigen Umweltbedingungen, wie sie vor Jahrmillionen auf dem Mars herrschten. Untersuchungen zum Verhältnis zwischen den Populationen natürlicher Fressfeinde und ihrer Beute im Südpolarmeer sind für das globale Fischereimanagement von Bedeutung.

Argentinien, Australien, Chile, Frankreich, Neuseeland, Norwegen und Großbritannien erheben Gebietsansprüche auf bestimmte Teile der Antarktis, obwohl diese von den meisten anderen Ländern nicht anerkannt werden. Durch den Antarktisvertrag von 1959 werden die wissenschaftliche Zusammenarbeit gefördert sowie die militärische Nutzung (zum Beispiel Waffentests) und die Abfallentsorgung verboten. Die Vertragsstaaten haben «Besondere Antarktische Schutzgebiete» mit eingeschränktem Zutritt festgelegt (s. Karte), um Störungen in diesen wichtigen Ökosystemen zu vermeiden. Bis zur Mitte der 1980er war die Umweltverschmutzung (Abfall, Öl, Müll) durch die Forschungsstationen beträchtlich. Seither hat man erkannt, wie wichtig es ist, die Antarktis möglichst unberührt zu erhalten. Leider hat jedoch gleichzeitig der Antarktistourismus zugenommen. In der Saison 2007/08 hatte der Kontinent über 30 000 Besucher – das ist viermal mehr als vor zehn Jahren. Damit steigt die Gefahr, dass invasive Pflanzen- und Tierarten eingeschleppt werden, aber auch das Risiko einer Ölpest durch Kreuzfahrtschiffe, die auf Grund laufen.

Eine weitere und möglicherweise viel ernstere Bedrohung der Antarktis liegt im Klimawandel. Seit den 1950ern sind die Temperaturen in der Antarktis um rund 2,5 Grad Celsius gestiegen, was in den letzten Jahren zum Auseinanderbrechen mehrerer Schelfeisfelder führte. Die Auswirkungen auf Fauna und Flora lassen sich bereits dokumentieren – so führt der Schelfeisrückgang an der Antarktischen Halbinsel zum Populationsniedergang bei den Adeliepinguinen, die über diese «Eisbrücke» zu ihren Nahrungsgründen gelangen. Sie werden durch Eselspinguine abgelöst, die besser an offenes Meer angepasst sind. Die Erwärmung des Südpolarmeeres könnte auch zum Einwandern von Stein- oder Königskrabben führen, die das empfindliche Ökosystem möglicherweise aus dem Gleichgewicht bringen.

Krill – das heisst kleine Krebstiere, die als Nahrungsgrundlage für Fische, Seevögel und Säuger dienen – ernährt sich von Eisalgen, die unter dem Meereis leben; folglich wäre auch Krill von den abnehmenden Eisflächen betroffen. Die kommerzielle Krillfischerei (so wie sie seit den 1970ern praktiziert wird) stellt dagegen eine direktere Bedrohung dar. Die Angst vor einer Übernutzung führte zum «Abkommen zur Erhaltung der lebenden Meeres-Ressourcen der Antarktis» (CCAMLR) im Jahr 1981, in dem die jährlichen Fangquoten für Krill festgelegt sind. Trotzdem lag der geschätzte Krillbestand 2003 bei einem Fünftel des Bestands von 1970 – und die jährlichen Fangmengen steigen immer weiter an: von 109 000 Tonnen im Jahr 2006/07 auf über 684 000 Tonnen im Folgejahr! Man befürchtet, dass der abnehmende globale Fischbestand und die verbesserten Fangtechniken für Krill die Nachfrage auf mehrere Millionen Tonnen pro Jahr hochschrauben könnten. Die Auswirkungen auf Wale, Robben, Pinguine und andere Seevögel wären gravierend.

Zu den bedrohten antarktischen Arten gehören auch **Goldschopfpinguin** und **Felsenpinguin**, verschiedene Albatrosarten (Amsterdamalbatros, Wanderalbatros, Indischer Gelbnasenalbatros, Graukopfalbatros, Graurückenalbatros, Rußalbatros), der Riesen- und der Weißkinn-Sturmvogel, Kerguelenente sowie Blauwal und Finnwal.

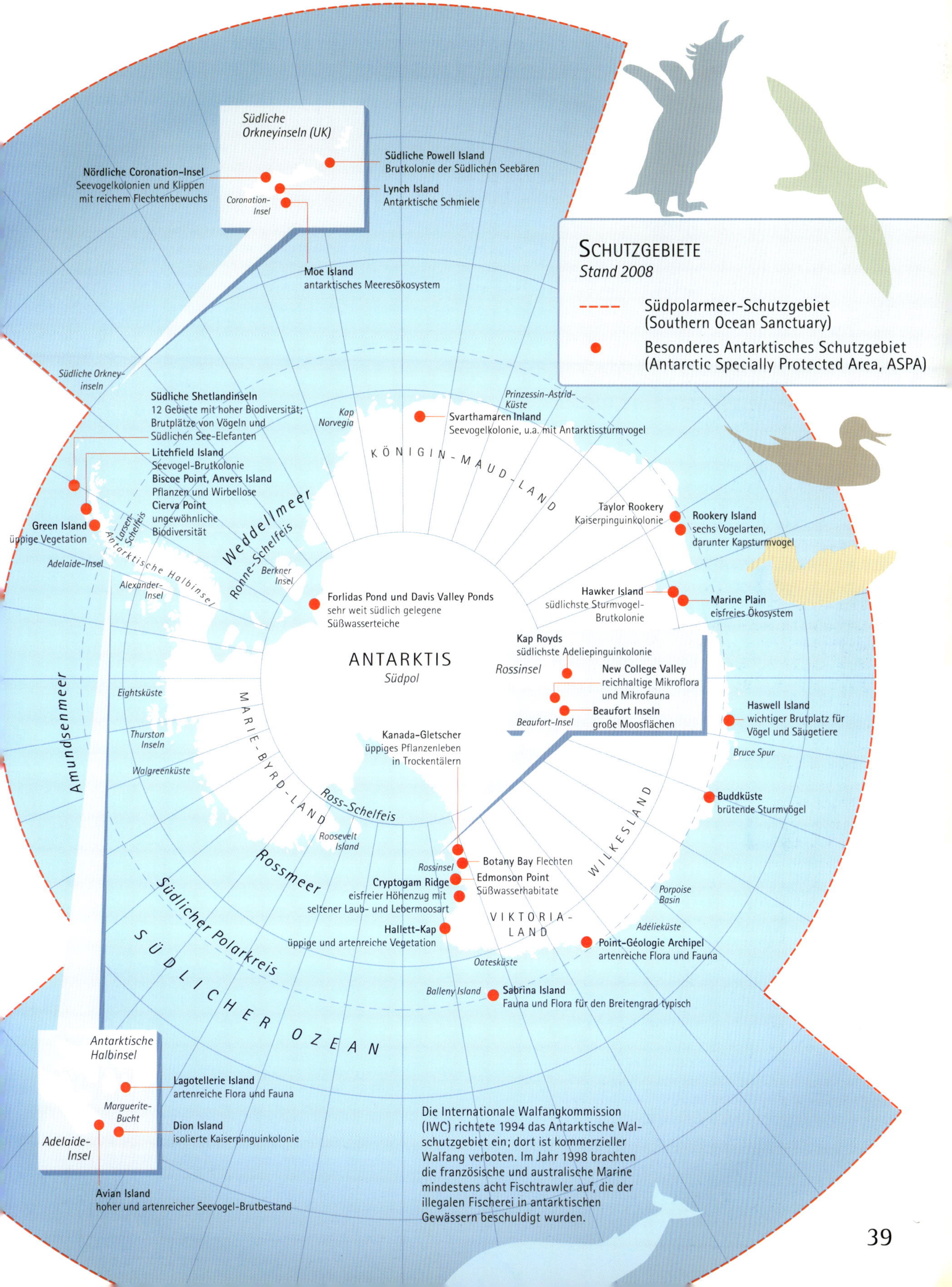

Die Internationale Walfangkommission (IWC) richtete 1994 das Antarktische Walschutzgebiet ein; dort ist kommerzieller Walfang verboten. Im Jahr 1998 brachten die französische und australische Marine mindestens acht Fischtrawler auf, die der illegalen Fischerei in antarktischen Gewässern beschuldigt wurden.

AUSTRALIEN

Mit acht Millionen Quadratkilometern ist Australien der kleinste Kontinent der Welt, doch seine unglaublich vielfältigen Landschaften reichen von den Wüsten im Zentrum bis zu den Regenwäldern von Queensland und Tasmanien. Das einzigartige Tier- und Pflanzenleben Australiens ist eine Folge seiner geografischen Isolierung. Die Beutelsäuger (Beuteltiere) wie Känguru oder Koala haben sich zu Arten entwickelt, die genauso vielfältig sind wie bei den Plazentatieren (Höheren Säugetieren) in anderen Regionen der Welt.

Um die große biologische Vielfalt von Australien zu erhalten, hat die UNESCO eine Reihe von Stätten zum Weltnaturerbe erklärt. Einige wurden wegen der Fossilien aufgenommen, die meisten jedoch, weil sie einzigartige, dringend schutzbedürftige Lebensräume (Habitate) besitzen.

Flora und Fauna von Australien reagieren empfindlich auf den Klimawandel und die durch Menschen verursachten Veränderungen. In den letzten 30000 Jahren sind nachweislich mindestens 34 Tierarten ausgestorben. Vor der Ankunft der Europäer im späten 18. Jahrhundert starben diese Arten vorwiegend durch wechselnde und ungenügende Wasserversorgung aus. Aussterben in jüngerer Zeit, wie beim Beutelwolf oder mehreren Wallaby- (Kleinkängurus) und Nasenbeutlerarten, gehen hingegen auf das Konto des Menschen.

Europäische Siedler haben seit ihrer Ankunft ausgedehnte Landstriche in Australien gerodet und kultiviert und damit einen Großteil der Wald- und Regenwaldgebiete zerstört. Durch die Abholzung kam es zur Bodenerosion sowie zum Ansteigen des Grundwasserspiegels, was wiederum zur Bodenversalzung und zum Absterben der restlichen Bäume führte. Neu eingebürgerte Baumarten verursachten teilweise weitere Schäden: So werden in Queensland die ursprünglichen Savannen durch die Akazienart *Acacia nilotica*, einen aggressiven Neophyten, bedroht.

Auch eingebürgerte und verwilderte Tierarten haben großen Schaden angerichtet. Die natürlichen Lebensräume heimischer Vögel und Beuteltiere wurden durch weidende Rinder und Schafe degradiert. Aggressive Räuber wie der Rotfuchs (von Europäern als Jagdobjekt eingeführt) dezimierten die einheimischen Arten wie auch die nichtheimischen Kaninchen. Die Aga- oder Riesenkröte, ursprünglich zur Kontrolle von Schädlingen ausgesetzt, ist selbst zum Schädling geworden.

Die reiche Biodiversität Australiens ist jedoch durch ein Netzwerk von über 9000 Schutzgebieten gesichert, die elf Prozent des Kontinents umfassen. Mehr als ein Dutzend Meeresschutzgebiete umgeben das Land wie eine «Halskette». Die UNESCO hat zahlreiche Gebiete zu Welterbestätten erklärt; bei vielen geht es um den Schutz einzigartiger natürlicher Lebensräume. Auch Inseln im Indischen Ozean und in der Tasmanischen See, die unter australischer Verwaltung stehen, gehören dazu. Am berühmtesten ist vielleicht das Große Barrierriff – 350 000 Quadratkilometer Korallenriff, die eine der Haupttouristenattraktionen Australiens darstellen. Regierungsbehörden und Umweltschutzgruppen haben daher viel zu tun, um das Gebiet vor den Verwüstungen zu schützen, die Hunderttausende von Besuchern im Jahr mit sich bringen.

Gemäß dem Environment Protection and Biodiversity Conservation Act von 1999 wurde ein umfassendes nationales Schutzsystem für Flora und Fauna entwickelt; hierzu gehört auch eine strenge Begutachtung von Bauvorhaben, die den Lebensraum von bedrohten oder wandernden Arten schädigen könnten. Zudem hat die Regierung jüngst angekündigt, in Reaktion auf Habitatveränderungen durch die globale Erwärmung einen «Klima-Korridor» einzurichten. Dieser Korridor soll sich über die gesamte Länge der Ostküste erstrecken, damit die Arten je nach Temperaturveränderungen und Witterungsverlauf weiterziehen können. Man wird sehen, ob diese Maßnahmen den Niedergang der australischen Fauna und Flora aufhalten können.

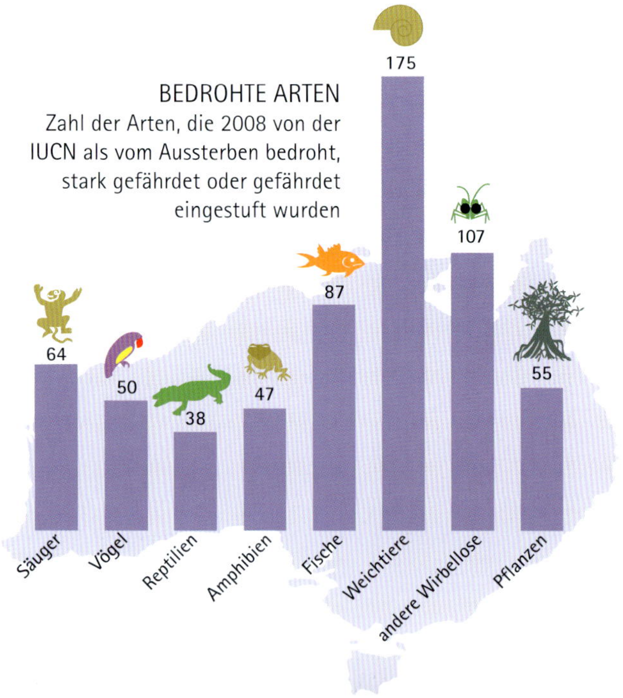

Große Schwärme von **Gouldamadinen** waren früher in Nordaustralien häufig. Die veränderten Bewirtschaftungsmethoden, insbesondere vermehrte Rinderzucht, sind dafür verantwortlich, dass einheimische Gräserarten, deren Samen den Gouldamadinen als Nahrung dienen, immer stärker zurückgehen. Mittlerweile existieren nur mehr wenige verstreute Populationen der Gouldamadine.

Karte mit freundlicher Genehmigung von Collaborative Australian Protected Area Database 2006

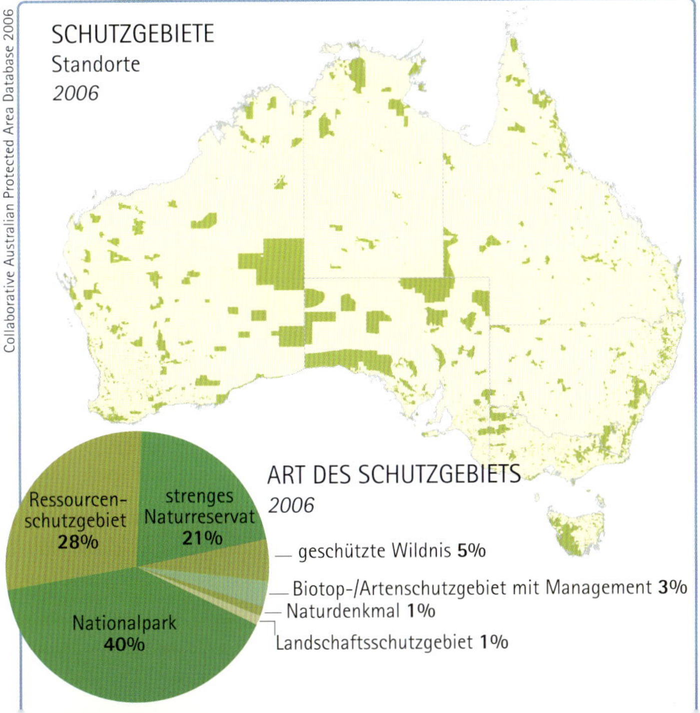

Goldbauchsittiche brüten nur auf Tasmanien; es existieren nur mehr etwa 180 Exemplare. Die tasmanischen Brutgebiete sind zwar geschützt, doch die Art überwintert auf dem australischen Festland, wo ihr Lebensraum besonders durch Beweidung immer knapper wird. Der jetzt vorliegende Rettungsplan umfasst ein Nachzuchtprogramm und Habitatschutzmaßnahmen für die Winterquartiere.

Mittel- und Südamerika

Mittel- und Südamerika besitzen als Kontinent weltweit die höchste Biodiversität. Zu den Lebensräumen gehören gemäßigte und tropische Wälder, Hochebenen mit Wüstenklima (Altiplano), vergletscherte Hochgebirge, Süß- und Salzwasserfeuchtgebiete sowie Korallenriffe. Ein Teil der Gebiete ist immer noch relativ unberührt, doch andere Naturräume sind durch rasche Verstädterung, großflächige Landwirtschaft und den Abbau von Bodenschätzen verloren gegangen.

Unter den bedrohten Gebieten ist der Amazonasregenwald das größte und bekannteste; hier sind mehrere Millionen Arten – Pflanzen, Tiere (darunter 3000 Fischarten) und Mikroorganismen – heimisch, die vielfach wissenschaftlich noch gar nicht beschrieben sind. Viele dieser Arten sind auf kleine Areale beschränkt und reagieren empfindlich auf Umweltveränderungen; wenn ihr Habitat zerstört wird, ist daher die Gefahr des Aussterbens groß.

Die indigenen Völker der Amazonasregion lebten meistens in kleinen, isolierten Stämmen und ernährten sich traditionell als Jäger und Sammler sowie von Subsistenzwirtschaft. Durch die Europäer kamen Viehzucht, Abbau von Bodenschätzen und Holzwirtschaft in das Amazonasgebiet. Anfangs waren die Siedlungen auf die Ufer der schiffbaren Flüsse beschränkt (nach wie vor Haupttransportwege), doch es werden immer mehr Straßen gebaut – teilweise von der Regierung, meistens aber illegal von Erschließungsfirmen.

In diesem riesigen, unwegsamen Gebiet lässt sich schwer abschätzen, wie viel Regenwaldfläche verloren geht. Nach Schätzungen der brasilianischen Weltraumbehörde (INPE) lag die Entwaldung zwischen 2003 und 2004 bei 27 300 Quadratkilometern. In den Folgejahren nahm diese Rate zwar ab, doch seit Anfang 2008 zeichnete sich ein bestürzender Anstieg ab. Teile des Amazonas sind zudem durch Bergbauaktivitäten und die resultierenden, zum Teil quecksilberhaltigen Abwässer verschmutzt.

Regierungen, NGOs (Nichtregierungsorganisationen) wie WWF und Conservation International, Universitätsteams aus aller Welt und reiche Einzelpersonen versuchen, Teile des noch existierenden Regenwaldes zu schützen. 2003 wurde ein Schutzprogramm namens ARPA (Amazon Region Protected Areas) vom WWF, der Weltbank und der deutschen KfW Entwicklungsbank in Zusammenarbeit mit der brasilianischen Regierung ins Leben gerufen. Langfristig sollen 283 000 Quadratkilometer neuer Schutzgebiete geschaffen und bereits existierende, jedoch vernachlässigte Parks in ein System von gut geführten Schutzgebieten und nachhaltig bewirtschafteten Reservaten umgewandelt werden. Gleichzeitig unterstützt die brasilianische Regierung aber auch Vorhaben wie ein Infrastrukturprogramm, das den Bau von Straßen durch den Regenwald, Eisenbahnen und Staudämmen umfasst – Maßnahmen, die alle den Verlust wichtiger Lebensräume beschleunigen werden.

Der finanzielle Wert des Regenwaldes ist immens – er liefert nicht nur Naturstoffe, die aufgrund potenziell lebensrettender Eigenschaften in Arzneimitteln eingesetzt werden können, sondern erfüllt die essenzielle Funktion einer riesigen Kohlenstoffsenke. Daher kann Brasilien im internationalen Emissionsrechtehandel Emissionszertifikate an Firmen verkaufen, die ihren Kohlendioxidausstoß nicht verringern möchten. Der ökologische Wert des Regenwaldes lässt sich nicht ermessen und sein Verlust könnte zu einer katastrophalen Beschleunigung des Klimawandels führen.

Ökologisch wertvolle Gebiete machen nur selten vor Staatsgrenzen Halt, daher werden Naturschutzprojekte immer stärker länderübergreifend konzipiert. In Mittelamerika mit seinen über 400 Schutzgebieten bemüht man sich zum Beispiel darum, einen «Mesoamerikanischen Biologischen Korridor» einzurichten, der die Einzelinitiativen von acht Staaten koordiniert. Und obwohl andere Wald- und Gebirgsgegenden mittlerweile recht gut geschützt sind, hat man erkannt, dass mehr zum Schutz der Feuchtgebiete Lateinamerikas, wie das Pantanal oder die Küsten- und Meeresregionen, getan werden muss. Die auf dem ganzen Kontinent als UNESCO-Weltnaturerbe ausgewiesenen Gebiete umfassen ein großes Spektrum an Lebensräumen. Internationale Kooperationen sind jedoch nicht immer möglich: So erschweren Grenzstreitigkeiten zwischen Ecuador und Peru bisher die Unterschutzstellung der Cordillera-del-Condor-Region, einer Gebirgsgegend mit hoher Biodiversität.

Zum Weltnaturerbe «Golf von Kalifornien» gehören 224 Inseln, Inselchen und Küstenbereiche: Hier sind 695 Pflanzenarten, fast 900 Fischarten und fast zwei Fünftel aller Meeressäugerarten (darunter der **Kalifornische Seelöwe**) und ein Drittel aller Wal- und Delfinarten heimisch.

Der Amazonasregenwald wird unverantwortlich rasch zerstört – er wird hauptsächlich gerodet, um landwirtschaftliche Flächen zu schaffen. Da die brasilianische Regierung sich 2007 verpflichtete, die BR-163-Nord-Süd-Straße durch den Regenwald zu asphaltieren, wird die Waldzerstörung zweifellos erleichtert werden. Zudem breitet sich ein **illegales Straßennetz** über den Regenwald aus, das von Forst- und Bergbauunternehmen angelegt wurde.

Das **Pantanal,** größtes Süßwasserfeuchtgebiet der Welt, liegt auf dem Staatsgebiet von Bolivien, Brasilien und Paraguay. Es bietet Lebensraum für bedrohte Arten wie Riesenotter und Sumpfhirsch sowie 120 weitere Säugetierarten, 650 Vogel-, 90 Reptilien- und 40 Amphibienarten. Das Gebiet wird von Farmern weiträumig genutzt; durch die Zusammenarbeit mit Naturschützern soll eine nachhaltige Entwicklung sichergestellt werden.

Der Atlantische Regenwald ist bis auf acht Prozent seiner ursprünglichen Größe geschrumpft; durch die starke Fragmentierung ist das Überleben von **Spinnenaffen** und zwanzig weiteren endemischen Säugetierarten höchst gefährdet. Zur biologischen Vielfalt des Atlantikwaldes gehören 2200 Wirbeltier- und 20 000 Pflanzenarten; viele davon würden aussterben, wenn er noch stärker degradiert würde.

Galapagosinseln

Die Galapagosinseln liegen etwa tausend Kilometer vor der südamerikanischen Küste im Pazifik. Da diese Vulkaninseln aus dem Tiefseeboden emporgewachsen sind, ist die Evolution dort isoliert vom Festland abgelaufen; daher konnten sich Arten entwickeln, die auf diesen Inseln endemisch sind. Wie Charles Darwin nach seinem Besuch im Jahr 1835 erkannte, haben die Arten auf benachbarten Inseln des Archipels in Anpassung an ihre jeweilige Umwelt spezifische Merkmale ausgebildet. Deshalb gibt es zahlreiche Arten und Unterarten mit kleinen, lokalen Populationen, die sehr empfindlich auf Lebensraumzerstörung, Krankheiten oder Klimawandel reagieren.

«Galapagos» bedeutet auf Spanisch «Schildkröte»; die Inseln sind in der Tat die Heimat von Riesenschildkröten wie auch von etwa 300 000 Meerechsen. Da heimische Fressfeinde fehlten – Reisratten und zwei Fledermausarten sind die einzigen ursprünglichen Landsäuger –, konnten die Seevögel ungehindert brüten und große Kolonien von Blaufußtölpeln, Fregattvögeln und der seltenen Lavamöwe bilden. Ecuador erklärte die Galapagosinseln 1959 zum Nationalpark, 1978 wurden sie als erstes UNESCO-Weltnaturerbe ausgewiesen. Allerdings wurden sie 2007 auf die Rote Liste des gefährdeten Welterbes gesetzt, da ihre einzigartige Biodiversität durch invasive Pflanzen- und Tierarten, Tourismus und Einwanderung bedroht ist.

Nur einige Inseln wurden besiedelt, doch die Gesamtbevölkerung ist von 2000 Personen (1970) auf 18 000 im Jahr 2008 gestiegen. Bisher haben die Siedler 500 Pflanzenarten auf den Galapagosinseln eingeführt, die die einheimische Flora verdrängen. Beispiele für eingebürgerte Tierarten sind Ratten, Katzen und Ziegen (letztere sind von einigen Inseln wieder erfolgreich eliminiert worden). Mit über 140 000 Besuchern im Jahr 2006 bildet der Tourismus die wichtigste wirtschaftliche Einnahmequelle, doch auch die Fischerei ist von Bedeutung. Auf den Galapagosinseln leben mindestens 800 Fischer; die vor der Küste fischenden größeren Trawler stellen ein Sicherheitsrisiko für Meeressäuger und Seevögel dar.

Im April 1997 erließ der ecuadorianische Präsident eine Notverordnung, um die Einführung fremder Arten zu beschränken und den Naturschutz zu fördern. Die Fischereiverbotszone rund um die Inseln wurde von 15 auf 40 Seemeilen heraufgesetzt, sodass ein Meeresschutzgebiet von 130 000 Quadratkilometern entstand. Doch alle Versuche zur Begrenzung der Fangquoten stießen auf den Widerstand der Lokalbevölkerung. Das Schicksal des Tier- und Pflanzenlebens auf dem Archipel hängt davon ab, ob sich Wirtschaft und Naturschutz in Einklang bringen lassen.

Der Bestand der **Galapagospinguine** liegt bei nur 1300 Vögeln; die Populationsgröße schwankt anscheinend je nach Nahrungsangebot: Die Beutefische benötigen kalte, nährstoffreiche Gewässer, doch durch das El-Niño-Phänomen gelangt wärmeres Wasser in die Region, das die Versorgung unterbricht. Häufigere El-Niño-Ereignisse, wie aufgrund des Klimawandels vorhergesagt, könnten den Galapagospinguin noch stärker gefährden.

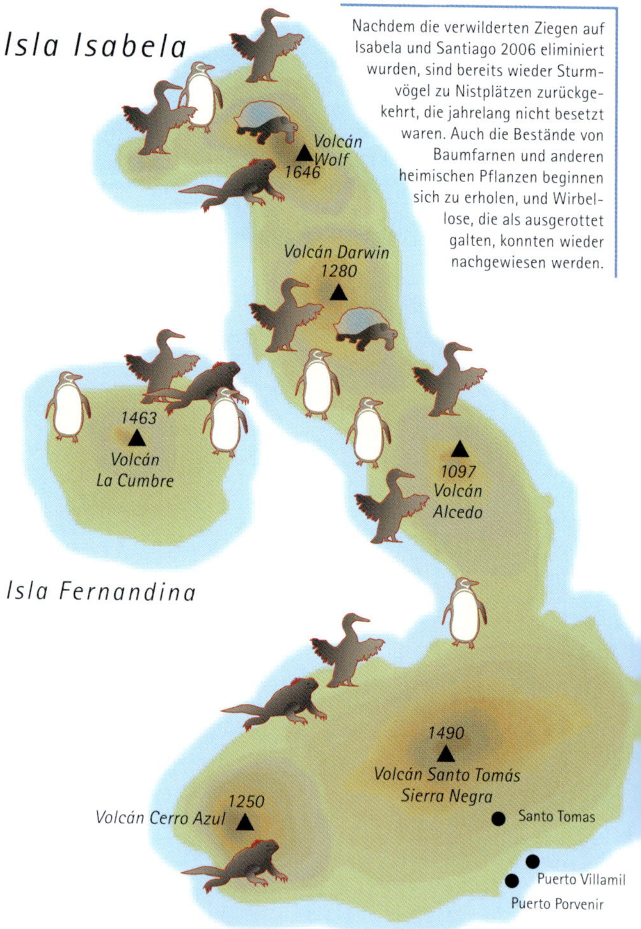

Nachdem die verwilderten Ziegen auf Isabela und Santiago 2006 eliminiert wurden, sind bereits wieder Sturmvögel zu Nistplätzen zurückgekehrt, die jahrelang nicht besetzt waren. Auch die Bestände von Baumfarnen und anderen heimischen Pflanzen beginnen sich zu erholen, und Wirbellose, die als ausgerottet galten, konnten wieder nachgewiesen werden.

Die **Lavamöwe** gilt als seltenste Möwenart der Welt: Sie kommt nur auf Galapagos vor, der Brutbestand liegt bei 300 bis 400 Paaren.

Endemische Arten

Vorkommen einiger auf den Galapagosinseln endemischen Arten

- Meerechse
- Galapagospinguin
- Galapagosscharbe
- Galapagos-Riesenschildkröte

Isla Pinta

Isla Marchena

Isla Genovesa

Die früher zahlreiche **Galapagos-Riesenschildkröte** diente als willkommene Fleischquelle für vorbeifahrende Seeleute: Drei der 14 bekannten Unterarten wurden ausgerottet. In neuerer Zeit waren verwilderte Hausziegen die größte Bedrohung, da sie mit den Schildkröten um Pflanzennahrung konkurrieren. Inzwischen wurden die Ziegen auf Pinta ausgerottet – zu spät für «Lonesome George», die einzige überlebende Riesenschildkröte. Es ist geplant, Española-Riesenschildkröten aus einer Nachzucht auszuwildern.

GALAPAGOS-RIESENSCHILDKRÖTE geschätzte Bestandszahlen im Jahr *1535* und *2008*

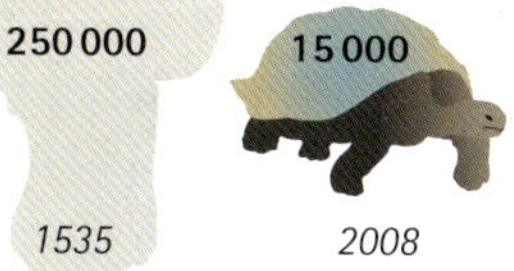

Isla Santiago

Isla Rábida

Isla Santa Cruz

Isla Pinzón

Puerto Ayora

Seit 1970 konnten über 500 junge Riesenschildkröten aus Nachzuchtprogrammen auf Pinzón freigesetzt werden.

Isla Santa Fé

Am 16. Januar 2001 lief der Öltanker Jessica mit 600 000 Liter Diesel und 300 000 Liter Treibstoff vor San Cristóbal auf Grund. Die Tanks brachen auseinander, doch zum Glück wurde das Öl durch Wind und Strömung von der Insel weggetrieben und eine größere ökologische Katastrophe blieb aus.

Puerto Baquerizo Moreno

El Progreso

Isla San Cristóbal

Zwischen 1965 und 1974 brachte man 14 Riesenschildkröten von Española, wo ihre Weidegründe von Ziegen zerstört worden waren, zur Aufzuchtstation auf Santa Cruz. Langfristig gelang es, die Ziegen auf Española zu eliminieren; bis zum März 2000 konnten bereits tausend Schildkröten auf Española ausgewildert werden.

Puerto Velasco Ibarra

Isla Santa María

Isla Española

Madagaskar

Madagaskar ist die viertgrößte Insel der Welt und umfasst etwa 585 000 Quadratkilometer. Man nimmt an, dass es sich vor ungefähr 150 Millionen Jahren von Gondwana, dem südlichen Urkontinent (den in einer Landmasse zusammenhängenden Kontinenten Südamerika, Afrika, Antarktika, Australien, Madagaskar und Indien), abgetrennt hat.

Durch die geografische Isolierung nahm die Tier- und Pflanzenwelt von Madagaskar eine eigene Entwicklung; es entstanden viele endemische Arten und eine Vielfalt spezifischer Lebensräume: Entlang der Küste herrschen tropische Bedingungen, im Landesinneren gemäßigtes Klima und im Süden trockenes Wüstenklima.

Obwohl die Regierung internationale Abkommen zur Biodiversität, Bekämpfung der Wüstenbildung, Artenschutz und Meeresschutz unterzeichnet hat, sind mehrere endemische Arten Madagaskars stark gefährdet. Bei einer Bevölkerung von über zwanzig Millionen, die jährlich um fast drei Prozent wächst, wird der Druck auf die Naturräume des Landes vermutlich weiter zunehmen.

Elefantenvogel und Delalande-Seidenkuckuck sind definitiv ausgestorben, doch es werden immer noch neue Arten entdeckt. Lemuren – die Primatengruppe, die außerhalb von Madagaskar durch Alt- und Neuweltaffen verdrängt wurde – kommen heute nur mehr auf Madagaskar vor. Seit Beginn des 21. Jahrhunderts hat man mehrere neue Lemurenarten entdeckt: einen Wollmaki, fünf Katzenmakis und acht neue Mausmakis.

BEDROHTE TIERARTEN

Zahl der Arten, die 2008 von der IUCN als vom Aussterben bedroht, stark gefährdet oder gefährdet eingestuft wurden

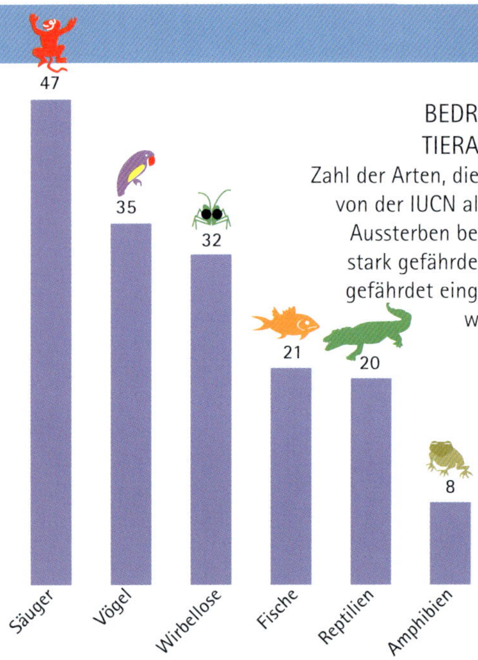

GEFÄHRDUNGS-KATEGORIE

Zahl der Tierarten je IUCN-Rote-Liste-Kategorie

2008

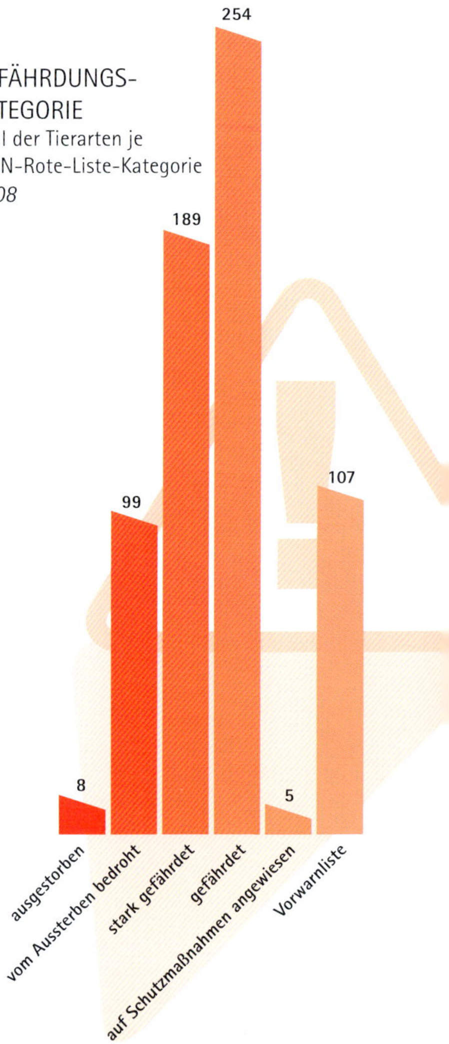

Aus **Madagaskar-Immergrün** gewinnt man zwei Alkaloide (Vincristin und Vinblastin), die zur (meistens erfolgreichen) Behandlung von Leukämie im Kindesalter eingesetzt werden. Zur Alkaloidgewinnung werden die Pflanzen mittlerweile außerhalb von Madagaskar angebaut; allerdings hat die pharmazeutische Industrie keinerlei Gewinne an die madagassische Bevölkerung oder irgendwelche Naturschutzprojekte in Madagaskar weitergegeben.

BEDROHTE PFLANZENARTEN

Zahl der bedrohten Arten

2008

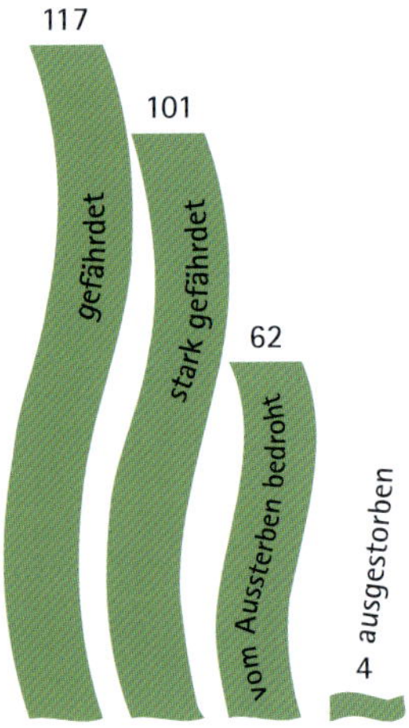

Der **Madagaskarseeadler** war bis zu den 1930ern in Nordwestmadagaskar noch häufig. Bejagung und der Verlust von Brutquartieren und Nahrungsgründen sind schuld, dass er mittlerweile sehr selten ist.

Tsingy de Bemaraha (integrales Schutzgebiet) ist UNESCO-Weltnaturerbe. In den unberührten Wäldern, Seen und Mangrovensümpfen sind stark gefährdete Lemuren und Vögel heimisch.

Die **Regenwaldgebiete von Atsinanana,** die mehrere Nationalparks an der Ostküste von Madagaskar umfassen, wurden 2007 zum UNESCO-Weltnaturerbe erklärt.

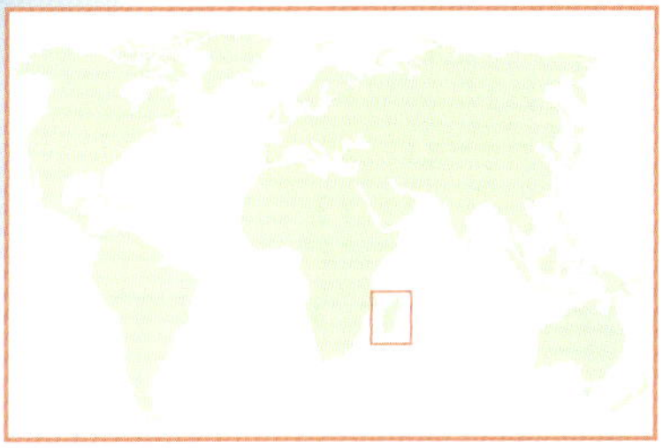

Der **Goldene Halbmaki** oder **Bambuslemur** kommt nur in Südostmadagaskar vor; etwa tausend Tiere leben im Ranomafana-Nationalpark. Diese Art ernährt sich von Bambusblättern und -sprossen, die für die meisten Säuger wegen des Zyanidgehalts tödlich sind.

Bedrohte Tiere und Pflanzen

4

«Die Zeiten, als große, seltene Geschöpfe ohne energische Intervention des Menschen wieder an Zahl zunehmen konnten, sind vergangen.»

Peter Matthiessen,
Autor und Naturforscher

PRIMATEN

Menschenaffen, Menschen, Tieraffen sowie Lemuren und ihre Verwandten (wie Loris und Buschbabys) bilden gemeinsam 234 Primatenarten, eine Säugerordnung mit typischen Merkmalen, die auf die Abstammung von einem gemeinsamen Vorfahr hinweisen, einem kleinen, baumbewohnenden Säuger, der sich von Früchten und Insekten ernährte. Primaten haben Greifhände mit einem opponierbaren Daumen, ein großes Gehirn (vor allem eine ausgedehnte Großhirnrinde) und bekommen gewöhnlich nur ein einziges Junges. Die meisten sind gut an das Baumleben, vor allem in Tropenwäldern, angepasst, doch einige Arten sind zum Bodenleben übergegangen. Primaten leben gewöhnlich in komplexen sozialen Gruppen und sind im Kindesalter stark von ihrer Mutter abhängig, die sie nicht nur ernährt, sondern auch praktische und soziale Fertigkeiten lehrt. Von wenigen Ausnahmen – wie dem Japan- oder Rotgesichtmakak, der auf der Halbinsel Shimokita auf 41° nördlicher Breite lebt – abgesehen, leben nur sehr wenige Primaten in gemäßigten Breiten, denn sie brauchen auch in den Wintermonaten eine Nahrungsquelle und zudem viele Tageslichtstunden zur Nahrungssuche.

Alle Primaten teilen verhaltensbiologische und anatomische Merkmale, doch Menschen und Schimpansen stehen sich besonders nahe; die Übereinstimmung in der DNA beträgt fast 99 Prozent. Schimpansen benutzen Werkzeuge, lachen, wenn sie gekitzelt werden, und können bis zu sechzig Jahre alt werden. Wie viele andere Primatenarten sind Schimpansen durch die Entwaldung und deren Folgen bedroht: Wenn Holzunternehmen Schneisen in den Urwald schlagen, folgen ihnen die Jäger auf dem Fuß. Seit Mitte der 1980er ist die Jagd nach «Bushmeat» zu einem lukrativen Geschäft geworden; 2001 wurden allein im Kongobecken mehr als eine Million Tonnen Wildtiere erbeutet. Da die Affen immer häufiger in Kontakt mit Menschen kommen, leiden sie inzwischen auch an menschlichen Krankheiten wie dem Ebola-Virus.

Vor hundert Jahren lebten im zentralafrikanischen Regenwald, der sich von Sierra Leone bis nach Tansania erstreckte, rund zwei Millionen Schimpansen. 2001 waren es nur noch 200 000, und ihre Zahl geht weiter zurück.

Rund neunzig Prozent aller **Primaten** leben in Tropenwäldern. Sie spielen eine wichtige Rolle für die Ökologie ihres Lebensraumes und tragen dazu bei, Pflanzen zu bestäuben und Samen zu verbreiten.

Unsere engsten Verwandten sind die vier Großen Menschenaffen: **Gorilla,** Schimpanse, Bonobo (Zwergschimpanse) und Orang-Utan.

Bedrohte Primaten

Zahl der Primatenarten, die 2007 weltweit als vom Aussterben bedroht, stark gefährdet oder gefährdet eingestuft wurden

- 11 – 21
- 4 – 10
- 1 – 3
- 0
- Zahl der Primatenarten, die als vom Aussterben bedroht eingestuft wurden

Nur fünf Prozent des ursprünglichen kamerunischen Regenwalds sind noch vorhanden. Dort lebt der vom Aussterben bedrohte Flachlandgorilla. Die kamerunische Regierung schützt diese Gorillapopulationen mit bewaffneten Patrouillen vor Wilderern. 2007 erstritt sie sogar die Rückkehr von vier Gorillas, die fünf Jahre zuvor gefangen und an Zoos in Malaysia und Südafrika verkauft worden waren.

Ende der 1990er wurde berichtet, dass mehr als 150 der seltenen **Östlichen Gorillas** dem Bürgerkrieg in Ruanda zum Opfer gefallen waren.

Der **Bonobo** oder Zwergschimpanse hat stark unter den kriegerischen Auseinandersetzungen in der Demokratischen Republik Kongo gelitten; inzwischen gibt es nur noch weniger als 50 000 Tiere.

Lemuren findet man nur auf Madagaskar, wo sie sich hundert Millionen Jahre lang isoliert entwickelt haben. Ihre Größe reicht von der einer Maus bis zu der eines Kleinen Pandas. Man nimmt an, dass in den letzten 500 Jahren ein Drittel aller Lemurenarten ausgestorben ist, von den übrigen Arten sind vier Fünftel durch den Verlust ihres Lebensraums und Bejagung gefährdet.

Viele bedrohte Primatenarten leben in Ländern, die kaum in der Lage sind, sie zu schützen, und leiden unter den Folgen von Armut, ökologischem Raubbau und Konflikten. In Indonesien treibt die Nachfrage nach Palmöl und Biodiesel die Umwandlung von Tropenwäldern in Plantagen voran, eine große Gefahr für die letzten **Orang-Utans**.

KATZEN

Katzen gehören zur Familie Felidae – eine Gruppe karnivorer (fleischfressender) Säuger, zu denen Löwe, Tiger, Jaguar, Leopard, Puma, Luchs und Hauskatze gezählt werden.

Katzen, ob groß oder klein, sind auf Effizienz getrimmt und in dieser Hinsicht stärker spezialisiert als andere fleischfressende Säuger. Sie sind kräftig gebaut und haben ein großes, gut entwickeltes Gehirn, was sie intelligenter und stärker macht als ihre Beute. Sie haben auch so gute Reflexe, dass sie beim Fallen fast immer auf den Pfoten landen.

Obgleich Löwen, Tiger und Geparden klettern können, sind sie vorwiegend bodenlebend. Leopard, Jaguar und Ozelot fühlen sich im Geäst hingegen völlig zuhause und schlafen auch oft auf Bäumen. Die größeren Katzen haben ein großes Streifgebiet, oft bis zu 130 Quadratkilometer. Großkatzen ziehen gewöhnlich allein oder zu zweit umher. Afrikanische Löwen bilden hingegen Rudel, doch in diesen lockeren Verbänden aus Weibchen, ihren Jungen und einem oder wenigen erwachsenen Männchen fehlt die strenge Hierarchie, die man in Hunde- und Wolfsrudeln findet.

Menschen stellen die größte Bedrohung für Großkatzen dar, und die Jagd auf Großkatzen war lange ein beliebter Zeitvertreib. Es bleibt ein lukrativer Sport: In Botswana zahlen Freizeitjäger beispielsweise bis zu 30 000 US-Dollar, um einen Löwen zu schießen. Fell, Zähne und Klauen von Großkatzen werden für viel Geld gehandelt. Die Territorien derjenigen Arten, die nicht von Jägern bedroht sind, schrumpfen durch das Vordringen von Landwirtschaft und menschlichen Siedlungen immer stärker.

Viele asiatische Großkatzen sind bedroht, darunter der Schneeleopard (von dem in freier Wildbahn nur noch rund 6000 Tiere leben), der Sibirische Tiger (nur noch 400 Exemplare in freier Wildbahn) und der Amurleopard (s. S. 95). Während die Wildpopulationen der Großkatzen immer mehr schwinden, werden Zoos und andere Schutzräume für ihr Überleben zunehmend wichtiger.

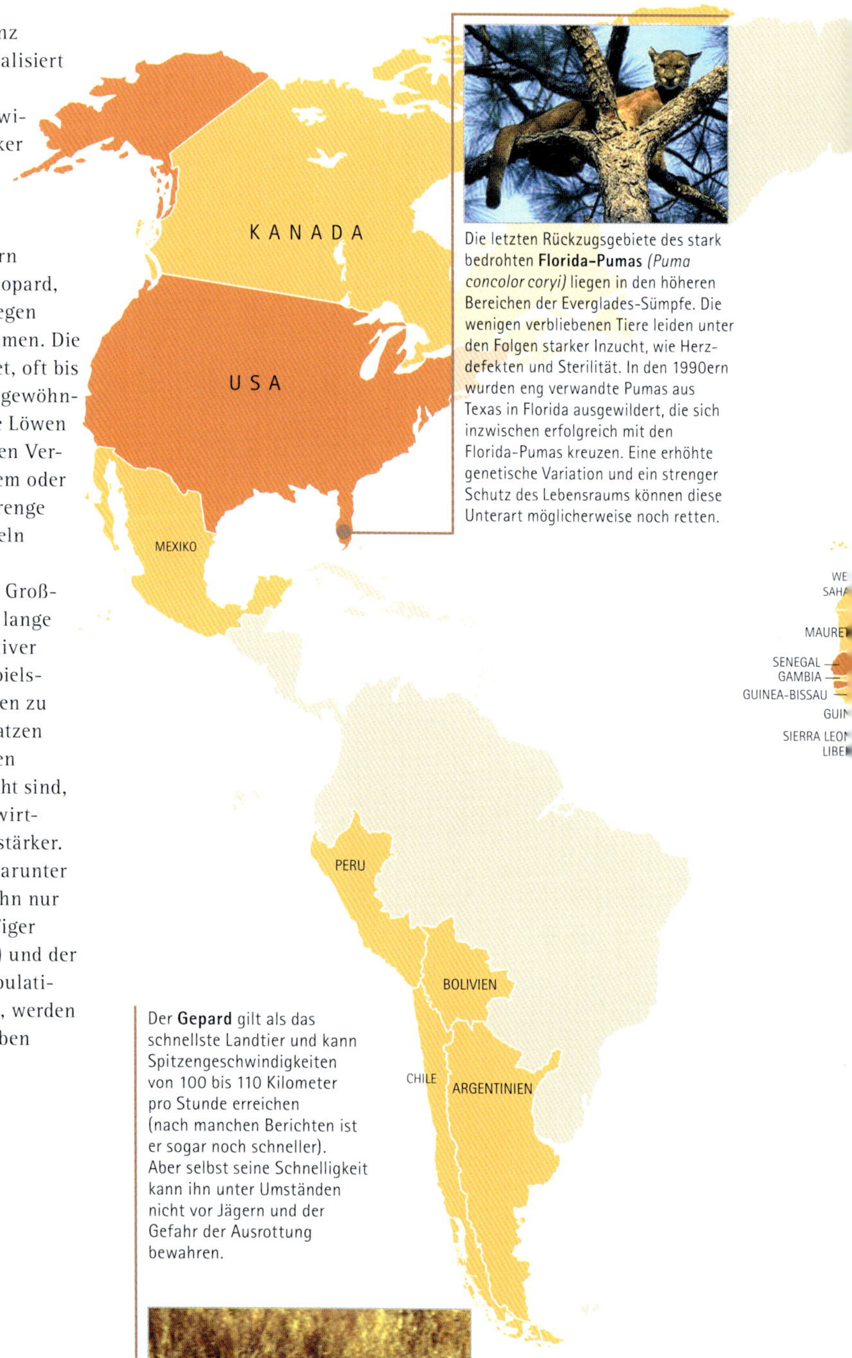

Die letzten Rückzugsgebiete des stark bedrohten **Florida-Pumas** *(Puma concolor coryi)* liegen in den höheren Bereichen der Everglades-Sümpfe. Die wenigen verbliebenen Tiere leiden unter den Folgen starker Inzucht, wie Herzdefekten und Sterilität. In den 1990ern wurden eng verwandte Pumas aus Texas in Florida ausgewildert, die sich inzwischen erfolgreich mit den Florida-Pumas kreuzen. Eine erhöhte genetische Variation und ein strenger Schutz des Lebensraums können diese Unterart möglicherweise noch retten.

Der **Gepard** gilt als das schnellste Landtier und kann Spitzengeschwindigkeiten von 100 bis 110 Kilometer pro Stunde erreichen (nach manchen Berichten ist er sogar noch schneller). Aber selbst seine Schnelligkeit kann ihn unter Umständen nicht vor Jägern und der Gefahr der Ausrottung bewahren.

NIEDERGANG DES TIGERS

Sämtliche Tigerarten

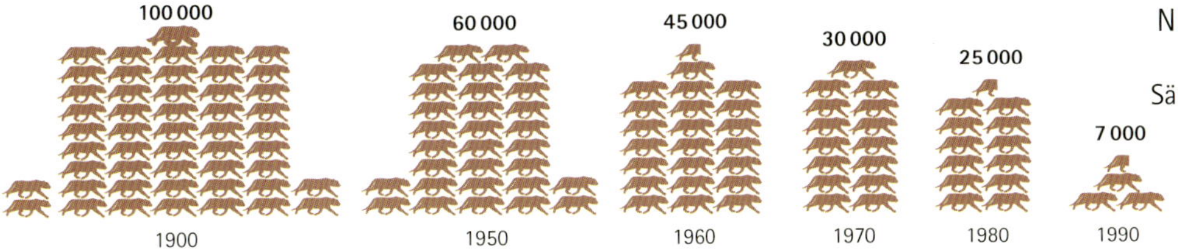

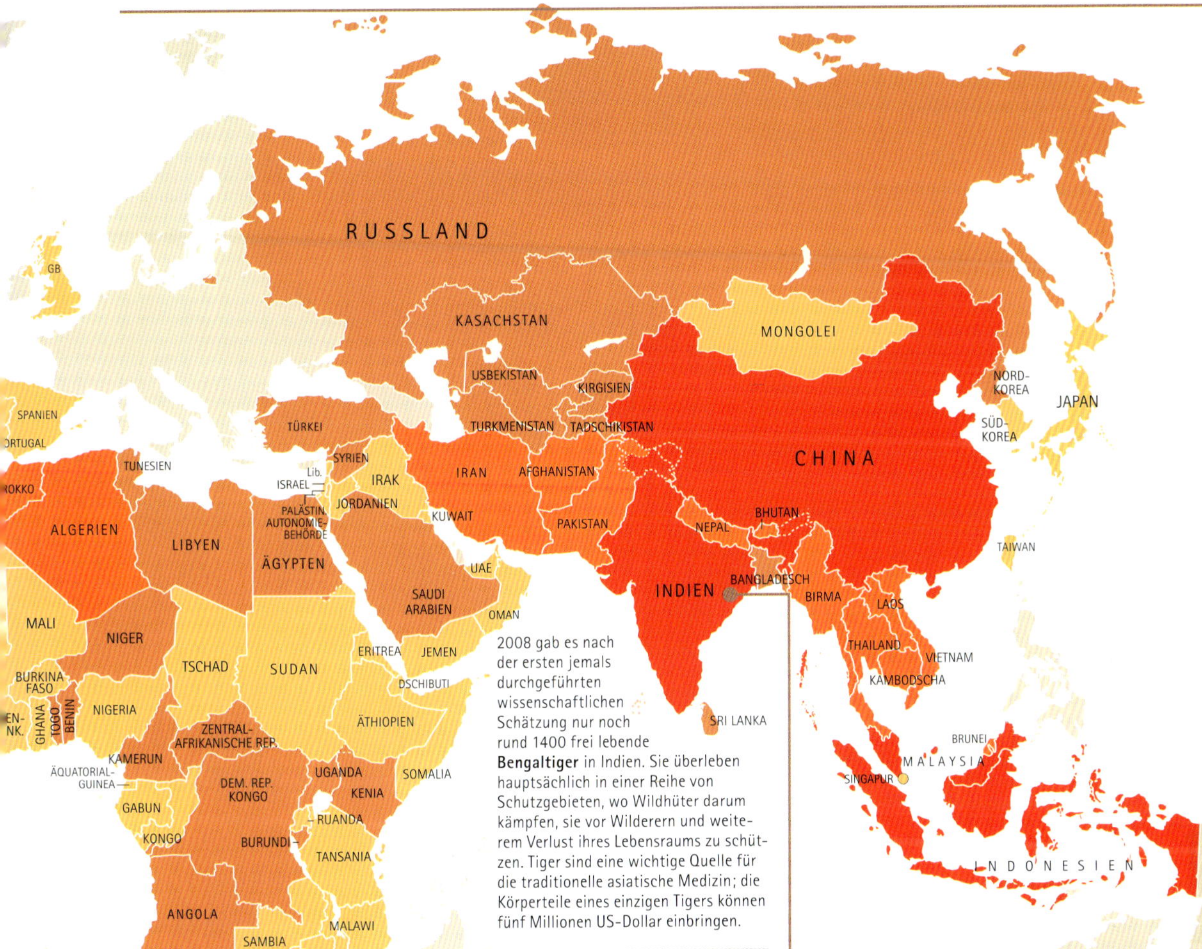

2008 gab es nach der ersten jemals durchgeführten wissenschaftlichen Schätzung nur noch rund 1400 frei lebende **Bengaltiger** in Indien. Sie überleben hauptsächlich in einer Reihe von Schutzgebieten, wo Wildhüter darum kämpfen, sie vor Wilderern und weiterem Verlust ihres Lebensraums zu schützen. Tiger sind eine wichtige Quelle für die traditionelle asiatische Medizin; die Körperteile eines einzigen Tigers können fünf Millionen US-Dollar einbringen.

BEDROHTE KATZEN

Zahl der Katzenarten und -unterarten, die 2007 weltweit als vom Aussterben bedroht, stark gefährdet oder gefährdet eingestuft wurden

- 7 – 11
- 5 – 6
- 3 – 4
- 1 – 2
- keine oder keine Daten

TIGERTEILE, DIE IN DER TRADITIONELLEN ASIATISCHEN MEDIZIN GENUTZT WERDEN

Gehirn
Müdigkeit, Pickel

Augäpfel
Epilepsie, Malaria, Fieber, Katarakte, Krämpfe

Klauen
als Beruhigungsmittel

Nase
Epilepsie, Krämpfe, Hundebisse

Barthaare Zahnschmerzen

Blut
Konstitution, Willenskraft

Hoden
Tuberkulose der Lymphknoten

Schwanz
Hautkrankheiten

Zähne
Fieber, Tollwut, Asthma, wunde Stellen am Penis

Magen Magenprobleme

Fett
Lepra, Rheumatismus

Knochen
Rheumatismus, Schwäche, Lähmungen

Fäzes (Kot)
Furunkel, Hämorrhoiden

Fleisch
Übelkeit, Malaria, verbessert die Vitalität, als Stärkungsmittel für Magen und Milz

HUFTIERE

Pferde, Hirsche, Rinder, Schweine, Schafe und Ziegen sind allesamt Huftiere (Ungulata). Elefanten und Nashörner (s. S. 56–57) gehören ebenfalls zu den Ungulaten. Ihre Zähne sind an die Pflanzennahrung angepasst; sie besitzen kräftige Backenzähne zum Mahlen. Huftiere, die von Großkatzen, Wölfen und anderen Raubtieren gejagt werden, benutzen verschiedene Verteidigungsstrategien. Viele sind groß, andere schnell und wieder andere verteidigen sich mit Hörnern oder Geweihen. Sie bilden häufig große Herden, um das Risiko für das Einzeltier zu minimieren.

Domestizierte Huftiere begleiteten frühe europäische Entdecker nach Australien und auf abgelegene Inseln in aller Welt, haben aber durch eine Überweidung der dortigen Pflanzen häufig einheimische Pflanzenfresser in die Defensive gedrängt. Eingeführte Huftiere haben sich mit heimischen Huftieren gekreuzt und auch Krankheiten wie die Rinderpest eingeschleppt, die sich in Südostasien von Hausrindern auf Wildrinder übertragen hat.

Huftiere stellen für Menschen eine wichtige Fleischquelle dar, und ihre Häute werden zur Herstellung von Kleidung und Zelten genutzt. Als Autos und Gewehre im 20. Jahrhundert immer schneller und zielsicherer wurden, begannen Huftierpopulationen unter Überjagung zu leiden; Überjagung stellt auch heute noch die größte Bedrohung für ihr Überleben dar.

Zum Schutz von Huftieren sind große Reservate unverzichtbar. Touristen, die kommen, um die großen Huftierherden zu sehen, die über die afrikanische Savanne ziehen, stellen eine potenzielle Einkommensquelle für solche Schutzgebiete dar. Der Kruger-Nationalpark in Südafrika wurde 1898 gegründet und ist Afrikas ältestes Wildschutzgebiet, während sich in Tansania der Serengeti- und der Ngorongoro-Nationalpark befinden.

Um die lokale Unterstützung für den Natur- und Tierschutz innerhalb und außerhalb von Schutzgebieten zu sichern, muss die einheimische Bevölkerung an den Einnahmen durch Jagdsafaris und Tourismus und am Management ihres Wildreichtums beteiligt werden. Das Hilfsprogramm «Communal Area Management Programme for Indigenous Resources» (CAMPFIRE) in Simbabwe zeigt, dass eine Wiedereinführung von Huftieren in Gebiete, in denen sie lokal durch die Jagd ausgerottet wurden, bei entsprechenden Schutzmaßnahmen gegen Wilderei durchaus erfolgreich sein kann.

Vor Ankunft der Europäer in Nordamerika gab es dort schätzungsweise sechzig Millionen **Bisons**. Als die Siedler über den Kontinent nach Westen drängten, geriet der Bison durch starke Bejagung an den Rand der Ausrottung. In Schutzgebieten wie dem 1872 gegründeten Yellowstone-Nationalpark haben rund 1500 Tiere überlebt. Seitdem ist die Zahl der Bisons wieder auf 400 000 gestiegen; die meisten davon werden kommerziell gezüchtet und Fleisch, Häute sowie andere Produkte verwertet.

DAS WECHSELHAFTE SCHICKSAL DES NORDAMERIKANISCHEN BISONS

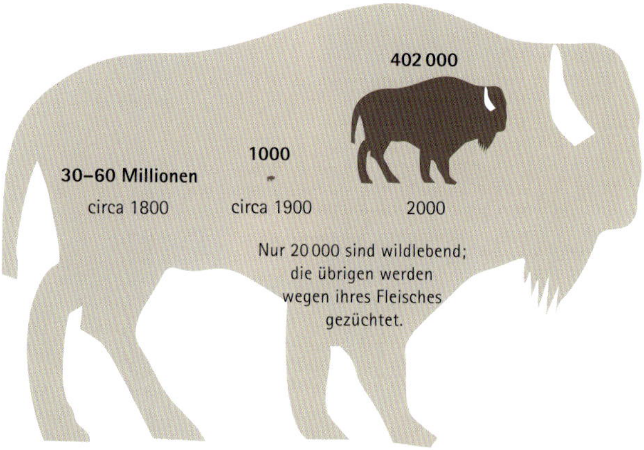

Das **Przewalski-Pferd** lebte in den mongolischen Steppen. Wölfe und Menschen rotteten diese Art in freier Wildbahn aus, doch sie ist kürzlich in ihrer Urheimat wieder ausgewildert worden.

Dieses junge **Zwergwildschwein** ist eines der siebzig Exemplare, das vom Zuchtzentrum des Durrell Wildlife Conservation Trust in Basistha, Indien, aufgezogen wird. Es war schon befürchtet worden, die Art sei ausgestorben, doch nun hofft man, dass diese Schweine mithilfe eines Schutz- und Aufzuchtprogramms wieder am Fuß des Himalajas ausgewildert werden können.

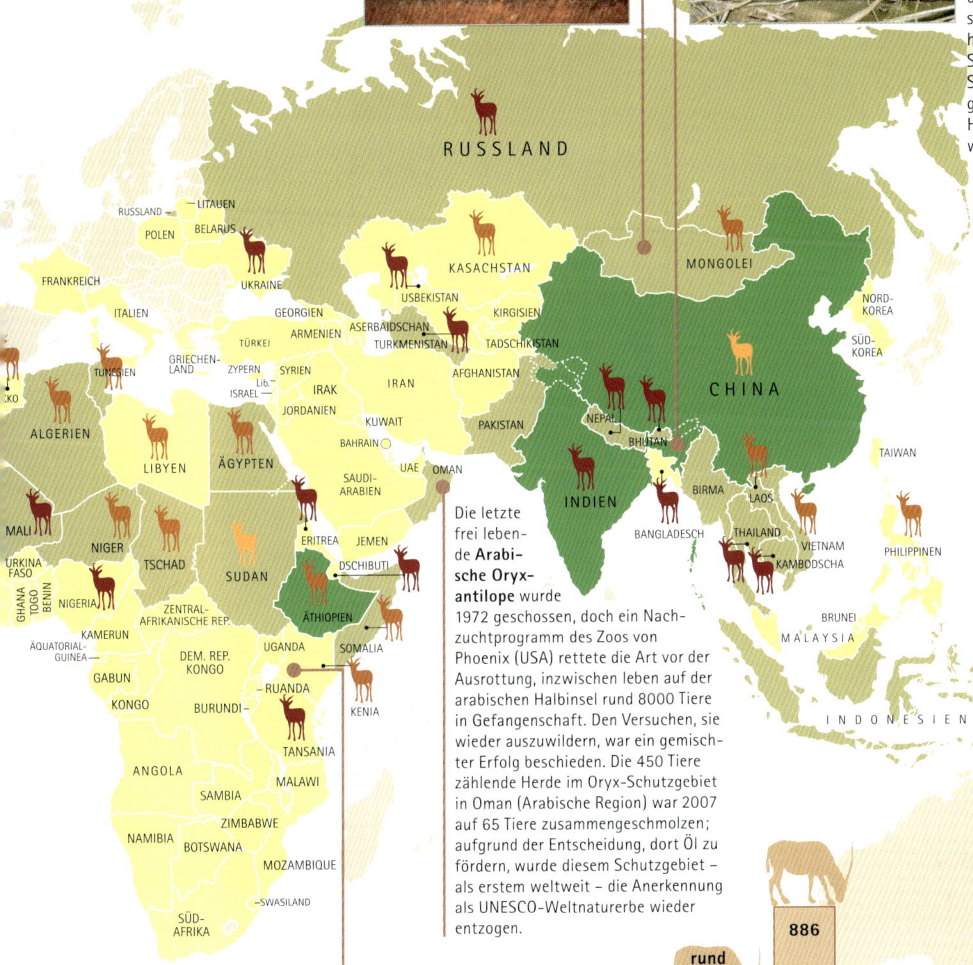

Die letzte frei lebende **Arabische Oryxantilope** wurde 1972 geschossen, doch ein Nachzuchtprogramm des Zoos von Phoenix (USA) rettete die Art vor der Ausrottung, inzwischen leben auf der arabischen Halbinsel rund 8000 Tiere in Gefangenschaft. Den Versuchen, sie wieder auszuwildern, war ein gemischter Erfolg beschieden. Die 450 Tiere zählende Herde im Oryx-Schutzgebiet in Oman (Arabische Region) war 2007 auf 65 Tiere zusammengeschmolzen; aufgrund der Entscheidung, dort Öl zu fördern, wurde diesem Schutzgebiet – als erstem weltweit – die Anerkennung als UNESCO-Weltnaturerbe wieder entzogen.

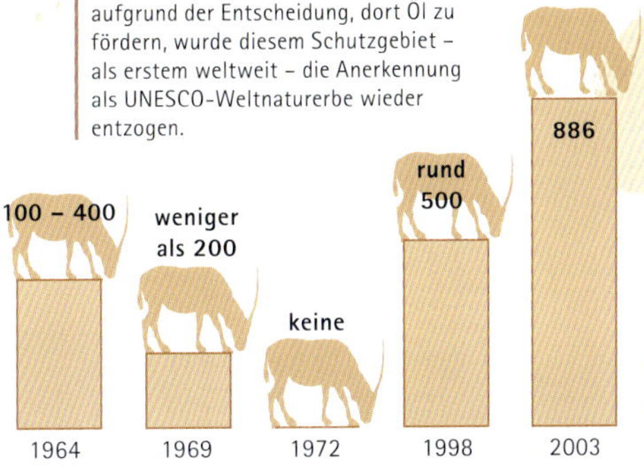

WILDPOPULATION VON ARABISCHEN ORYXANTILOPEN

Die vom Aussterben bedrohte **Hunter-Leierantilope** lebt nur in Südostkenia. Wilderei und der Verlust ihres Lebensraums an Weidevieh hat ihre Zahl auf 1000 bis 2000 Tiere schrumpfen lassen.

Bedrohte Huftiere

Zahl der Arten, die 2007 weltweit als vom Aussterben bedroht, stark gefährdet oder gefährdet eingestuft wurden

- 11 – 20
- 6 – 10
- 1 – 5
- keine oder keine Daten

Zahl der Arten, die als vom Aussterben bedroht eingestuft wurden

- 3 – 4
- 2
- 1

Elefanten und Nashörner

Die Elefantenfamilie umfasst zwei lebende Arten: den Asiatischen Elefanten *(Elephas maximus)*, der rund 5,5 Tonnen wiegt, und den Afrikanischen Elefanten *(Loxodonta africana)*, der bis zu 7,5 Tonnen schwer werden und eine Schulterhöhe von 3 bis 4 Meter erreichen kann. Beide Arten sind in Lebensräumen zuhause, die von dichtem Wald bis zu Savannen reichen. Sie bilden kleine Familiengruppen, die vom ältesten Weibchen geführt werden, und vereinigen sich dort, wo es genug Futter gibt, zu größeren Herden. Die meisten Bullen leben getrennt von den Kühen in Junggesellenherden. Elefanten führen saisonale Wanderungen durch, wobei sie sich nach dem Nahrungs- und Wasserangebot richten. Den größten Teil des Tages verbringen sie mit der Nahrungssuche und können pro Tag mehr als 225 Kilogramm Gras und anderes Pflanzenmaterial zu sich nehmen.

Viele Jahrhunderte lang ist der Asiatische Elefant als Zeremonien- und Zugtier genutzt worden. Elefanten haben beispielsweise bei der Holzgewinnung in Südostasien eine wichtige Rolle gespielt. Afrikanische Elefanten sind ebenfalls als Arbeitstiere eingesetzt worden, aber in deutlich geringerem Ausmaß.

Elefanten sind stark durch Lebensraumzerstörung und menschliche Eingriffe bedroht. Sowohl der Asiatische als auch der Afrikanische Elefant gelten als stark gefährdet; vor allem Afrikanische Elefanten leiden unter Wilderern, denen es um ihr Elfenbein geht. Zwar sind Maßnahmen ergriffen worden, darunter Patrouillen zum Schutz vor Wilderern und die Schaffung großer Schutzgebiete, doch dies kann zu weiteren Problemen führen. Unter guten Bedingungen können Elefantenpopulationen pro Jahr um fünf Prozent wachsen, was zu Überbevölkerung führen und Tötungen zur Bestandskontrolle nötig machen kann. Deshalb sind Korridore von großer Bedeutung, um wichtige Wanderrouten zu schützen und zu verhindern, dass einzelne Herden isoliert werden.

Nashörner tragen auf der Schnauze ein bis zwei Hörner aus Keratin, einem Protein, das man in Haaren findet. Das Indische Panzernashorn *(Rhinoceros unicornis)* ist mit einer Länge von rund 4,3 Meter und einem Gewicht von bis zu fünf Tonnen der größte Vertreter der Familie. Die meisten Nashörner sind Einzelgänger und leben in Savannen, Strauchwald oder Sumpfregionen, auch wenn man das Sumatranashorn heute nur noch in dichten Waldgebieten findet. Nashörner können nicht gut sehen, haben aber einen ausgezeichneten Gehör- und Geruchssinn. Trotz ihrer großen Körpermasse sind sie bemerkenswert flink; das Spitzmaulnashorn kann selbst im Dickicht eine Geschwindigkeit von 45 Kilometer pro Stunde erreichten.

Alle Nashörner, mit Ausnahme des Breitmaulnashorns, werden auf der Roten Liste als gefährdet geführt. Trotz Schutzgesetzen geht die Wilderei weiter, um einen blühenden Schwarzmarkt mit Rhinozeroshörnern und -blut zu versorgen, denn in verschiedenen Ländern Asiens sind diese «Zutaten» in der traditionellen Medizin heiß begehrt und werden entsprechend hoch bezahlt.

Nachzuchtprogramme bieten die einzige Hoffnung, einige Arten vor der Ausrottung zu bewahren, bis in freier Wildbahn ein ausreichender Schutz garantiert werden kann.

Der **Asiatische Elefant** ist mit dem ausgestorbenen Mammut enger verwandt als mit dem Afrikanischen Elefanten.

Mammuts sind Vertreter einer ausgestorbenen Elefantengattung. Das Wollhaarige oder Sibirische Mammut ist das bei Weitem bekannteste Mammut. Nach Ende der Eiszeit vor 11 000 Jahren waren diese großen Weidegänger durch ihre Ernährung mit nährstoffarmen Moosen geschwächt, und der zunehmende Druck durch menschliche Jäger führte schließlich zu ihrem Aussterben. Manchmal wurden Sibirische Mammuts in Eisspalten eingeschlossen. Ihre Körper wurden im Eis erstaunlich gut konserviert; momentan wird versucht, Mammut-DNA aufzubereiten, in der Hoffnung, diese Art wieder zum Leben zu erwecken.

Das **Java-Nashorn** ist die seltenste Nashornart; an lediglich zwei bekannten Orten – einer in Indonesien, der andere in Vietnam – leben inzwischen nur mehr sechzig Tiere. Diese winzigen Vorkommen hatten in den letzten Jahren noch immer unter Wilderern zu leiden; wenn die wenigen verbliebenen Tiere nicht rasch viel besser geschützt werden, wird die Art wohl aussterben.

Das **Indische Panzernashorn** ist eine der beiden größten Erfolgsgeschichten beim Nashornschutz (die andere ist das Südliche Breitmaulnashorn in Südafrika): Durch strikte Schutzmaßnahmen seitens indischer und nepalesischer Wildtierbehörden ist die Zahl der Panzernashörner von weniger als 200 Exemplaren Anfang des 20. Jahrhunderts auf heute mehr als 2600 gestiegen. Die Wilderei ist jedoch noch immer stark, und der Erfolg von Schutzbemühungen ist ohne fortgesetzte Unterstützung der indischen und nepalesischen Regierung gefährdet.

Verbreitung von Elefanten und Nashörnern *2000*

- Asiatischer Elefant
- Afrikanischer Elefant
- Afrik. Elefant kürzlich ausgestorben
- keine dort heimischen Elefanten

Zahl der Nashörner, wo bekannt

- 25 Breitmaulnashorn
- 25 Spitzmaulnashorn
- Indisches Panzernashorn
- Sumatra-Nashorn
- Java-Nashorn

Bären

Bären gehören zu den größten Raubtieren (Karnivoren) und bilden die Familie Ursidae. Wir kennen acht Arten und zahlreiche Unterarten. Sechs Arten sind bedroht, ebenso der Kleine Panda, der zur Familie der Katzenbären (Ailuridae) zählt. Über den Malaienbär liegen nur ungenügende Daten vor, doch wahrscheinlich ist auch diese Art bedroht.

Bären unterscheiden sich stark in Größe und Gewicht; während der Malaienbär nur rund dreißig Kilogramm wiegt, kann der zu den Braunbären gehörige Kodiakbär bis zu 700 Kilogramm auf die Waage bringen. Auch ihr Speiseplan unterscheidet sich. Eisbären schätzen von allem Robben, Pandas ernähren sich vorwiegend von Bambus, Lippenbären bevorzugen Insekten. Die meisten Bären mögen natürlich auch Honig.

Bären sind vorwiegend Einzelgänger und kommen nur zur Paarung zusammen. Sie sind gute Schwimmer, und kleinere Arten sind behände Kletterer.

Bären werden als Trophäen gejagt, wegen ihres Pelzes, ihres Fleisches und auch aus Angst. Wenn sich ihr Revier mit kultiviertem Land überschneidet, werden sie als Schädlinge angesehen. Wilderer töten Bären wegen ihrer Körperteile und fangen sie für den Tierhandel oder zur Abrichtung als Tanzbären in Fallen. Bärengalle wird in der traditionellen chinesischen Medizin als Heilmittel bei Lebererkrankungen, Krebs und anderen Leiden eingesetzt.

In vielen Teilen der Welt sind die Lebensräume der Bären zerstückelt und die Populationen isoliert worden, sodass lokal ein Aussterben droht. Kleine insuläre Bärengruppen können auch durch genetische Verarmung geschwächt werden.

Bärenarten, die in Nordamerika und in der Arktis leben, sind durch ein ausgeklügeltes Jagdmanagement und durch Schutz ihres Lebensraums bisher erhalten geblieben, doch Umweltverschmutzung und Klimaerwärmung stellen auch sie vor ernste Probleme (s. S. 36–37). Ressourcen zum Schutz der Bären sind in Asien und Südamerika jedoch nicht so reichlich vorhanden, und eine wachsende menschliche Bevölkerung verlangt nach immer mehr Land, was unausweichlich zur Bedrohung für die Bären wird. Die Einrichtung von «Wildkorridoren» zwischen den Schutzgebieten ermöglicht Bären aus verschiedenen Populationen, sich zu paaren und ihre Gene zu mischen. Nachzuchtprogramme stellen ebenfalls eine Hoffnung für bedrohte Bärenarten dar. Mehr als hundert Große Pandas werden weltweit in Zoos gehalten, doch diese Haltung in menschlicher Obhut beeinträchtigt ihren Fortpflanzungserfolg wie auch ihre Lebensspanne.

Der **Braunbär**, in Nordamerika mit der Unterart des Grizzlybären vertreten, war einst auf allen nördlichen Kontinenten verbreitet. In Europa ist er fast bis zur Ausrottung bejagt worden, nur in Bergregionen finden sich noch isolierte Populationen, die rund 13 000 Tiere umfassen. Versuche, Braunbären in den Pyrenäen wieder einzubürgern, scheinen zum Scheitern verurteilt.

Der **Brillenbär** ist in Südamerika zuhause und besiedelt Lebensräume, die von Wüstengebieten bis zu Regenwäldern reichen; am besten gedeiht er jedoch in den Nebelwäldern in rund 2000 Meter Höhe. Sein Überleben ist durch Holzeinschlag, Bergbau und die Ausdehnung langwirtschaftlicher Flächen bedroht; er wird auch wegen seines Pelzes und seines Fleisches gejagt. Alle Versuche, die Art zu schützen, werden durch eine instabile politische Situation und den Drogenhandel erschwert.

2004 lebten in den Bergbambuswäldern Zentralchinas fast 1600 **Große Pandas.** Die fünfzig staatlichen Naturschutzgebiete beherbergen zwei Drittel von ihnen. Die übrigen Großen Pandas haben unter Entwaldung und Wilderei zu leiden. Im Zentrum aller Bemühungen steht der Schutz des Lebensraums, doch es gibt auch ein Nachzuchtprogramm, aus dem 2006 mehr als dreißig Jungtiere hervorgegangen sind. Keines dieser Tiere ist jedoch bisher ausgewildert worden.

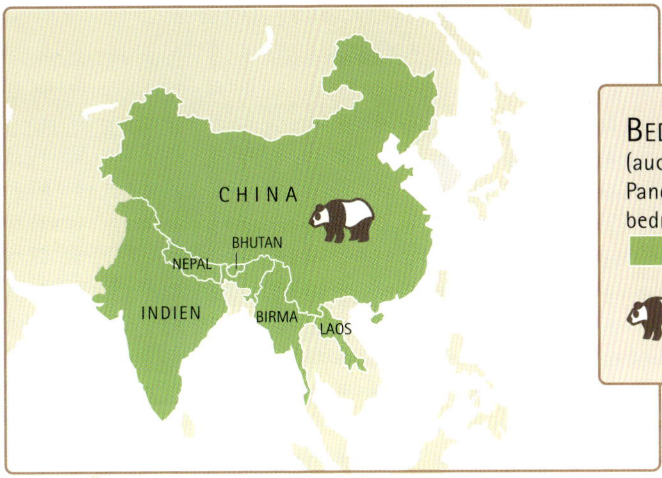

Bedrohte Grosse Pandas

(auch: Riesenpandas, Bambusbären)
Pandaarten, die 2000 als bedroht galten

- Kleiner Panda
- Großer Panda

Der **Belutschistan-Kragenbär,** eine Unterart des Kragenbärs, ist vom Aussterben bedroht.

Populationsgrösse bedrohter Bärenarten

2007 oder jüngste verfügbare Daten

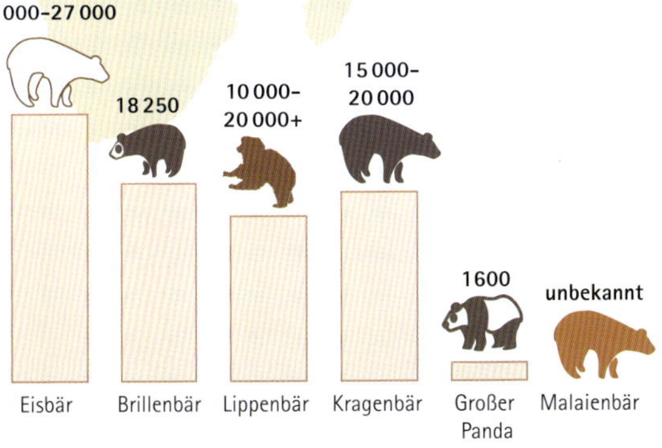

Bedrohte Bären

Bärenarten, die 2007 als bedroht galten

- Brillenbär
- Kragenbär
- Malaienbär
- Lippenbär

NAGER

Es gibt mehr als 2000 Arten von Nagern, was die Ordnung Rodentia zur artenreichsten Säugerordnung macht. Sie leben ober- und unterirdisch und in allen Teilen der Welt mit Ausnahme von Neuseeland und der Antarktis. Die meisten Nager sind klein – die Haselmaus beispielsweise wiegt weniger als zwanzig Gramm –, wenn es auch Ausnahmen gibt, wie das südamerikanische Wasserschwein, das bis zu fünfzig Kilogramm schwer werden kann.

Nager gelten allgemein als landwirtschaftliche Schädlinge, als Krankheitsüberträger (zum Beispiel der Beulenpest) und als Bedrohung der Artenvielfalt. Hausratte und Wanderratte werden als Hauptübeltäter angesehen, da sie per Schiff in die ganze Welt reisen, Lebensmittelvorräte plündern und einheimische Nagerarten verdrängen. Tatsächlich sind Nager ökologisch wertvoll. Einige, wie die Hörnchen, unterstützen die Verbreitung von Pflanzen, indem sie Samen vergraben. Grabende Nager mischen, düngen und belüften den Boden. Als Beute stellen Nager eine wertvolle Nahrung für Räuber aller Art dar.

Nagerpopulationen sind in der Regel größer als diejenigen anderer Säuger, und ihre Fortpflanzungsrate ist sehr hoch, was ihnen erlaubt, sich rasch von schlechten Wetterbedingungen und Epidemien zu erholen. Trotz dieser Vorteile kann ständiger Druck auf Nagerpopulationen lokal zur Ausrottung führen; bei Arten mit einem nur begrenzten Verbreitungsgebiet kann dies das Aussterben bedeuten.

Die größte Bedrohung für Nager ist der fortschreitende Verlust ihres natürlichen Lebensraums durch Urbanisierung, Ackerbau und Weideviehhaltung. Das ganze 20. Jahrhundert hindurch unterstützte die US-Regierung ein Programm zur Eliminierung von Präriehunden (Vergiftung, Unterpflügen), weil diese Weideland zerstören. Das führte zum Verschwinden des Schwarzfußiltisses, der sich von Präriehunden ernährte. Zwar gelten Schwarzfußiltisse in freier Wildbahn noch immer als ausgestorben, doch sind mit einem gewissen Erfolg Tiere aus einer Nachzuchtpopulation ausgewildert worden.

Fallenstellerei ist vielerorts illegal, bedroht aber einige Nagerarten noch immer. Seltenheit und Wert gehen in der Regel Hand in Hand und fördern so die Nachstellung gerade von seltenen Arten.

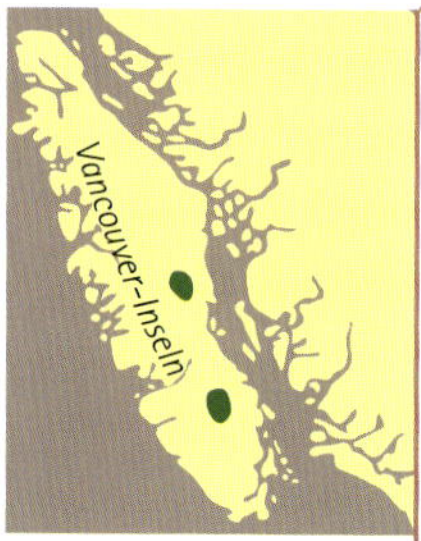

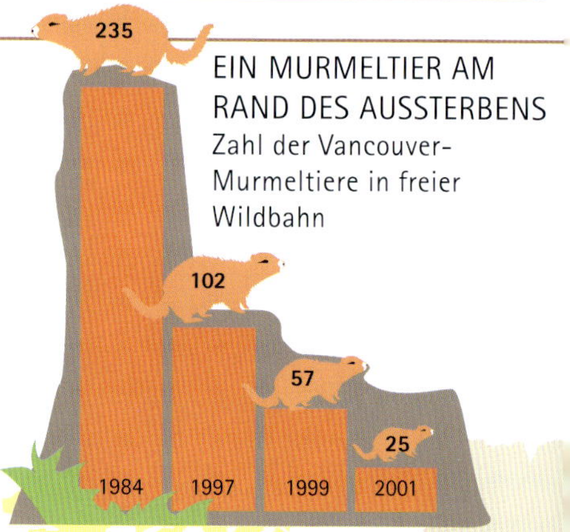

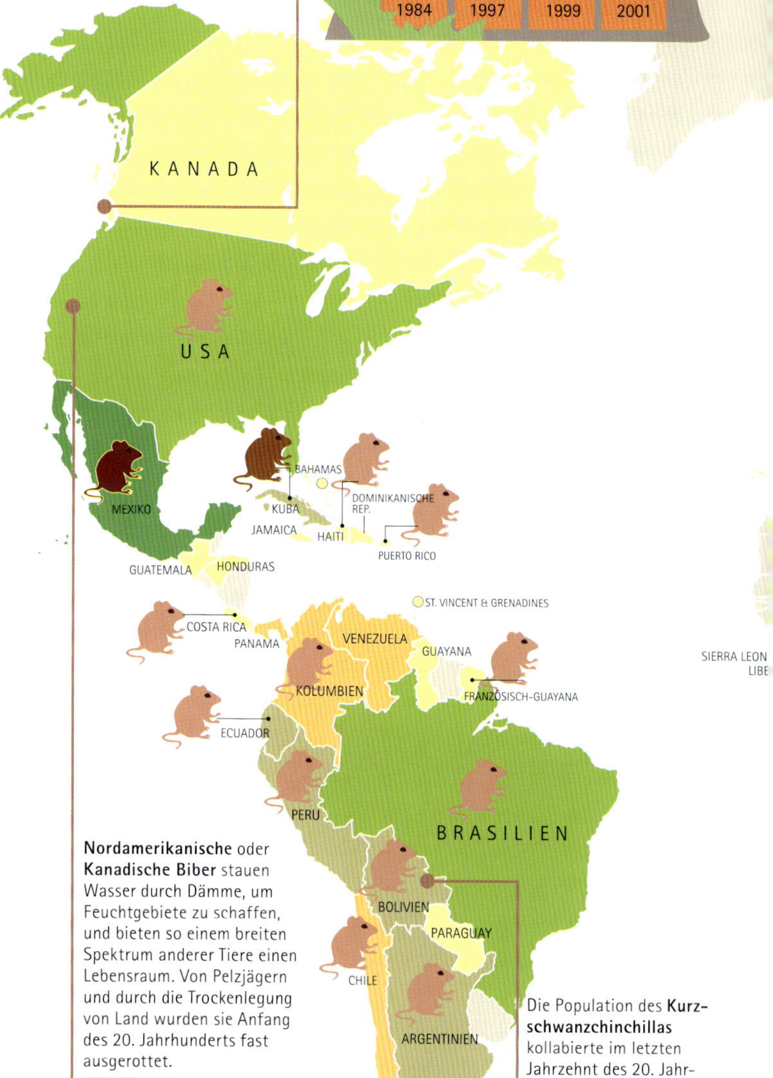

Nordamerikanische oder **Kanadische Biber** stauen Wasser durch Dämme, um Feuchtgebiete zu schaffen, und bieten so einem breiten Spektrum anderer Tiere einen Lebensraum. Von Pelzjägern und durch die Trockenlegung von Land wurden sie Anfang des 20. Jahrhunderts fast ausgerottet.

Die Population des **Kurzschwanzchinchillas** kollabierte im letzten Jahrzehnt des 20. Jahrhunderts und ging wegen der Zerstörung ihres Lebensraums in den südamerikanischen Bergen und wegen illegaler Fallenstellerei um achtzig Prozent zurück. Die Art ist heute vom Aussterben bedroht.

Das **Vancouver-Murmeltier** litt unter der Zerstörung seines Lebensraums aufgrund von Holzeinschlag. Damit sich die Population erholt, werden Tiere in menschlicher Obhut nachgezüchtet, die später ausgewildert werden sollen. 2001 gab es nur noch 25 Exemplare.

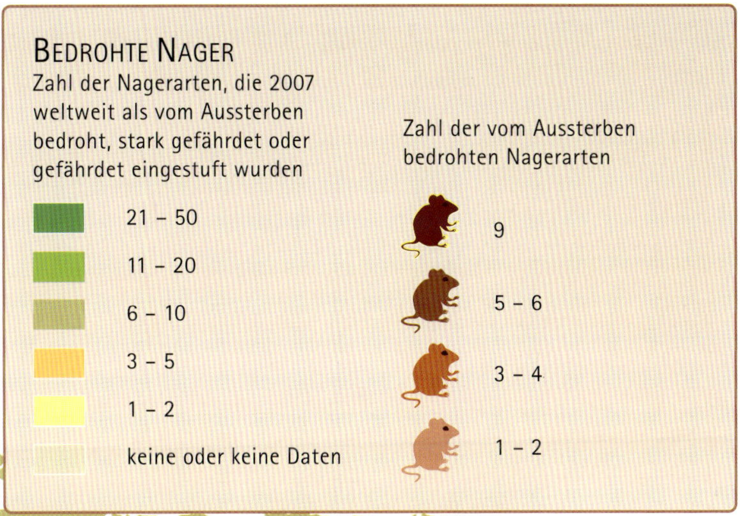

FLEDERTIERE (FLEDERMÄUSE & FLUGHUNDE)

Es gibt rund 900 Fledertierarten, von denen fast ein Drittel bedroht ist. Fledertiere sind die einzigen fliegenden Säuger. Die meisten jagen Insekten, einige ernähren sich aber auch von Nektar und Früchten und helfen, Pflanzen zu bestäuben und Samen zu verbreiten. Die Vampirfledermäuse in Mittel- und Südamerika ernähren sich vom Blut großer Säuger und Vögel.

Fledertiere sind nachtaktiv; sie meiden die Tageshitze und damit die Gefahr, auszutrocknen oder die Aufmerksamkeit von tagaktiven Räubern auf sich zu ziehen. Nachts orientieren sich Fledermäuse mithilfe ihres Sonarsystems. Tagsüber rasten Fledermäuse und Flughunde in Bäumen oder Höhlen und bilden dabei oft Kolonien von mehr als einer Million Individuen. In besiedelten Gebieten nutzen sie zum Schlafen Gebäude.

Fledertiere sind in gemäßigten und tropischen Regionen zuhause, erreichen aber in Äquatornähe ihre größte Artenvielfalt. Diejenigen Arten, die den Sommer in gemäßigten Klimaregionen verbringen, überwintern entweder oder wandern im Winter in Richtung Äquator. Die meisten Arten haben pro Jahr nur ein Junges, daher erholen sich Fledertierpopulationen von Naturkatastrophen in der Regel nur langsam. Fledermäuse sind für den Menschen in mehrfacher Hinsicht von Nutzen. Ihr Kot enthält Stickstoff und Phosphor und wird als Dünger verwendet. Sie tragen auch zur Kontrolle von Insekten bei, die Pflanzenschädlinge oder Krankheitsüberträger sind. Eine einzelne Fledermaus kann in einer einzigen Nacht 20 000 Insekten töten. Im Gegenzug bringen sie dem Menschen nur wenige Nachteile. Einige Obstbauern müssen Netze aufspannen, um ihre Früchte vor Flughunden zu schützen, und Vampirfledermäuse können Krankheiten wie Tollwut auf ihren tierischen Wirt übertragen.

Andererseits bedrohen Menschen das Überleben von Fledertieren auf vielfache Weise: Einige Fledertiere, wie die großen Flughunde in Südostasien, werden wegen ihres Fleisches gejagt. Arten wie die mexikanische Hasenmaulfledermaus sind nach der Einführung von Katzen und Ratten auf ihren Insellebensräumen lokal ausgerottet worden. Bergbau, Müllbeseitigung und rücksichtsloser Tourismus bedrohen die Höhlen, in denen Fledertiere schlafen.

Fledertiere sind stark vom Verlust ihrer natürlichen Lebensräume durch Land- und Forstwirtschaft betroffen. Daraus resultiert ein Teufelskreis: Der Rückgang der Fledermäuse in Agrarregionen führt dazu, dass die Landwirte mehr Pestizide zur Kontrolle von Schadinsekten einsetzen, was die Gefahr birgt, die wenigen verbliebenen Fledermäuse zu vergiften.

Bedrohte Fledermäuse

Zahl der Fledermausarten, die 2007 weltweit als vom Aussterben bedroht, stark gefährdet oder gefährdet eingestuft wurden

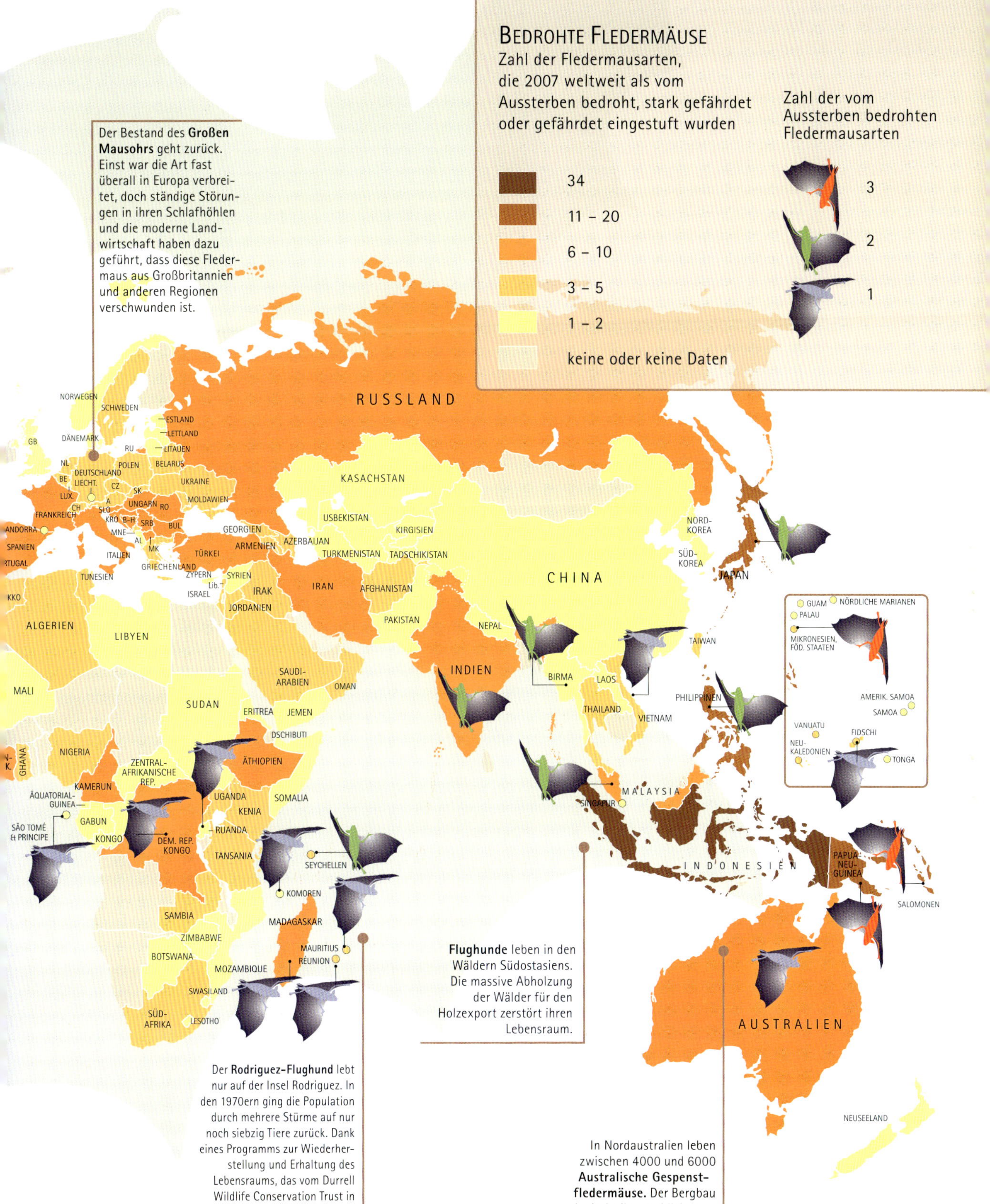

Der Bestand des **Großen Mausohrs** geht zurück. Einst war die Art fast überall in Europa verbreitet, doch ständige Störungen in ihren Schlafhöhlen und die moderne Landwirtschaft haben dazu geführt, dass diese Fledermaus aus Großbritannien und anderen Regionen verschwunden ist.

Flughunde leben in den Wäldern Südostasiens. Die massive Abholzung der Wälder für den Holzexport zerstört ihren Lebensraum.

Der **Rodriguez-Flughund** lebt nur auf der Insel Rodriguez. In den 1970ern ging die Population durch mehrere Stürme auf nur noch siebzig Tiere zurück. Dank eines Programms zur Wiederherstellung und Erhaltung des Lebensraums, das vom Durrell Wildlife Conservation Trust in Jersey, England, unterstützt wird, ist es gelungen, die Zahl der Tiere bis 2006 wieder auf rund 3000 Exemplare zu erhöhen.

In Nordaustralien leben zwischen 4000 und 6000 **Australische Gespenstfledermäuse.** Der Bergbau bedroht ihre verbliebenen Schlafhöhlen.

Delfine und Wale

Delfine und Wale bilden die Ordnung der Waltiere (Cetacea). Sie sind wasserlebende Säuger, die an die Oberfläche kommen müssen, um durch ihr Blasloch zu atmen. Es gibt rund achtzig Arten: Zu den Delfinen (Delphinidae) zählen Grindwal (Pilotwal), Schwertwal und die Flussdelfinarten in Südamerika und Asien. Delfine leben üblicherweise in Gruppen zusammen (sogenannten Schulen) und ernähren sich vorwiegend von Fisch und Tintenfisch. Sie sind hochintelligent und verständigen sich mittels Ultraschall.

Delfine, die sich in Fischernetzen verfangen, ertrinken gewöhnlich. Diejenigen Arten, die in Flüssen und Flussmündungen leben, haben unter Wasserverschmutzung und Versandung zu leiden und müssen mit Menschen um Nahrung konkurrieren. Ihre begrenzte Verbreitung macht sie besonders verwundbar.

Einige Waltiere (darunter Pottwal, Großer Tümmler, Schnabelwal und Weißwal) haben Zähne und jagen Fische. Andere (darunter Grauwal, Nordkaper, Buckelwal und Blauwal) seihen mithilfe blattförmiger Hornplatten im Maul («Barten») Plankton wie Krill aus dem Wasser. Manche Waltiere leben sozial und wandern in Gruppen. Zur Verständigung unter Wasser benutzen sie eine Reihe von Bell-, Pfeif- und Grunzlauten, zur Navigation und zur Nahrungssuche verwenden sie hingegen Klicklaute hoher Intensität.

Tote Wale liefern zahlreiche Produkte von kommerziellem Wert, wie Fleisch, Öl (Tran), Walbein und Ambra, das in der Parfümindustrie gebraucht wird. Viele Jahrhunderte des Walfangs mit zunehmend effizienteren Methoden haben zur Beinahe-Ausrottung mehrerer Arten geführt, vor allem des Blauwals. Die Internationale Walfangkommission (IWC), die 1946 ins Leben gerufen wurde, versucht, diese Bedrohung zu bekämpfen – sie setzt sich sowohl für die Wale als auf für den Lebensunterhalt der Walfänger ein. Durch das Walfangmoratorium, das 1986 in Kraft trat, hat sich die Zahl der getöteten Wale verringert, und einige Arten, wie Grau- und Buckelwal, scheinen sich zu erholen. Japan hat andere Staaten aufgefordert, der Kommission beizutreten und mit ihm gegen das Moratorium zu stimmen, aber bisher ohne Erfolg.

Für einige Gemeinschaften stellt der Walfang einen wichtigen Teil ihrer Ernährung sicher, und in ihrer Wirtschaft und Kultur kommt ihm eine Schlüsselrolle zu. Diese Ethnien sind vom Verbot ausgenommen, das nur für den kommerziellen Walfang gilt. Die Ureinwohner Grönlands jagen Finn- und Zwergwale, diejenigen Sibiriens Grauwale. In Alaska werden Grönland- und manchmal auch Grauwale erlegt. Die japanische Walfangflotte tötet jedes Jahr Hunderte von Zwergwalen sowie einige Finn- und fünfzig Buckelwale, angeblich aus wissenschaftlichen Gründen.

Der **Blauwal** ist der am stärksten bedrohte Wal. Seit 1967 ist die Art geschützt, doch sie hat sich nicht erholt und steht noch immer am Rand des Aussterbens.

Wale leiden unter der industriellen Erschließung der Küstenregionen, weil ihre «Kinderstuben» häufig in seichten Küstengewässern liegen. Inzwischen ist der Wahlbeobachtungstourismus («Whale Watching») für Küstengemeinden, die einst vom Walfang lebten, jedoch zu einer wichtigen Einnahmequelle geworden. Er fördert zudem das allgemeine Verständnis und die Wertschätzung für Wale und kann die Bereitschaft der Regierung fördern, sie auch weiterhin zu schützen.

Der **Chinesische Flussdelfin** (Baiji) war nach einer wissenschaftlichen Expedition 2006, die kein Tier fand, bereits für ausgestorben erklärt worden. Ein einziges Tier wurde jedoch 2007 gesichtet, sodass die Art noch eine, wenn auch sehr geringe Überlebenschance hat.

Der Lärm von Eisbrechern schädigt möglicherweise das Gehör von **Weißwalen** und stört ihre Kommunikation, was sich negativ auf die Fortpflanzung auswirken könnte.

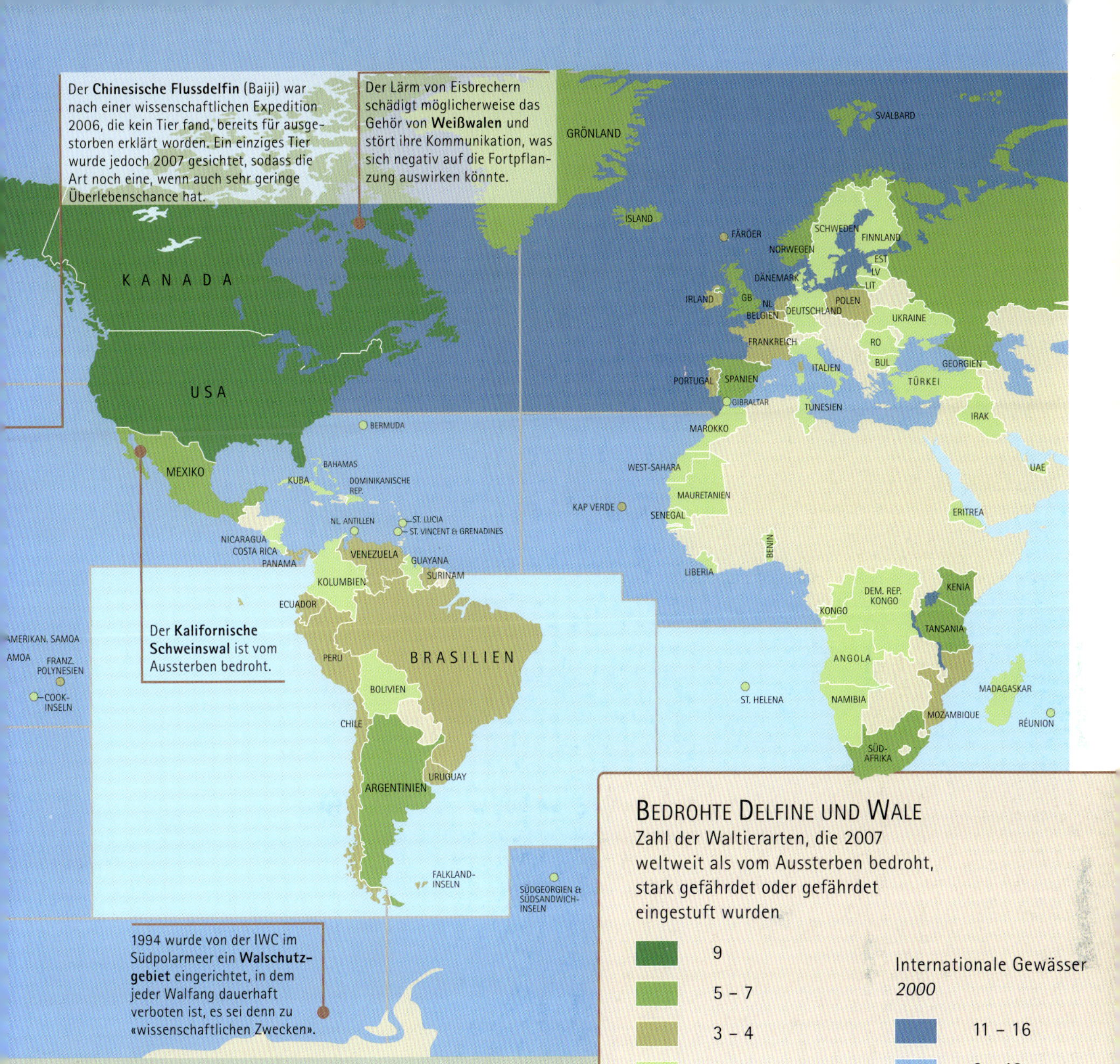

Der **Kalifornische Schweinswal** ist vom Aussterben bedroht.

1994 wurde von der IWC im Südpolarmeer ein **Walschutzgebiet** eingerichtet, in dem jeder Walfang dauerhaft verboten ist, es sei denn zu «wissenschaftlichen Zwecken».

Bedrohte Delfine und Wale

Zahl der Waltierarten, die 2007 weltweit als vom Aussterben bedroht, stark gefährdet oder gefährdet eingestuft wurden

		Internationale Gewässer *2000*
9		
5 – 7		
3 – 4		11 – 16
1 – 2		6 – 10
keine oder keine Daten		1 – 5

GROSSE WALPOPULATIONEN

Schätzungen der IWC zur Populationsgröße größerer Walarten; *aktuellste verfügbare Daten*

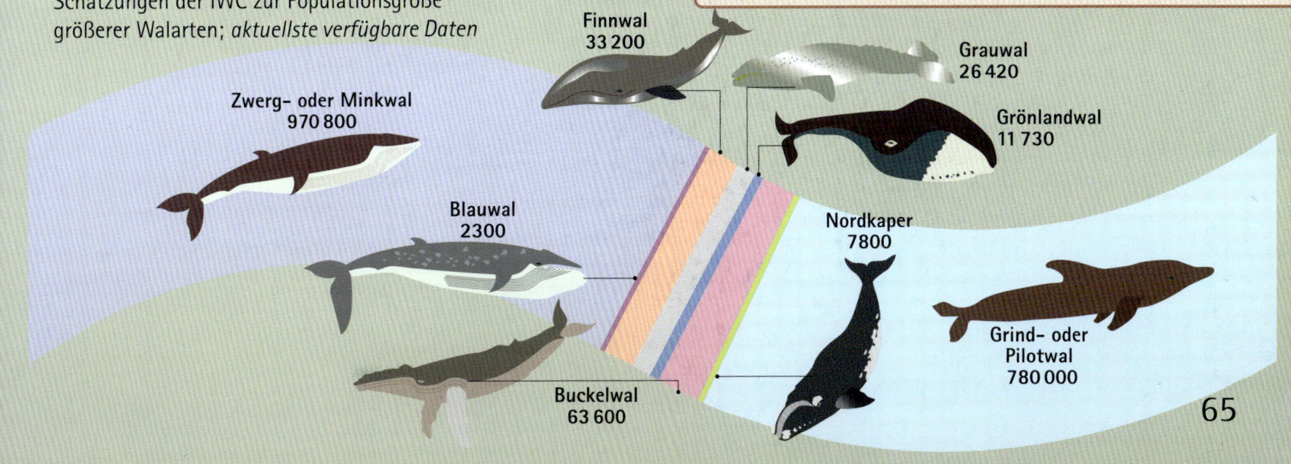

Reptilien und Amphibien

Reptilien sind luftatmende Wirbeltiere, die beschuppt sind und eine innere Befruchtung haben. Zu den Reptilien zählen Schlangen, Echsen, Schildkröten, Krokodile und Alligatoren.

Die Haut von Echsen, Krokodilen und Schlangen dient zur Herstellung von Lederartikeln wie Koffern, Handtaschen und Schuhen. Das hat zur faktischen Ausrottung mehrerer Krokodilarten und zu einem starken Rückgang bei den Populationen großer Echsen und Schlangen geführt.

Wirbeltiere wie Frösche, Kröten und Salamander, die sowohl im Wasser als auch an Land zuhause sind, werden als Amphibien (vom griechischen Begriff für «ein doppeltes Leben führen») bezeichnet. Trotz dieser Bezeichnung sind einige Arten permanente Landbewohner, während andere ständig im Wasser leben. Amphibien nehmen Sauerstoff durch die Haut auf, die durch Schleimdrüsen feucht gehalten wird.

Die Autoren des «Global Amphibian Assessment» (Report zur Einschätzung der globalen Lage der Amphibien, 2005) kommen zum Schluss, dass fast ein Drittel aller Amphibienarten vom Aussterben bedroht ist. Wegen ihrer leicht durchlässigen Haut reagieren Amphibien besonders empfindlich auf Wasserverschmutzung und zeigen sogar geringe Verschmutzungen oder Verschmutzungsquellen in gewisser Entfernung an. Deshalb gelten sie als die besten Indikatoren für Umweltverschmutzung.

Da Amphibien Feuchtigkeit brauchen, sind sie auch von der Klimaveränderung betroffen. In Nord- und Südamerika, in der Karibik und in Australien ist die Zahl der Frösche in den letzten Jahren stark zurückgegangen, vor allem deshalb, weil der Chytridpilz das Keratin in ihrer Haut zerstört und damit ihre Atemfunktion unterbindet. Möglicherweise hängt diese Infektion mit Dürreperioden zusammen, die aufgrund des aktuellen Klimawandels immer häufiger werden.

Um die schwindenden Populationen aufzufrischen, haben umweltbewusste Australier seit Beginn der 1990er Kaulquappen aller Art in Tümpeln und Bächen ausgesetzt. Dadurch werden nicht nur Krankheiten verbreitet, sondern zudem fremde Gene oder gar fremde Arten eingeführt, die die heimischen Frösche verdrängen. Exotische Froscharten sind auch unabsichtlich mit importierten Früchten, Gemüsesorten und Blumen eingeführt worden.

Die letzten frei lebenden **Panama-Stummelfrösche** wurden 2006 eingefangen, um sie vor dem Chytridpilz zu schützen, der ihre Haut zerstört und ihre Atmung behindert. Dieser Pilz bedroht Amphibien in vielen Weltregionen.

Die **Meerechse** lebt nur auf den Galapagosinseln und reagiert daher empfindlich auf örtliche Verschmutzung und Zerstörung des Lebensraums.

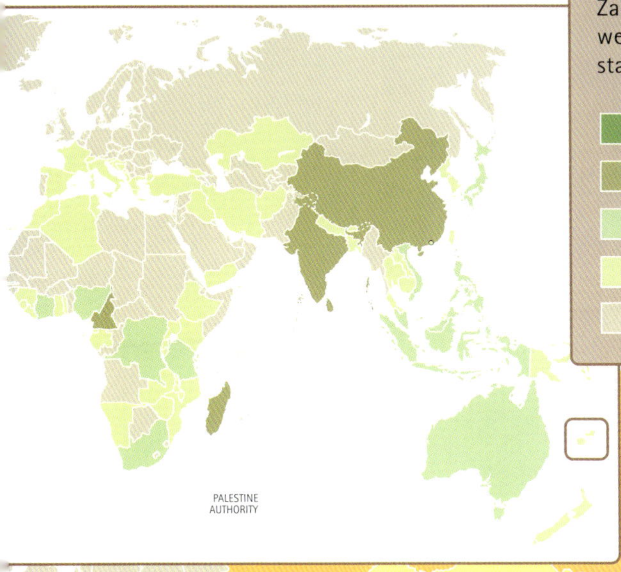

Bedrohte Amphibien

Zahl der Amphibienarten, die 2007 weltweit als vom Aussterben bedroht, stark gefährdet oder gefährdet eingestuft wurden

- mehr als 100
- 51 – 100
- 11 – 50
- 1 – 10
- keine Angaben

Die Dreistreifen-Scharnierschildkröte wird getötet, da sie in der chinesischen Medizin zur Heilung von Krebs eingesetzt wird, ohne dass eine solche Wirkung belegt wäre. Daher ist der Bestand in den letzten Jahren dramatisch zurückgegangen.

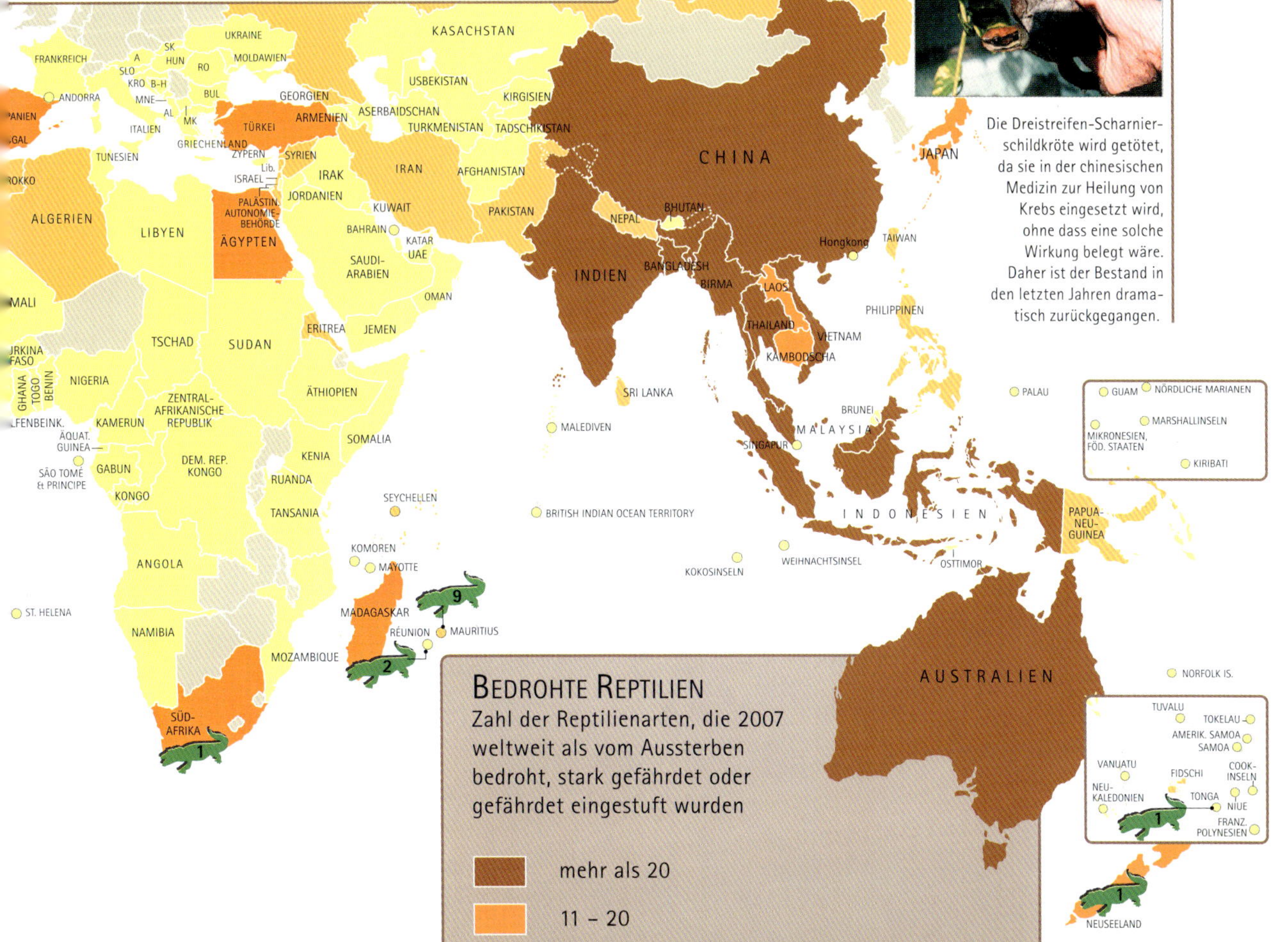

Bedrohte Reptilien

Zahl der Reptilienarten, die 2007 weltweit als vom Aussterben bedroht, stark gefährdet oder gefährdet eingestuft wurden

- mehr als 20
- 11 – 20
- 16 – 10
- 11 – 5
- keine Angaben

1 Zahl der Reptilienarten, die nachweislich ausgestorben sind

Wirbellose

Wirbellose (Evertebraten) sind Tiere ohne Wirbelsäule. Sie umfassen mehr als neunzig Prozent aller Tierarten. Manche Wirbellose haben einen weichen Körper, viele weisen jedoch ein hartes Außenskelett auf, das sie schützt und an dem die Muskeln ansetzen; diese Tiere werden als Gliederfüßer (Arthropoda) bezeichnet. Zu den Gliederfüßern gehören drei Gruppen: Spinnentiere (Spinnen, Skorpione, Zecken und Milben), Krebstiere (Krebse, Krabben und Garnelen) und Tracheentiere (Insekten und Tausendfüßer).

Die Vielfalt in Größe und Lebensraum ist bei Wirbellosen geradezu atemberaubend. Einige Planktonorganismen messen weniger als 0,5 Millimeter, während Riesenkalmare über zehn Meter lang werden können. Krebstiere findet man in 4000 Meter Meerestiefe, und Spinnen leben auf dem Mount Everest. Die praktischen Schwierigkeiten, kleinere Wirbellose zu fangen und zu untersuchen, bringen es mit sich, dass man deren Artenzahl nur schätzen kann. Einige Experten vermuten, dass allein die Zahl der Insektenarten mehr als zehn Millionen beträgt, und in entlegenen Regenwaldgebieten werden jedes Jahr weitere Arten entdeckt.

Während neue Wirbellose beschrieben werden, müssen gleichzeitig andere Arten auf die Rote Liste gesetzt werden. Herauszufinden, welche Art bedroht ist, kostet Mühe, Zeit und Geld. Wie die anderen Karten in diesem Atlas, die sich auf Wirbeltiere und Pflanzen beziehen, zeigt die Karte der Wirbellosen eine enge Korrelation zwischen der Zahl der Arten, die in einem Land als bedroht gelten, und dem Aufwand, der betrieben wird, um die jeweilige Organismengruppe zu untersuchen.

Wirbellose spielen in vielen Ökosystemen eine Schlüsselrolle. Oft stellen sie die Nahrungsbasis für andere Tiere dar. Das Plankton im Meer ernährt höhere Lebensformen, darunter auch die Wale. Insekten bestäuben Blütenpflanzen, Würmer durchmischen und belüften den Boden.

Einige Wirbellose, wie Schmetterlinge, beflügeln unsere Fantasie, doch die meisten gelten eher als abstoßend oder zu zahlreich, als dass man sich Sorgen um ihren Schutz machen müsste. Wirbellose mit einem beschränkten Lebensraum oder eingeschränkter Mobilität sind von menschlichen Eingriffen und vom Klimawandel bedroht; dies könnte beispielsweise zum Aussterben einer Art führen, die nur auf einem einzigen Berg vorkommt.

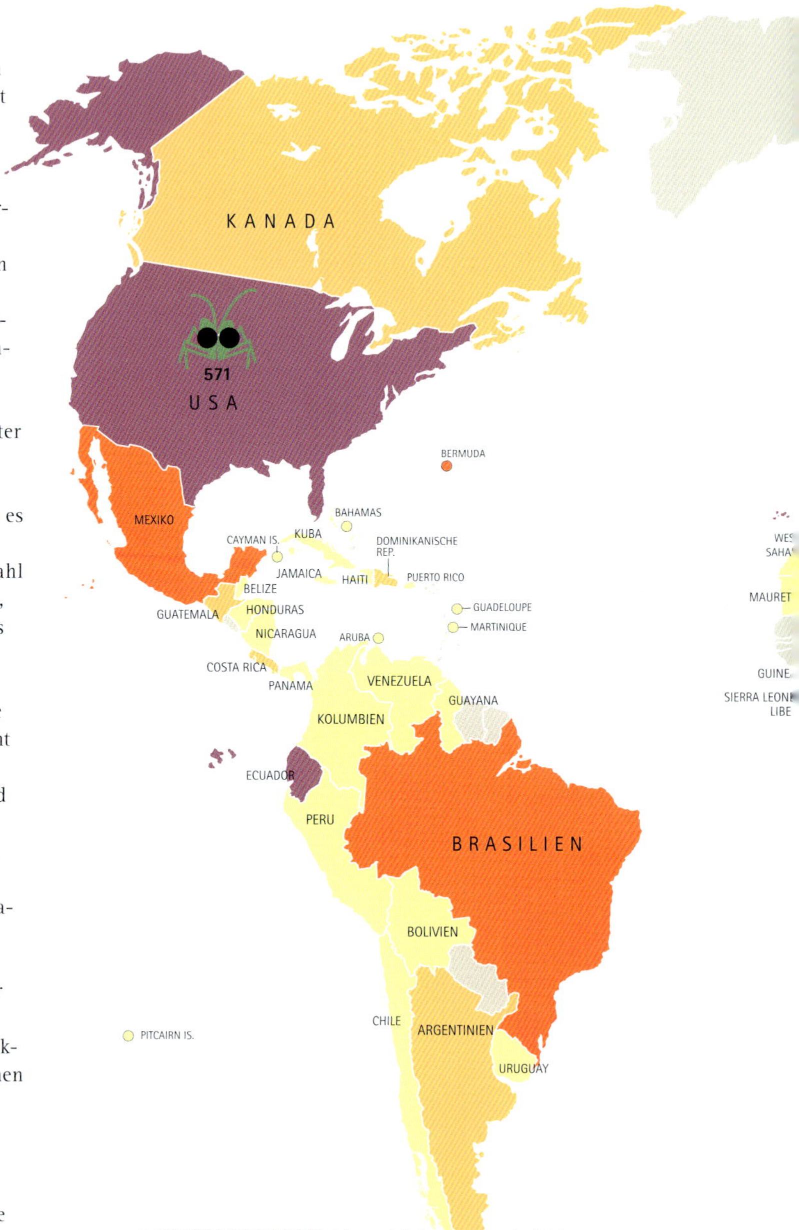

Monarchfalter wandern im Herbst aus dem Norden (sogar aus Kanada) nach Mexiko, um dort zu überwintern. Die überwinternden Falter konzentrieren sich auf acht Waldstücke, sodass sich manchmal bis zu 100 000 Tiere auf einem einzigen Baum zusammendrängen. Störungen durch Holzeinschlag können dazu führen, dass sich die Falter bei ihrer Ankunft im Herbst zerstreuen, was ihre Chancen auf eine Paarung im nächsten Frühjahr herabsetzt. Durch den Klimawandel fällt in diesen Waldstücken mehr Regen, und das Eis, das sich bildet, kann die Falter töten.

Der **Asiatische Marienkäfer** wurde zur Kontrolle von Blattläusen aus Asien nach Nordamerika und Europa eingeführt. Er hat die heimischen Marienkäferarten durch räuberisches Verhalten und Nahrungskonkurrenz stark dezimiert.

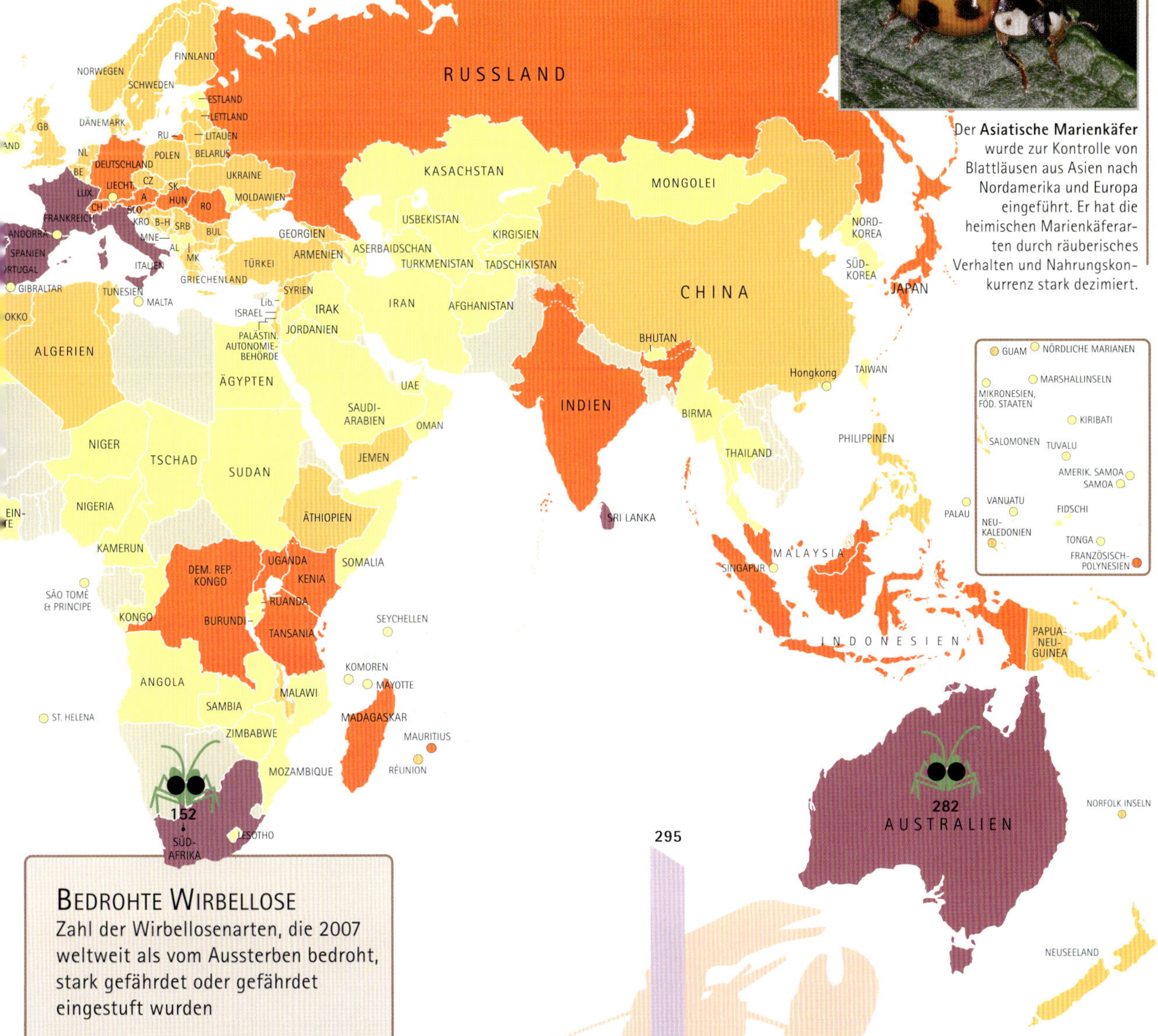

Bedrohte Wirbellose

Zahl der Wirbellosenarten, die 2007 weltweit als vom Aussterben bedroht, stark gefährdet oder gefährdet eingestuft wurden

- mehr als 50
- 21 – 50
- 11 – 20
- 6 – 10
- 1 – 5
- keine Angaben
- mehr als 100 bedrohte Wirbellosenarten

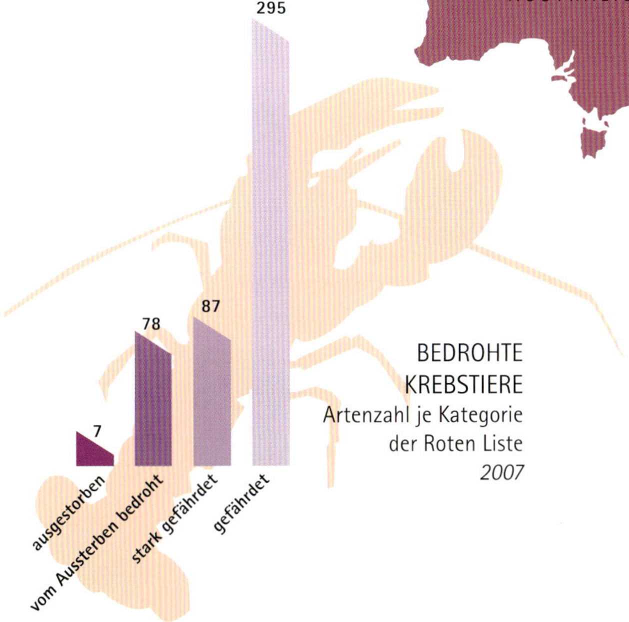

BEDROHTE KREBSTIERE

Artenzahl je Kategorie der Roten Liste

2007

Fische leben weltweit in Bächen, Flüssen und im Meer und reichen in der Größe von der winzigen Meergrundel mit 12,5 Millimeter Länge bis zum 15 Meter langen Walhai. Einige Arten sind in fast allen Weltmeeren verbreitet, während andere auf einen einzigen See beschränkt sind.

Fische bilden Schulen (Gruppen), um nach Nahrung zu suchen, sich zu paaren und das Risiko für jedes einzelne Tier zu vermindern, einem Räuber zum Opfer zu fallen. Sie legen Eier, aus denen Larven schlüpfen, die sich zum erwachsenen Fisch entwickeln. Fischlarven und erwachsene Fische haben unterschiedliche Bedürfnisse und leben oft weit voneinander entfernt. Fischarten, die im offenen Meer zuhause sind, laichen zum Beispiel möglicherweise in Küstengewässern oder im Süßwasser.

Über neunzig Prozent der weltweiten Fänge bestehen aus Meeresfischen. Die Länder kontrollieren ihren Fischfang in einer «ausschließlichen Wirtschaftszone» vor ihren Küsten, die sich bis 200 Seemeilen (320 Kilometer) weit ins Meer oder bis zur Mittellinie zwischen zwei Küsten erstreckt. Dennoch und trotz Maßnahmen zur Festlegung von Fangquoten sind die meisten kommerziellen Fischereizonen stark erschöpft. Fische, die sich zwischen nationalen Fischereizonen bewegen, sind schwer zu schützen. Die Bestände des vom Aussterben bedrohten Blauflossen-Thunfischs sind auf zehn Prozent ihrer Bestandsgröße in den 1950ern geschrumpft, und obwohl 1994 eine Kommission eingerichtet wurde, um diese Art zu retten, haben Streitigkeiten zwischen den teilnehmenden Nationen über Fangquoten jegliche Fortschritte behindert.

Süßwasserfische, die nur zehn Prozent aller gefangenen Fische ausmachen, werden meist vor Ort verzehrt und liefern oft einen wichtigen Proteinbeitrag für die Ernährung der ländlichen Bevölkerung. Da Süßwasserfischarten nur in begrenzten Gebieten vorkommen, reagieren sie besonders empfindlich auf Überfischung und Umweltschäden. Dämme und Kanäle fragmentieren ihre Lebensräume, landwirtschaftliche und industrielle Abwässer verschmutzen sie. Durch übermäßige Wasserentnahme trocknen viele Flüsse aus.

Etwa ein Drittel aller verzehrten Fische stammt aus Aquakulturen (Fischzuchten). Rund neunzig Prozent dieser Fische kommen aus Asien, doch diese Industrie wächst auch in Lateinamerika und Afrika rasch. Obgleich dieser Trend vielfach als Lösung für die Erschöpfung der Wildfischbestände begrüßt wird, erfordert die Produktion von Raubfischen wie Lachsen mindestens doppelt so viel Protein, wie der verkaufsreife Lachs wiegt, und ein Großteil dieses Proteins stammt von gefangenen Wildfischen. Die nicht regulierte Abfallbeseitigung mancher Fischfarmen kann verletzliche Küstenökosysteme wie Mangrovenwälder stark schädigen. Auch die menschliche Gesundheit kann durch Schadstoffe, die über das Fischfutter in die Nahrungskette gelangen, in Mitleidenschaft gezogen werden.

1997 gründeten der WWF und der Unilever-Konzern das Marine Stewardship Council (MSC), das Kriterien für ein gutes Fischbestandsmanagement erarbeitet hat. In Alaska, wo Überfischung den Lachsfang 1959 auf rund 25 Millionen Fische gedrückt hatte, hat der Schutz des Lebensraums zu einer Erholung der Bestände geführt, sodass 2004 wieder 168 Millionen Wildlachse gefangen werden konnten.

Rund ein Drittel aller weltweit verzehrten Fische stammt aus **Aquakulturen**.

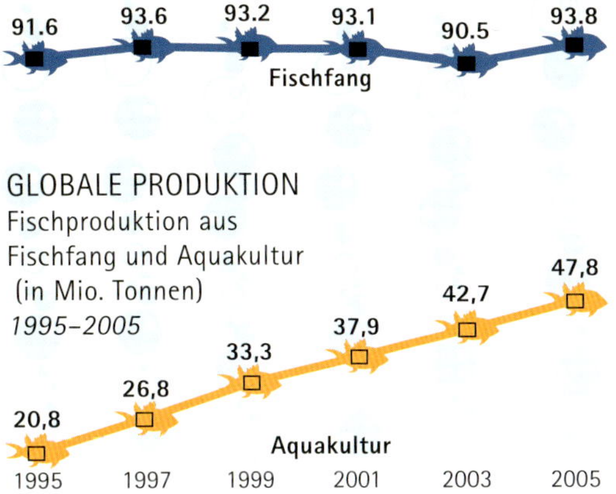

GLOBALE PRODUKTION

Fischproduktion aus Fischfang und Aquakultur (in Mio. Tonnen)

1995–2005

Bedrohte Fische

Zahl der Fischarten, die 2007 weltweit als vom Aussterben bedroht, stark gefährdet oder gefährdet eingestuft wurden

- mehr als 50
- 26 – 49
- 11 – 25
- 1 – 10
- keine Angaben
- Länder mit hundert oder mehr bedrohten Fischarten

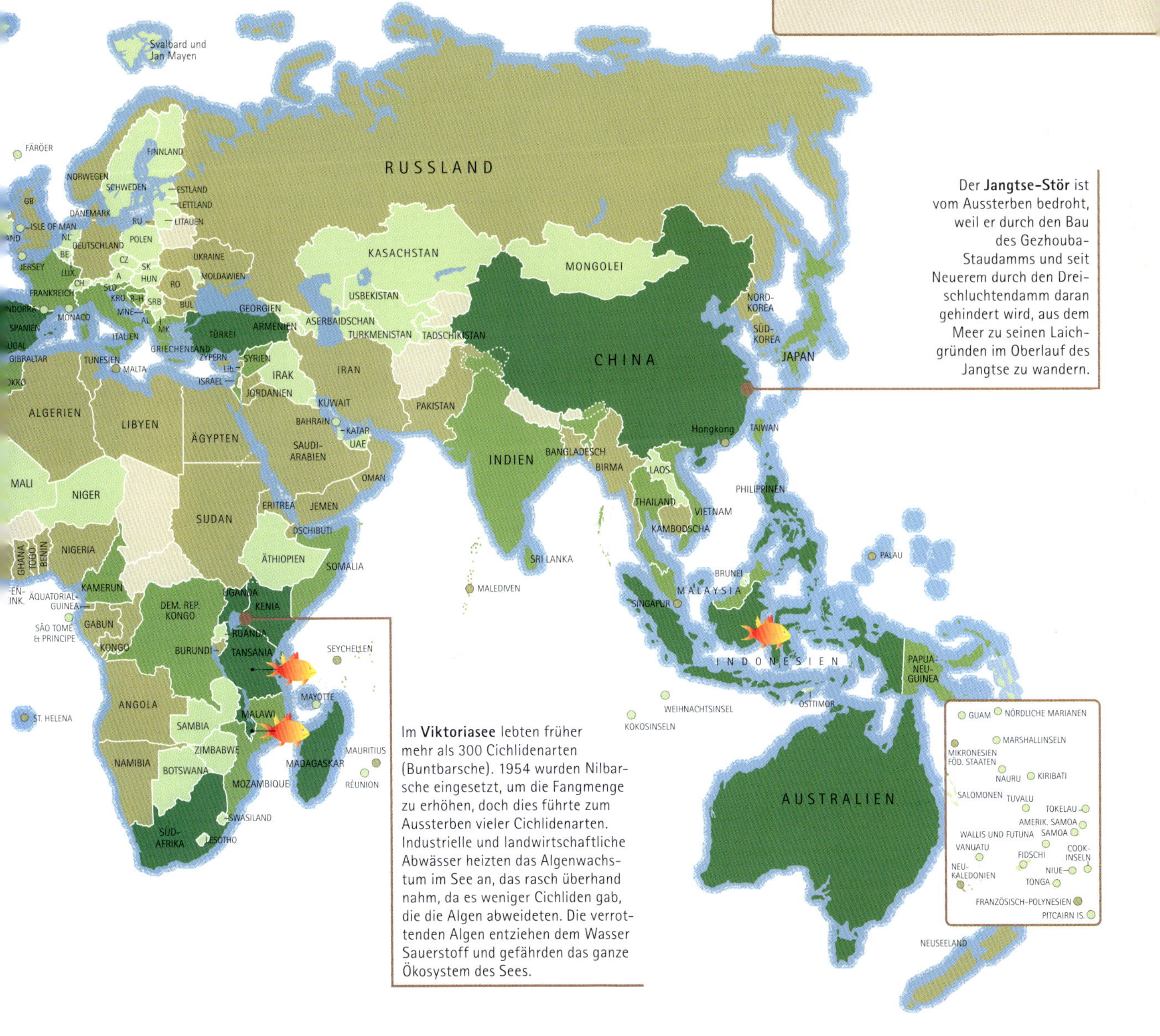

Der **Jangtse-Stör** ist vom Aussterben bedroht, weil er durch den Bau des Gezhouba-Staudamms und seit Neuerem durch den Dreischluchtendamm daran gehindert wird, aus dem Meer zu seinen Laichgründen im Oberlauf des Jangtse zu wandern.

Im **Viktoriasee** lebten früher mehr als 300 Cichlidenarten (Buntbarsche). 1954 wurden Nilbarsche eingesetzt, um die Fangmenge zu erhöhen, doch dies führte zum Aussterben vieler Cichlidenarten. Industrielle und landwirtschaftliche Abwässer heizten das Algenwachstum im See an, das rasch überhand nahm, da es weniger Cichliden gab, die die Algen abweideten. Die verrottenden Algen entziehen dem Wasser Sauerstoff und gefährden das ganze Ökosystem des Sees.

Pflanzen sind für die Existenz aller anderen Lebewesen auf der Erde unverzichtbar, denn sie bilden die Grundlage für die tierische und menschliche Ernährung. Die Pflanzen ihrerseits nutzen die Sonnenenergie, um über die Fotosynthese ihre eigene Nahrung zu bilden. Sie nehmen Kohlendioxid auf und setzen Sauerstoff frei – auf diese Weise halten sie den lebenswichtigen Sauerstoffgehalt unserer Luft aufrecht.

Das Pflanzenreich in seiner immensen Vielfalt umfasst zum Beispiel einfache Moose, aber auch komplexe Blütenpflanzen wie den hundert Meter hohen Mammutbaum. Von den ungefähr 275000 bis 300000 Gefäßpflanzenarten (Farne, Nadelhölzer und Blütenpflanze) sind etwa 34000 Arten vom Aussterben bedroht (s. rechts).

Pflanzen und ihre Samen werden oft durch den Menschen weltweit verbreitet – manchmal mit Absicht, um zum Beispiel Nutz- und Zierpflanzen andernorts einzuführen, manchmal auch unbeabsichtigt. Meistens sind die Krankheitserreger und Schädlinge der heimischen Pflanzen nicht in der Lage, diese eingeführten «Exoten» (Neophyten) zu befallen. Daher können sich einige Neophyten zu invasiven Pflanzen entwickeln, die mit der heimischen Flora konkurrieren und sie sogar verdrängen. Wenn Neophyten sich mit heimischen Pflanzenarten kreuzen, kann es zur Entstehung von Hybridformen kommen. Besonders endemische Pflanzenarten mit kleinem Verbreitungsareal – auf dem Festland wie auf Inseln – sind gefährdet. Auf Inseln wie Hawaii und St. Helena ist die Pflanzenwelt zum Beispiel durch invasive Arten stark beeinträchtigt worden.

Noch stärker ist die Diversität der Pflanzen durch die Zerstörung des Lebensraums bedroht. Menschliche Siedlungen und intensiv bewirtschaftete Agrarflächen dringen immer tiefer in Naturräume ein: Dadurch sind Arten wie die Alabama-Unterart der Roten Schlauchpflanze gefährdet; diese ist mittlerweile vom Aussterben bedroht, da über fünfzig Prozent der Feuchtgebiete Alabamas trockengelegt wurden. Auch die weltweite unkontrollierte Entwaldung bedroht das Überleben vieler Populationen endemischer Pflanzenarten (s. S. 22–25) – gerade jetzt, wo die Welt langsam begreift, welche medizinisch wichtigen Wirkstoffe viele Pflanzenarten enthalten.

Der **Frauenschuh**, eine Orchidee, wächst auf Kalkböden der nördlichen Halbkugel. Bei Pflanzensammlern ist die Art wegen ihrer Schönheit sehr begehrt und daher immer selten gewesen; mittlerweile leiden die Restbestände unter Habitatzerstörung durch Land- und Forstwirtschaft.

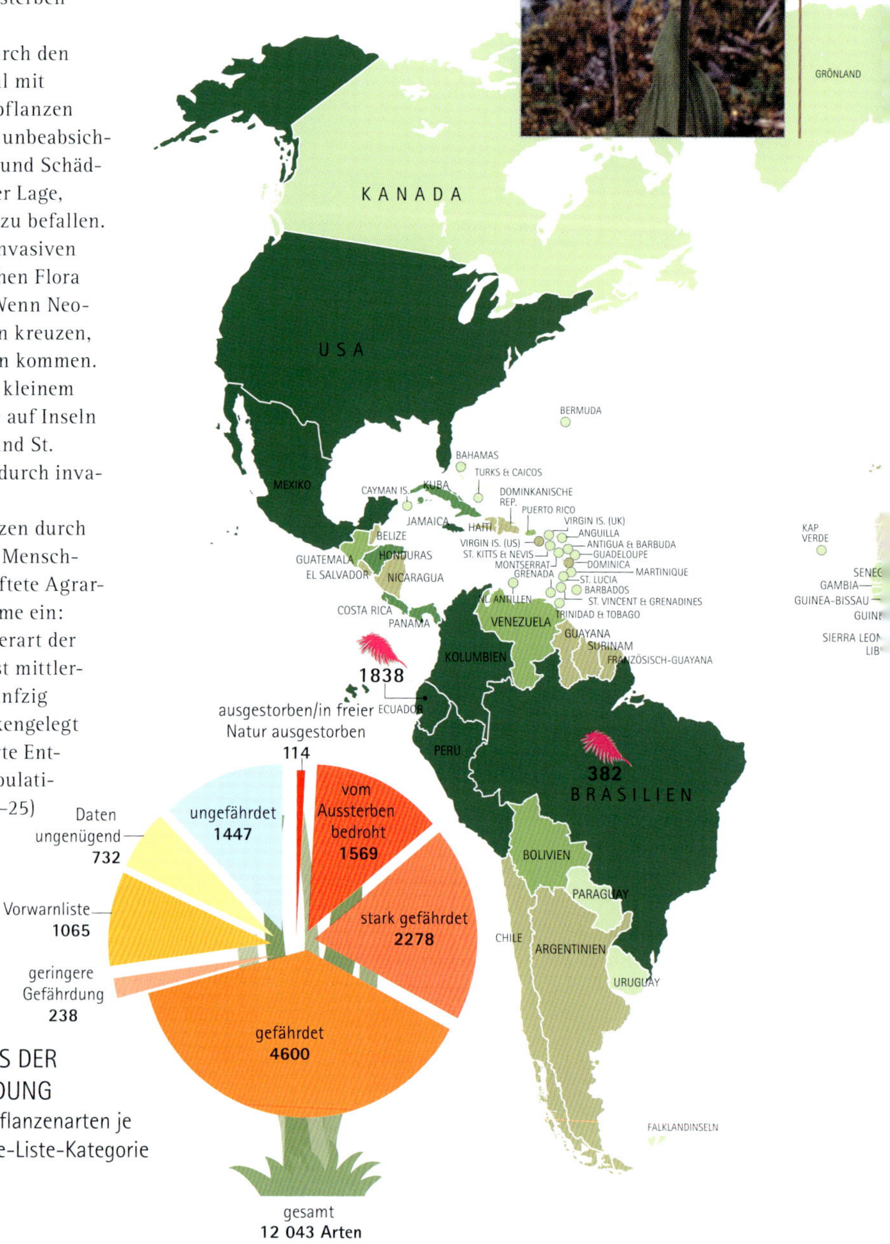

AUSMASS DER GEFÄHRDUNG

Zahl der Pflanzenarten je IUCN-Rote-Liste-Kategorie

2007

Bedrohte Pflanzen

Zahl der Arten, die 2007 weltweit als vom Aussterben bedroht, stark gefährdet oder gefährdet eingestuft wurden

- mehr als 200
- 101 – 300
- 51 – 100
- 11 – 50
- 1 – 10
- keine Angaben
- mehr als 300 bedrohte Pflanzenarten, Anzahl angegeben

Ein Viertel bis die Hälfte des Weltbestandes an **Gemeinen Hasenglöckchen** kommt in Großbritannien vor; dort nimmt die Art aber durch Zertrampeln, Waldzerstörung, Handel mit Zwiebeln und Hybridisierung mit verwandten Gartenpflanzen stark ab.

In den alpinen Regionen des **Kaukasus** kommen über tausend Pflanzenarten vor. Diese zerklüftete Bergwelt begünstigte isolierte Pflanzenpopulationen, die sich zu neuen Arten entwickelten und mittlerweile durch Überweidung gefährdet sind.

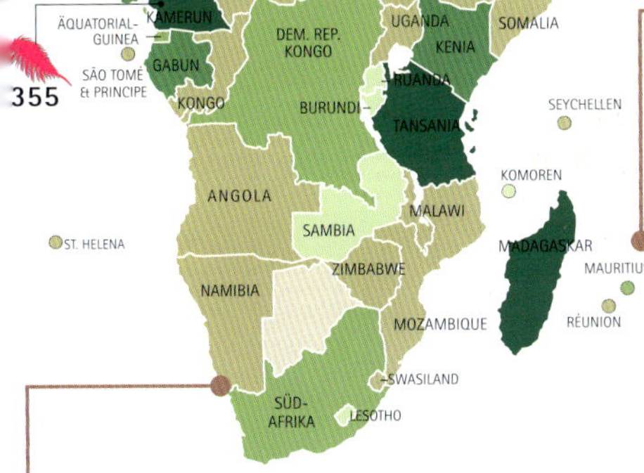

Die **Mandrinette** ist eine rotblühende Hibiskusart; es existieren nur mehr 36 ausgewachsene Bäume auf Mauritius. Aufgrund der Konkurrenz mit invasiven Neophyten (in diesem Fall mit dem ähnlichen Chinesischen Roseneibisch) kann die Mandrinette sich nicht mehr erfolgreich fortpflanzen.

Der **Bastard-Köcherbaum** ist in Südafrika und Namibia heimisch. Überweidung durch Ziegen und Esel hat dazu geführt, dass die Population auf unter 3000 Individuen gefallen ist.

Bedrohte Vögel

5

«Das Schilf ist schon verdorrt am See,
kein Vogel singet mehr.»

John Keats, *La Belle Dame Sans Merci*
(1817; Übersetzung von Siegfried Schmitz)

Vögel

Vögel sind warmblütige Wirbeltiere, die dank ihrer hohlen Knochen sowie ihrer Flügel und Federn fast alle flugfähig sind. Einige Vogelarten sind Generalisten und ernähren sich von verschiedensten Sämereien, Nektar, Früchten, Wirbellosen oder Wirbeltieren. Andere Vogelarten sind Nahrungsspezialisten. Im Jahr 2008 galten etwa zwölf Prozent (mehr als 1200) aller bekannten Vogelarten als bedroht.

Am stärksten sind Vögel durch die Zerstörung ihres Lebensraums bedroht, beispielsweise durch Abholzungen, kommerzielle Erschließung und intensivierte Landwirtschaft, aber auch durch die Einführung neuer Fressfeinde, Konkurrenten oder Krankheiten. Frei laufende Hauskatzen können jedes Jahr Hunderte von Kleinvögeln töten. Unkontrollierte Bejagung und Fallenstellerei sind ebenfalls eine Gefahr für viele Vogelarten. Der Kaiserspecht, der früher in Wäldern des nordwestlichen Hochlands von Mexiko lebte, ist vermutlich ausgestorben – wie viele andere Arten, die im 20. Jahrhundert durch Entwaldung und Jagd ausgerottet wurden. Besonders Zugvögel sind durch Bejagung und Fallenstellen gefährdet.

Feldvogelarten sind zudem durch die Intensivlandwirtschaft bedroht, vor allem in Nordamerika und Europa. Wintergetreide steht im Frühjahr zu dicht auf den Äckern, um als Nistplatz dienen zu können; die häufige Grasmahd für Silage zerstört die Nester von Bodenbrütern. In Westeuropa sind die Feldlerchenbestände drastisch zurückgegangen, während sie in Osteuropa, wo die Intensivmethoden noch nicht so verbreitet sind, insgesamt stabiler sind.

Der weltweite Klimawandel beeinflusst das empfindliche Gleichgewicht zwischen Vögeln und ihren Nahrungsquellen. Die Pflanzen gelangen im Frühjahr zeitiger zur Blüte, und die veränderte Vegetation wirkt sich auf die Häufigkeit von Insekten, Würmern und anderen Lebewesen aus. Dies wird wahrscheinlich einen deutlichen Einfluss auf das Brut- und Zugverhalten von Vögeln haben.

Die Entwaldung in Südostasien, Afrika und Südamerika schreitet rasch voran (s. S. 42–43), und bei jeder neuen Bestandsaufnahme müssen weitere Vogelarten des tropischen Regenwalds als gefährdet eingestuft werden. Regenwaldarten wie der Silber-Paradiesschnäpper in Indonesien sind besonders durch nichtnachhaltigen Holzeinschlag oder durch Rodungen bedroht, die Ackerland oder Anbauflächen für Tropenholzplantagen schaffen sollen.

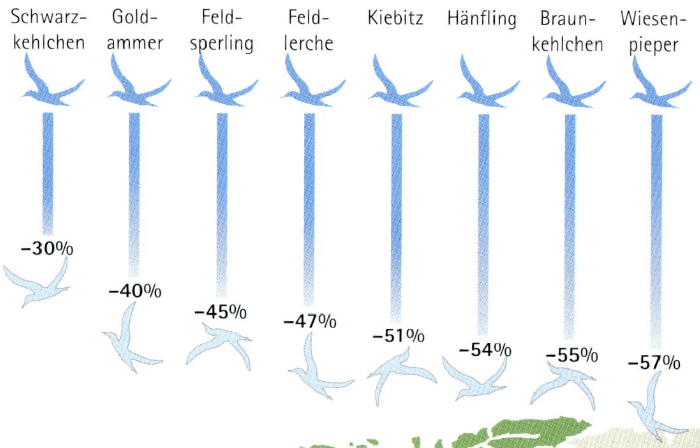

Der **Weißkopf-Seeadler** wurde 1998 offiziell von der «Gefahrenliste» des US Fish and Wildlife Service gestrichen. Durch starken Pestizideinsatz war sein Bestand in den USA (außer Alaska) auf unter 500 gefallen, doch dank Schutzmaßnahmen brüteten 2008 wieder mehr als 7000 Paare.

FELDVOGELARTEN
prozentuale Abnahme in Europa
1980–2005

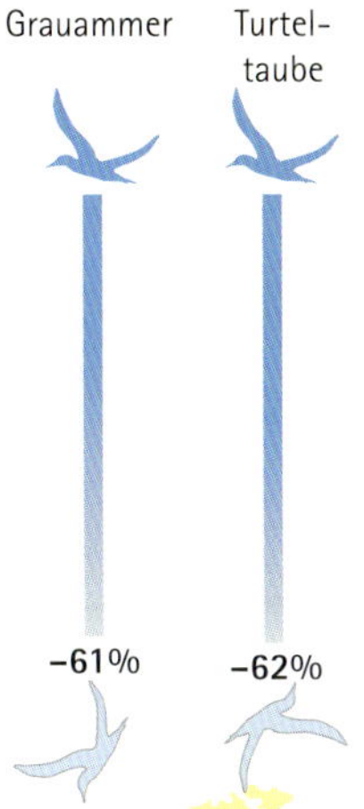

Bedrohte Vögel
Zahl der Vogelarten, die 2007 weltweit als vom Aussterben bedroht, stark gefährdet oder gefährdet eingestuft wurden

- 50 oder mehr
- 31 – 50
- 11 – 30
- 6 – 10
- 1 – 5
- keine Angaben

bis 2008 mit Sicherheit ausgerottete Vogelarten

10 oder mehr   1 – 9

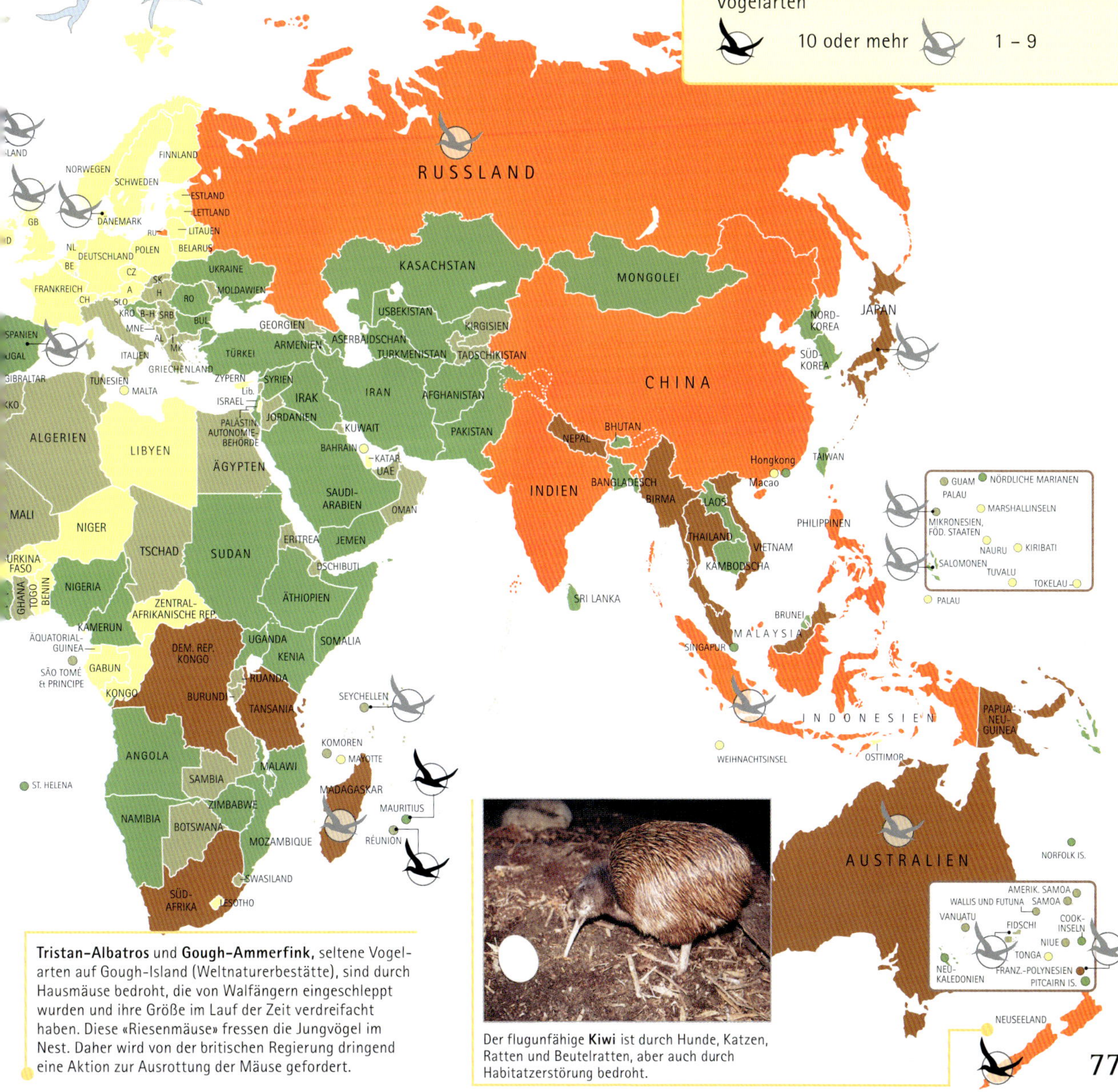

Tristan-Albatros und **Gough-Ammerfink**, seltene Vogelarten auf Gough-Island (Weltnaturerbestätte), sind durch Hausmäuse bedroht, die von Walfängern eingeschleppt wurden und ihre Größe im Lauf der Zeit verdreifacht haben. Diese «Riesenmäuse» fressen die Jungvögel im Nest. Daher wird von der britischen Regierung dringend eine Aktion zur Ausrottung der Mäuse gefordert.

Der flugunfähige **Kiwi** ist durch Hunde, Katzen, Ratten und Beutelratten, aber auch durch Habitatzerstörung bedroht.

Greifvögel und Eulen

Eulen und Greifvögel wie Falken, Bussarde, Adler, Altwelt- und Neuweltgeier werden insgesamt als Beutegreifer bezeichnet: Sie besitzen Klauen zum Ergreifen und einen kräftig gebogenen Hakenschnabel zum Zerreißen der Beute. Seh- und Hörvermögen sind ausgezeichnet, doch der Geruchssinn ist (außer bei Geiern) eher schlecht ausgeprägt. Eulen sind auf nächtliche Jagd spezialisiert, die anderen Beutegreifer sind Tagjäger. Beutegreifer ernähren sich insgesamt von anderen Vögeln, Säugern, aber auch von Aas und Insekten; einige Arten wie der Weißkopf-Seeadler können lebende Fische erbeuten. Alle sind geschickte Flieger; die größeren Arten besitzen oft breite, an den Segelflug angepasste Flügel.

Viele Beutegreifer sind vom Verlust ihres Lebensraums betroffen. Normalerweise benötigt ein Brutpaar ein großes Revier, doch Erschließungsmaßnahmen machen dies oft unmöglich. Viele in der Landwirtschaft eingesetzte Chemikalien sind für Greifvögel toxisch – bekannt wurde vor allem DDT (ein Organochlor-Insektizid), das zum Beispiel bei Adlern zu dünnen und leicht zerbrechlichen Eischalen führt. Das Verbot derartiger Pestizide in den Industrieländern hat zur Bestandserholung vieler Beutegreifer beigetragen; für ärmere Länder sind die weniger schädlichen, aber teureren Mittel jedoch oft nicht bezahlbar. Arten, die sich von erschossenen Tierkadavern ernähren, zum Beispiel der Riesenseeadler, leiden häufig unter Bleivergiftung. Andere Greifvögel werden zu Sport- oder Nahrungszwecken abgeschossen oder für die Falknerei gefangen – dadurch werden die Populationen mancher Arten noch weiter dezimiert.

Der Schutz des Lebensraums spielt beim Greifvogelschutz eine wesentliche Rolle; auch die Kontrolle der Wilderei ist wichtig. In vielen Ländern ist es illegal, Greifvögel zu jagen, ihre Eier zu entfernen oder ihre Bruten zu stören. Nachzuchtprogramme und Schutzstationen für verletzte Vögel können für Arten, die vom Aussterben bedroht sind, eine große Hilfe sein.

Im Jahr 1940 sank die Population des **Kalifornischen Kondors** wegen Bejagung und Bleivergiftung auf unter hundert Vögel; die letzten neun Individuen wurden 1987 für ein Nachzuchtprogramm im Los Angeles Zoo und San Diego Wild Animal Park gefangen. Dadurch konnte die Art vor der Ausrottung bewahrt werden – im Jahr 2008 gab es wieder 146 wild lebende Kalifornische Kondore und 151 Vögel in menschlicher Obhut.

DER KALIFORNISCHE KONDOR IN HÖCHSTER GEFAHR

Anzahl der wild lebenden Vögel

Bedrohte Greifvögel und Eulen

Zahl der Greifvogel- oder Eulenarten, die 2007 weltweit als vom Aussterben bedroht, stark gefährdet oder gefährdet eingestuft wurden

- 10 oder mehr
- 7 – 9
- 4 – 6
- 1 – 3
- keine oder keine Daten verfügbar

eine vom Aussterben bedrohte Eulenart

eine vom Aussterben bedrohte Greifvogelart

Der **Affenadler** zieht nur alle zwei Jahre einen Jungvogel auf und ist bedroht, da sein Lebensraum im philippinischen Regenwald durch Abholzung und Landwirtschaft zerstört wird. Zurzeit leben nur mehr 300 Vögel, fast alle auf der Insel Mindanao.

Rückgang des Bengalengeiers

Brutpopulation im Keoladeo Nationalpark bei Bharatpur (Indien)

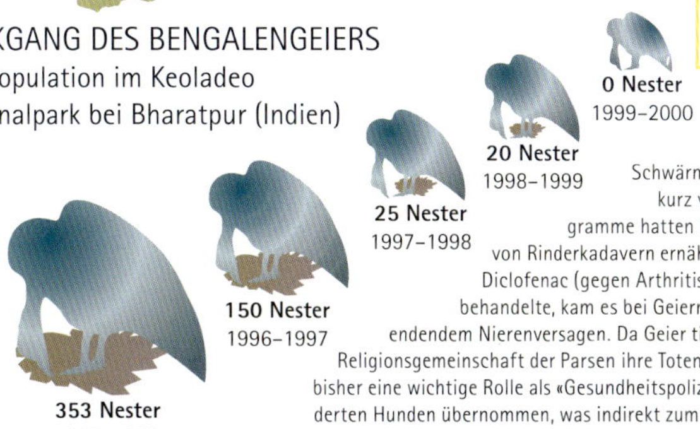

Bengalengeier und **Schmalschnabelgeier** konnte man früher überall auf dem Indischen Subkontinent in riesigen Schwärmen kreisen sehen; sie stehen jetzt jedoch kurz vor dem Aussterben, auch Nachzuchtprogramme hatten bisher wenig Erfolg. Die Geier hatten sich von Rinderkadavern ernährt; seit man Rinder mit dem Arzneimittel Diclofenac (gegen Arthritis und zur Förderung der Milchproduktion) behandelte, kam es bei Geiern zu Vergiftungen mit akutem und tödlich endendem Nierenversagen. Da Geier tierische Kadaver beseitigen (und auch die Religionsgemeinschaft der Parsen ihre Toten den Geiern zum Fraß bietet), spielten sie bisher eine wichtige Rolle als «Gesundheitspolizei». Diese wird immer stärker von verwilderten Hunden übernommen, was indirekt zum erheblichen Anstieg der Tollwut beiträgt.

Papageien und Kakadus

Von den über 300 Papageienarten, zu denen auch Loris, Kakadus und Sittiche zählen, sind 95 Arten bzw. 28 Prozent bedroht – dies ist der höchste Prozentsatz unter den größeren Vogelordnungen.

Papageien zeigen eine beträchtliche Variabilität in Größe und Körpergestalt: Die Spechtpapageien haben nur eine Länge von zehn Zentimeter, während die Aras zum Teil über einen Meter groß werden können. Die meisten Papageien besitzen ein lebhaft gefärbtes Gefieder; der kräftige hakenförmige Papageienschnabel dient unter anderem zum Knacken von Nüssen. Viele Pflanzenarten, so die Ölpalme, sind zur Samenverbreitung auf Papageien angewiesen. Einige Papageien sind räuberisch; der neuseeländische Kea greift zum Beispiel bekanntermaßen Schafe an.

Die meisten Papageien leben in Tropenwäldern und nisten in Baumhöhlen. Die Vögel sind anatomisch nicht auf Langstreckenflug eingerichtet, daher sind die Arten häufig auf isolierte Inseln beschränkt und deshalb besonders gefährdet. Auf den Karibischen Inseln wurden mindesten 16 Arten durch europäische Entdecker und Siedler ausgerottet, und auch die Puerto-Rico-Amazone ist vom Aussterben bedroht (s. rechts).

Papageien – besonders Graupapagei und Amazonenpapageien – sind ausgezeichnete Sprachimitatoren und sind nicht zuletzt deshalb sowie wegen ihres freundlichen Wesens und des schönen Gefieders als Zoo- und Haustiere beliebt. Besonders in Europa und Japan ist die Nachfrage hoch. In manchen Ländern wie Mexiko und Australien ist der Papageien-Export verboten, um die Wildpopulationen zu schützen. Trotzdem ist der legale und illegale Handel mit Papageien gewaltig und bedroht das Überleben der Wildbestände. Allein 39 Arten sind von Wilderei betroffen, die übrigens häufiger zum Tod der Vögel führt als natürliche Ursachen.

Papageien werden zu Nahrungszwecken bejagt; Landwirte stellen ferner einigen samenfressenden Arten nach, da diese als Schädlinge gelten. Auch eingebürgerte Fressfeinde wie Hauskatzen sind eine Gefahr, und Import-Papageien verdrängen möglicherweise die einheimischen Populationen oder schleppen Vogelkrankheiten ein.

Die meisten Papageienarten sind am stärksten durch den Verlust ihres Lebensraums gefährdet, dieser kann durch Waldbrände, Abholzung oder menschliche Siedlungen zerstört werden. Im von der IUCN Species Survival Commission (Kommission zur Erhaltung der Arten) entwickelten «Papageien-Aktionsplan» werden Schutzmaßnahmen vorgeschlagen, um Lebensraumzerstörung und illegaler Bejagung entgegenzutreten. Doch angesichts konkurrierender Wirtschaftsinteressen könnten knappe Finanzmittel die effektive Umsetzung dieses Aktionsplans verhindern.

Der **Hyazinthara** ist die größte Papageienart der Welt, doch diese Größe bietet keinen Schutz. Die Art ist durch den Exotenhandel und die Zerstörung der Bruthabitate in Bolivien, Brasilien und Paraguay gefährdet.

Der **Spix-Ara** wurde seit dem Jahr 2000 nicht mehr in freier Wildbahn gesichtet. Allerdings leben zwanzig Individuen in menschlicher Obhut, und ein Nachzuchtprogramm ist angelaufen.

Der **Gelbohrsittich** galt 1998 schon als ausgestorben, doch nach der Entdeckung eines kleinen Trupps in Kolumbien wurde ein großes Schutzprojekt gestartet, um den Lebensraum dieser Art zu schützen – sie kommt nur in Wachspalmenhainen vor. Der Bestand liegt jetzt bei etwa 110 Vögeln.

PUERTO-RICO-AMAZONE
Individuenzahl

wild lebend

in menschlicher Obhut

Puerto Rico wurde im September 1989 vom Hurrikan Hugo verwüstet; nur etwa die Hälfte des Wildbestands an Puerto-Rico-Amazonen überlebte.

Der **Mauritiussittich** stand bereits vor dem Aussterben, hat sich jedoch dank intensiver Managementmaßnahmen erholt: Der Wildbestand ist von nur zehn Vögeln zu Ende der 1980er auf etwa 300 erwachsene Vögel gestiegen; allerdings ist die Art nach wie vor stark gefährdet.

BEDROHTE PAPAGEIEN UND KAKADUS

Zahl der Papageien- und Kakaduarten, die 2007 weltweit als vom Aussterben bedroht, stark gefährdet oder gefährdet eingestuft wurden

11 – 15

6 – 10

3 – 5

1 – 2

keine oder
keine Daten verfügbar

eine vom Aussterben bedrohte Art von:

Papagei/Sittich

Lori

Ara

Kakadu

Die Wildpopulation des flugunfähigen, nachtaktiven **Kakapos** aus Neuseeland lag bereits nur mehr bei fünfzig Vögeln, denn Kakapos brüten nur unregelmäßig und werden leicht zur Beute von eingebürgerten Karnivoren wie Ratten. Verschiedene Schutzmaßnahmen wurden eingeleitet, insbesondere die Umsiedlung der verbleibenden Vögel auf raubtierfreie Inseln sowie zusätzliche Nahrungsversorgung, um häufigere Bruten zu fördern. Die Population liegt zurzeit bei 86 Vögeln, dazu kommen einige 2008 geborene Jungvögel.

Seevögel

«Seevögel» stellen keine taxonomische Einheit dar, sondern bezeichnen eine Gruppe von Vögeln, die in einen bestimmten Lebensraum sowie spezifische Körpermerkmale und besondere Verhaltensweisen gemeinsam hat. Viele Seevögel sind beispielsweise geschickte Flieger, die die vorherrschenden Winde nutzen, um über riesige Strecken zu wandern. Pinguine sind zwar flugunfähig, doch kräftige und wendige Schwimmer. Die meisten Seevögel erbeuten Fische und Krebstiere in Oberflächennähe, Kormorane können jedoch bei der Jagd bis zu fünfzig Meter tief tauchen. Manche Seevögel suchen an Land nach Insekten und kleinen Nagern und durchwühlen auch den Abfall nach Nahrung. Raubmöwen und Fregattvögel bedrängen kleinere Seevögel, die mit Beutefischen zum Nest zurückkehren, bis die Opfer ihren Fang auswürgen – den die Verfolger noch in der Luft aufschnappen.

Seevögel brüten meistens in riesigen Kolonien, die manchmal mehr als eine Million Vögel beherbergen und sich gewöhnlich auf Inseln oder unzugänglichen Klippen befinden. Dort sind die Vögel vor räuberischen Säugern geschützt – allerdings nicht immer vor eingeführten Fressfeinden. Da Seevögel nur eine niedrige Fortpflanzungsrate haben, reagieren sie sehr empfindlich auf Umweltkatastrophen wie Ölverschmutzung oder plötzlichen Nahrungsmangel.

Seeleute im Nordatlantik waren für die Ausrottung des flugunfähigen Riesenalks im 19. Jahrhundert verantwortlich, da sie ganze Kolonien abschlachteten, um an Fleisch und Federn zu gelangen. Auf den Färöern, Island, Grönland und in Südostasien werden Seevogeleier auch heute noch «geerntet» – ohne die nötige Regulierung kann dies das Überleben der betroffenen Art gefährden. Auch auf hoher See sind Seevögel nicht vor dem Menschen sicher: Große Fischtrawler verwenden Treibnetze (auch als «Netze des Todes» bezeichnet), in denen sich zum Beispiel Sturmtaucher verfangen, obwohl Treibnetze von mehr als 2,5 Kilometer Länge 1992 durch ein UN-Moratorium verboten wurden.

Auch der Langleinen-Fischerei fallen viele Seevögel zum Opfer. Die Leinen sind bis zu hundert Kilometer lang und tragen über 20 000 Angelhaken, die mit Ködern bestückt sind. Diese «leichte Beute» führt dazu, dass Seevögel sich verfangen und ertrinken. Umweltverbände verhandeln deshalb mit der Fischereiindustrie darüber, ungefährlichere Fischereitechniken einzuführen, beispielsweise sogenannte «Vogelscheuchen-Leinen» oder mit Gewichten beschwerte Fangleinen, die rasch zum Meeresgrund sinken.

Immer sind Seevögel von schleichender Umweltverschmutzung bedroht. Adeliepinguine in der Antarktis sind durch Ölverschmutzung gefährdet, und als die Exxon Valdez vierzig Millionen Liter Rohöl im Prinz-William-Sund (Alaska) verlor, kamen Tausende von Seevögeln um. Durch den globalen Klimawandel sind alle Seevögel bedroht, da die Planktonbestände, die die Grundlage der marinen Nahrungspyramide bilden, bei einer Meereserwärmung abnehmen werden.

Der **Madeirasturmvogel** verbringt den größten Teil des Jahres auf hoher See. Im Frühjahr brütet er auf der Atlantikinsel Madeira – Katzen, Ratten und Menschen haben den Bestand jedoch auf 130 bis 160 Vögel dezimiert.

Der **Brillensturmvogel** brütet nur auf Tristan da Cunha und wurde dort durch verwilderte Schweine fast ausgerottet. Die Zahl der Brillensturmvögel hat sich nach dem Aussterben der Schweine zwar erholt, doch diese Vögel sind jetzt durch Langleinen-Fischerei bedroht.

Bedrohte Seevögel

Zahl der Seevogelarten, die 2007 weltweit als vom Aussterben bedroht, stark gefährdet oder gefährdet eingestuft wurden

- 21 oder mehr
- 11 – 20
- 6 – 10
- 1 – 5
- keine oder keine verfügbaren Daten

eine vom Aussterben bedrohte Seevogelart

- Albatros
- Alk
- Fregattvogel
- Sturmvogel, Sturmtaucher
- Seeschwalbe
- Kormoran

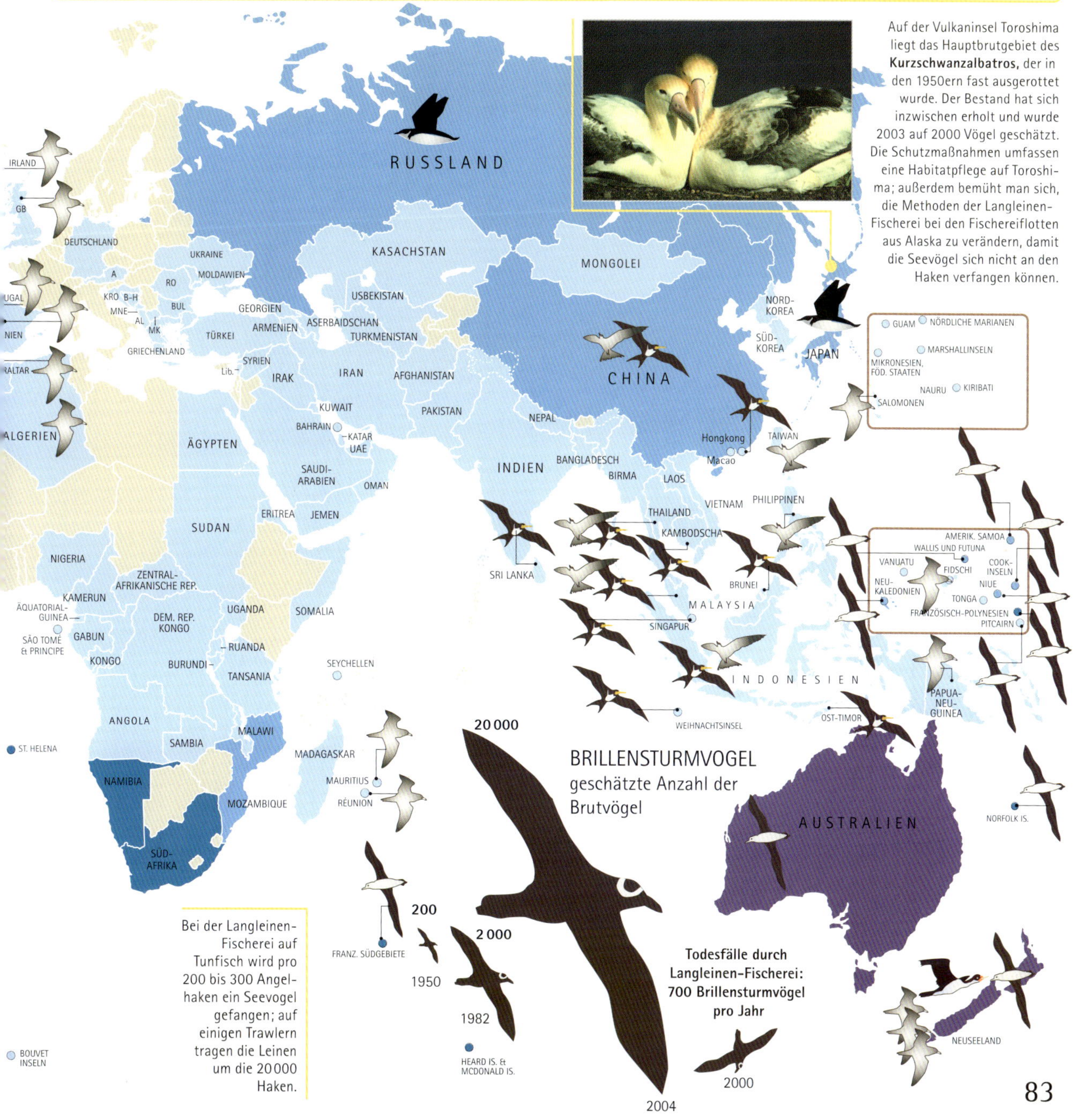

Auf der Vulkaninsel Toroshima liegt das Hauptbrutgebiet des **Kurzschwanzalbatros,** der in den 1950ern fast ausgerottet wurde. Der Bestand hat sich inzwischen erholt und wurde 2003 auf 2000 Vögel geschätzt. Die Schutzmaßnahmen umfassen eine Habitatpflege auf Toroshima; außerdem bemüht man sich, die Methoden der Langleinen-Fischerei bei den Fischereiflotten aus Alaska zu verändern, damit die Seevögel sich nicht an den Haken verfangen können.

Bei der Langleinen-Fischerei auf Tunfisch wird pro 200 bis 300 Angelhaken ein Seevogel gefangen; auf einigen Trawlern tragen die Leinen um die 20 000 Haken.

Brillensturmvogel

geschätzte Anzahl der Brutvögel

200 – 1950
2 000 – 1982
20 000 – 2004

Todesfälle durch Langleinen-Fischerei: 700 Brillensturmvögel pro Jahr

2000

ZUGVÖGEL

Die meisten Zugvögel brüten im Frühsommer auf der Nordhalbkugel, ziehen ihre Jungen auf und wandern dann zum Überwintern nach Süden. Aufgrund ihrer Mobilität lassen Zugvögel sich nur schwierig untersuchen, und viele Aspekte des Vogelzugs sind immer noch nicht aufgeklärt. Zurzeit laufen zahlreiche Projekte mit Beringung und seit Neuerem mit Satellitenortung. Traditionell wird der Vogelzug durch Gruppen von Amateurornithologen beobachtet; ihre Arbeit profitiert in Zeiten des Internets stark von der schnelleren Kommunikation.

Die Hauptrouten des Vogelszugs sind bekannt und wurden zum Teil auch benannt, doch nicht alle Vogelarten beschränken sich auf einen einzigen Zugweg. Manche beginnen die Wanderung auf einer Route und wechseln dann zu einem anderen Zugweg über; viele Vogelarten wählen für Herbst- und Frühjahrszug unterschiedliche Routen (sogenannter Schleifenzug). Die meisten Zugvögel sind auf Rastplätze angewiesen, um zu ruhen, Nahrung zu suchen und sich für die nächste Etappe zu stärken. Feuchtgebiete gehören zu den Lebensräumen, die für die Rast am wichtigsten sind; viele Feuchtgebiete, beispielsweise in der Nähe der Mittelmeerküste, sind jedoch durch kommerzielle Entwicklungsprojekte oder Trockenlegung bedroht oder werden von ihrem Süßwasserzufluss abgeschnitten.

Der Klimawandel wird Zugvögel auf mehrfache Weise negativ beeinflussen. Durch unvorhersehbare Witterungsverläufe und die zunehmende Häufigkeit und Heftigkeit von Stürmen wird es besonders für Kleinvögel schwerer, ihr Ziel zu erreichen, diese Arten werden entsprechend stärker gefährdet sein. Aufgrund der milden Winter nehmen die Standvogelpopulationen möglicherweise zu, die dann mit den heimkehrenden Zugvögeln um Nahrung konkurrieren; doch auch die Langstreckenzieher müssen unter Umständen nicht mehr so weit wandern, um gemäßigte Klimabedingungen zu finden. Wenn sich das Niederschlagsmuster drastisch wandelt, könnten wichtige Lebensräume wie Feuchtgebiete verloren gehen, auf die ein Großteil der Zugvögel angewiesen ist. Arktische Brutgebiete werden vielleicht zerstört, wenn der Permafrostboden auftaut und die frühere Tundra durch Bäume besiedelt werden kann.

Viele Zugvögel gelangen niemals ans Ziel: Millionen werden im Mittleren Osten, in Afrika oder in Südeuropa abgeschossen – sei es von Landwirten oder Jägern. Millionen sterben aber auch eines natürlichen Todes. Und schließlich stellen dicht besiedelte Gebiete mit Wolkenkratzern oder Hochspannungsleitungen eine weitere Gefahr dar.

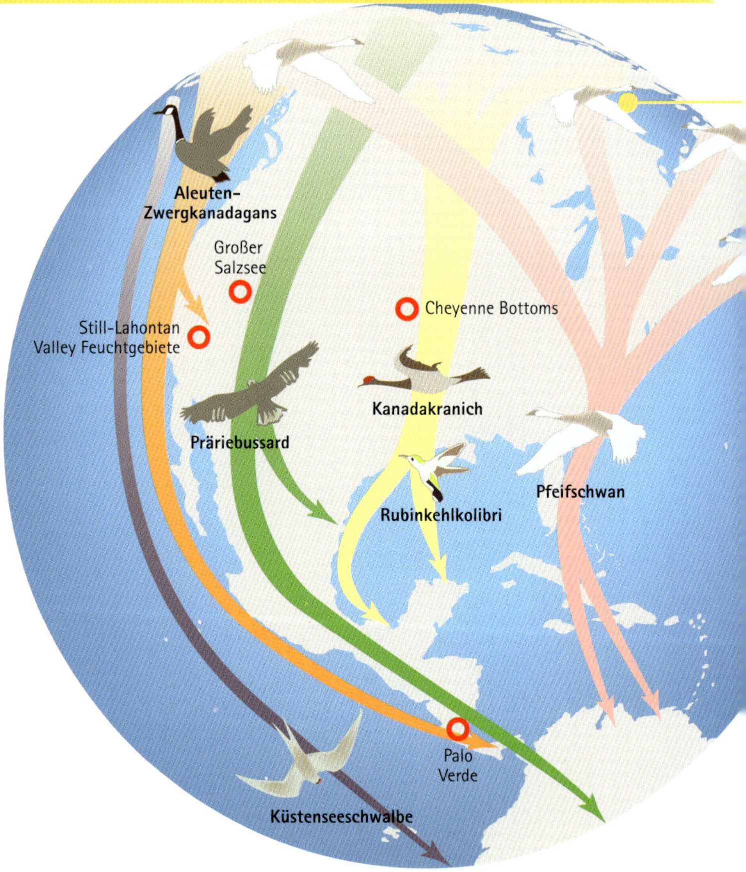

ZUGROUTEN

Wichtigste Routen der Zugvögel, um dem Winter auf der Nordhalbkugel zu entgehen

Zugrouten in Amerika:
- Pazifik-Zugroute
- zentrale Zugroute
- Mississippi-Zugroute
- Atlantik-Zugroute
- Route der Küstenseeschwalbe

Zugrouten in Europa und Afrika:
- Island nach Nordeuropa
- Sibirien nach Nordeuropa
- ostatlantische Zugroute
- Mittelmeer-Schwarzmeer-Zugroute
- Asien-Afrika-Zugroute
- Route der Küstenseeschwalbe

Zugrouten in Asien und Ozeanien:
- zentralasiatisch-südasiatische Zugroute
- ostasiatisch-indopazifische Zugroute
- westpazifische Zugroute

bedrohtes Feuchtgebiet
ausgewählte Beispiele

besondere Gefährdung durch Jäger

Wissenschaftler nehmen an, dass der **Große Salzsee** und andere nordamerikanische Feuchtgebiete durch die Klimaerwärmung gefährdet sind.

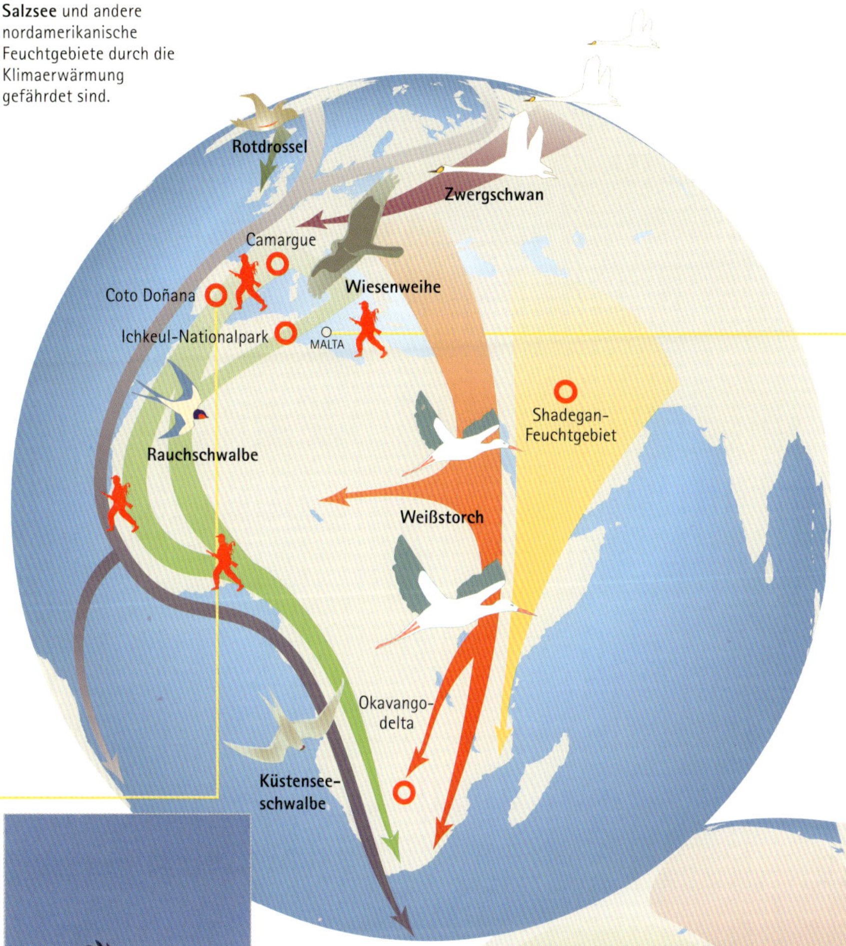

In **Malta** werden traditionell viele Zugvögel abgeschossen und in Fallen gefangen, doch mit dem Eintritt in die EU (2004) kam es zur Einschränkung dieser Aktivitäten. Trotzdem durften **Turteltauben** auf dem Frühjahrszug weiter geschossen werden, und die illegale Bejagung ging im großen Stil weiter. Der Europäische Gerichtshof hat 2008 in einem vorläufigen Urteil die Frühjahrsjagd verboten, das endgültige Urteil wird für 2009 erwartet.

Die Populationen von 36 Watvogelarten, die die ostasiatisch-indopazifische Zugroute benutzen, sind seit den frühen 1980ern um 75 Prozent zurückgegangen.

Zugvögel wie der **Steppenadler** sind auf ein Netzwerk unzerstörter Rastplätze angewiesen, wo sie Nahrung finden und ruhen können. Daher sind sie ein guter Indikator für großräumig intakte Lebensräume und ihre Artenvielfalt. Über 200 Wasservogelpopulationen (von insgesamt 522, die die eurasisch-afrikanische Zugroute benutzen) sind in den letzten Jahren zurückgegangen. Das UN-Umweltprogramm (UNEP) hat gemeinsam mit anderen Organisationen den **Weltzugvogeltag** ins Leben gerufen, der jedes Jahr im Mai veranstaltet wird, um die Aufmerksamkeit auf die Bedeutung des Umwelt- und des Zugvogelschutzes zu lenken.

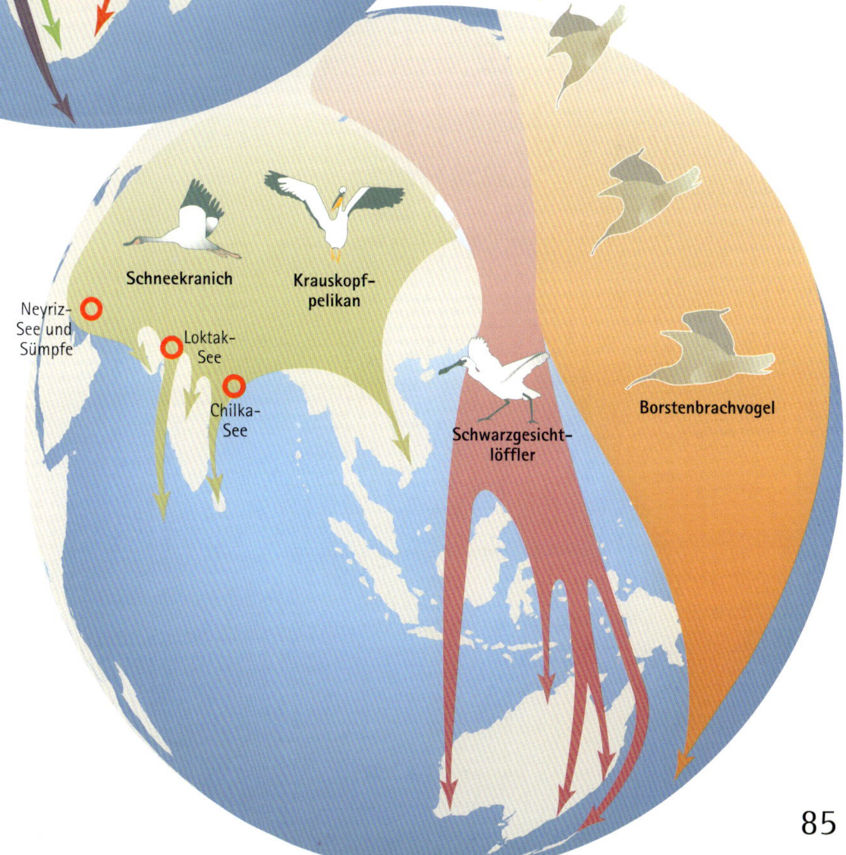

6 Natur-, Tier und Pflanzenschutz

«Um beim Naturschutz Ergebnisse zu erzielen, die ökologisch tragfähig sind, ist es notwendig, Netzwerke von Schlüsselgebieten und Wanderkorridoren sowie die ökologischen Prozesse zu schützen, die gesunde Ökosysteme erhalten.»

Website des WWF zum Thema «Gefährdete Arten»

Biodiversität der Tiere

Das Tierreich umfasst wahrscheinlich rund zehn Millionen Arten. Etwa 1,3 Millionen Arten sind bisher benannt und wissenschaftlich beschrieben worden, doch die Gesamtzahl lässt sich nur schätzen, weil ein großer Teil der Welt zoologisch noch nicht systematisch überprüft worden ist. Ständig werden neue Techniken entwickelt, um bisher noch nicht kartierte Regionen zu untersuchen, die bisher als lebensfeindlich galten. Beispielsweise haben ferngesteuerte Unterseeboote einige der bemerkenswerten Arten entdeckt, die in der Tiefsee leben, und sind am Meeresboden rund um die hydrothermalen Schlote auf verschiedene bizarre Gemeinschaften von Bakterien, Protisten und Fischen gestoßen (s. S. 32–33).

In Seen und im Meer ist die Artenvielfalt (Biodiversität) in Oberflächennähe am größten, vor allem in den oberen dreißig Metern, der sogenannten euphotischen Zone, wo Fotosynthese stattfindet. An Land ist die Artenvielfalt in gemäßigten und polaren Regionen in der Regel am geringsten, möglicherweise eine Folge von Aussterbeereignissen, die durch den Vormarsch von Gletschern während der letzten Eiszeiten hervorgerufen wurden. In den Tropen, wo es durchgehend feucht und warm ist, ist die tierische Biodiversität viel höher. Dort lebende Arten brauchen nicht das breite Merkmalsspektrum, das nötig ist, um mit wechselnden Lebensbedingungen (wie Dürren oder Winterkälte) fertig zu werden, und passen sich an lokale Bedingungen (wie eine bestimmte Art Baum oder Bodenwuchs) an beziehungsweise spalten sich dementsprechend auf. Das führt zu einer großen Artenvielfalt und zu einer großen Zahl endemischer Arten – das heißt Arten, die man nur an einem Ort findet. Die auf der Karte abgebildeten endemischen Arten gehören zu recht gut untersuchten Gruppen, doch es gibt eine noch größere, bisher nicht erforschte Zahl von Insekten, die für sehr kleine Landflecken endemisch sind.

Während die natürliche Aussterberate auf weniger als eine Art pro Jahr und Million Arten geschätzt wird, hat die Lebensraumzerstörung zu einer aktuellen jährlichen Aussterberate von 1000 bis 10 000 Arten pro Million Arten geführt. Bei einigen Arten geht mit dem Aussterben die Gelegenheiten zur Erschließung genetischer Besonderheiten verloren, die man möglicherweise medizinisch oder landwirtschaftlich hätten nutzen können. Einzelne Arten sind unter Umständen Schlüsselarten, deren Aussterben ganze Lebensgemeinschaften zum Untergang verurteilt.

Primaten wie der **Schimpanse** pflanzen sich wie andere große Säuger in der Regel langsamer fort als kleinere Säuger, Vögel und Reptilien. Das lässt sie empfindlicher auf natürliche Katastrophen und menschliche Eingriffe reagieren.

Isolierte Inseln weisen unter Umständen keine große Artenvielfalt auf, doch viele Arten sind endemisch. Jede der Galapagosinseln beherbergt ihre eigene Speziesvariation, zum Beispiel die **Riesenschildkröte** und den Fink.

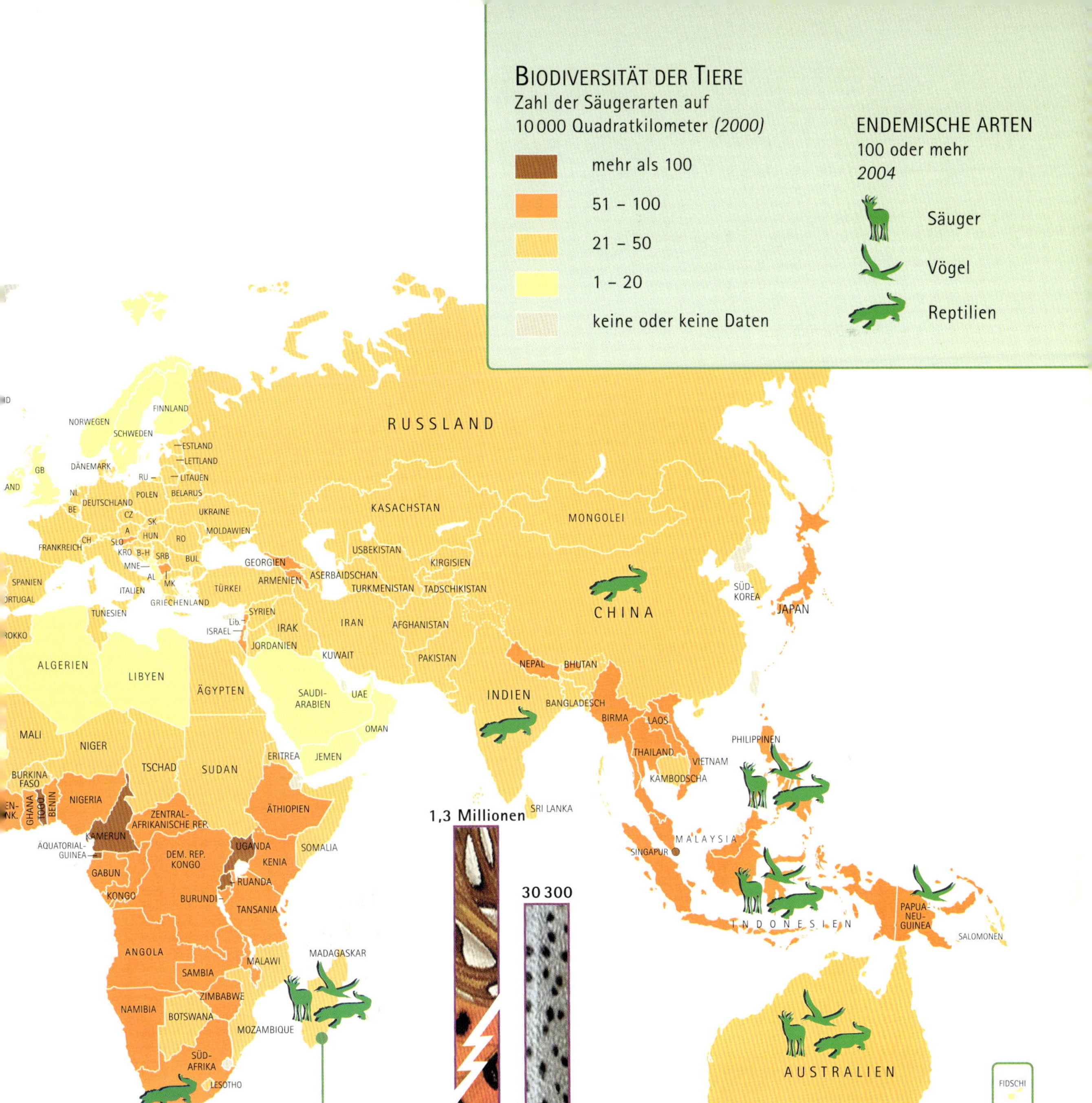

Lemuren kommen nur auf der Insel Madagaskar vor. Sie haben eine erstaunliche Vielfalt entwickelt, um eine Reihe ökologischer Nischen zu füllen. **Rote Varis** leben ausschließlich im Laubwald der Masoala-Halbinsel, wo ihre Zahl durch Holzeinschlag und Fallensteller auf 1000 bis 10 000 Tiere zurückgegangen ist.

GESAMTZAHL ALLER BEKANNTEN TIERARTEN (2008)

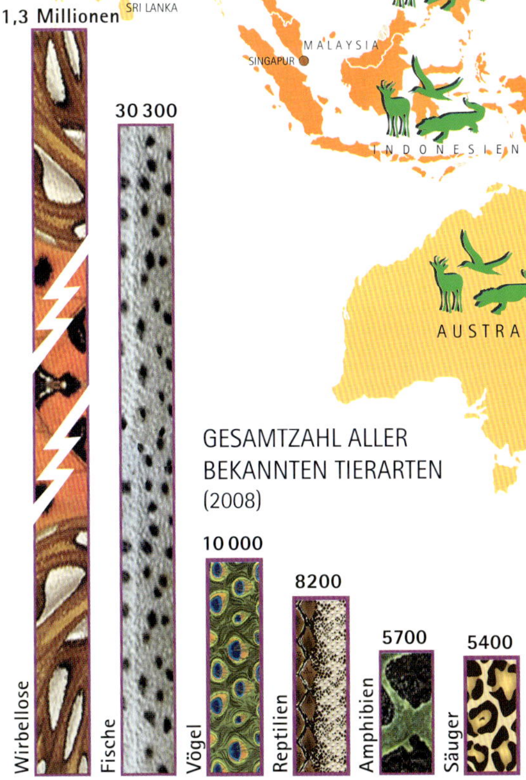

Biodiversität der Pflanzen

Die Artenzahl bei Pflanzen wird auf 320 000 geschätzt, davon sind bisher etwa 300 000 beschrieben. Dank neueren molekularbiologischen Methoden kann man heute die Unterschiede zwischen Pflanzenarten wesentlich genauer bestimmen. Blütenpflanzen bilden die mit Abstand größte Gruppe. Einige sind windbestäubt, doch die meisten Arten haben sich durch erfolgreiche Koevolution entwickelt: Mithilfe von Gerüchen, Farben und Geschmack werden Tiere zur Bestäubung der Pflanzen und zur Samenverbreitung angelockt.

Unter Biodiversität (biologischer Vielfalt) versteht man die Zahl und Häufigkeit der Arten in einem bestimmten Gebiet. Ein Wald mit einer vorherrschenden Baumart und einigen wenigen Individuen anderer Baumarten hat nach dieser Definition eine geringere Biodiversität als ein Wald mit derselben Artenzahl an Bäumen, die jedoch in etwa gleicher Anzahl vorkommen. Wie bei Tieren ist auch bei Pflanzen die Diversität in Äquatornähe (mit der höchsten Sonneneinstrahlung) in der Regel höher als andernorts. Für Höhenlagen gilt insgesamt, dass die Diversität dort wegen der niedrigeren und stärker schwankenden Temperaturen geringer ist als auf Meereshöhe.

Naturbelassene Lebensräume besitzen viele Vorteile: Durch die Pflanzendecke wird die Bodenerosion verhindert, Schadstoffe werden aus dem Wasser ausgefiltert und Gase mit der Atmosphäre ausgetauscht. Derartige «Ökosystemdienstleistungen» werden allerdings häufig bei Planungsmaßnahmen nicht berücksichtigt. Die Biodiversität der Erde wird aber noch stärker abnehmen, wenn die natürlichen Ressourcen weiterhin übernutzt und nur eine kleine Artenzahl schnellwüchsiger Nutzpflanzensorten angebaut werden.

Pflanzen haben sich sogar an das Wachstum in Gewässern mit unterschiedlichem Salzgehalt angepasst. Pa-Hay-Okee («Grasfluss»), eine 5700 Quadratkilometer große Region mit einzigartigen Feuchtgebieten, wurde 1947 zum **Everglades-Nationalpark** erklärt.

Epiphyten (Aufsitzerpflanzen) sind ein Beispiel für die Vielfältigkeit der Pflanzengestalt. Sie haben keinen direkten Kontakt zum Erdboden, sondern sitzen auf Stämmen oder Ästen anderer Pflanzen, um besser ans Sonnenlicht zu gelangen.

In den **Regenwäldern** Südostasiens ist die pflanzliche Diversität sehr hoch, doch durch Abholzung, aber auch durch Waldbrände könnten diese Wälder bis 2050 komplett zerstört sein.

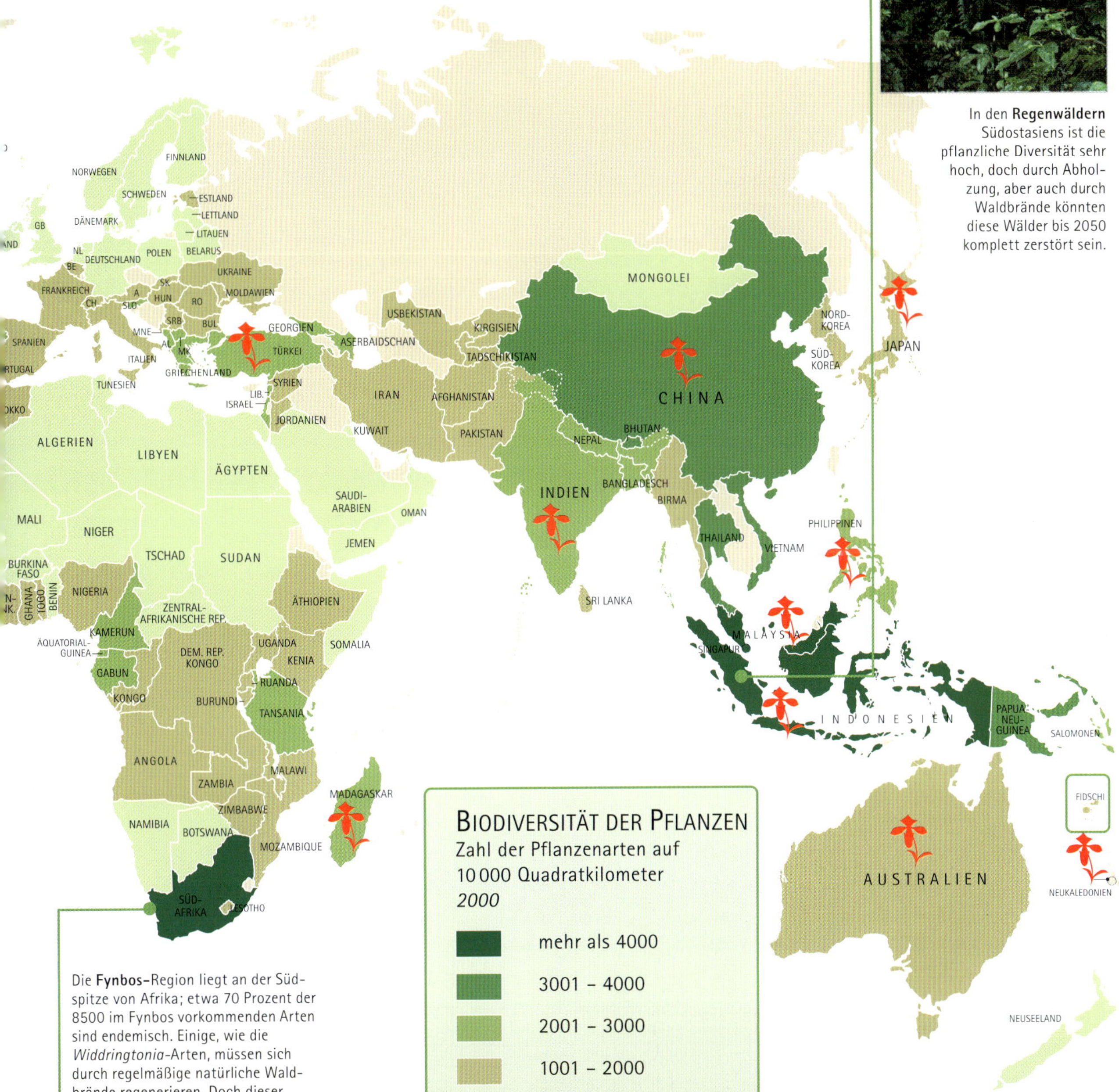

Die **Fynbos**-Region liegt an der Südspitze von Afrika; etwa 70 Prozent der 8500 im Fynbos vorkommenden Arten sind endemisch. Einige, wie die *Widdringtonia*-Arten, müssen sich durch regelmäßige natürliche Waldbrände regenerieren. Doch dieser reichhaltige Lebensraum ist durch immer häufigere, versehentlich gelegte Feuer geschädigt worden. Ein Großteil des Küsten-Fynbos ist bereits in Getreidefelder und Weinberge umgewandelt worden.

Biodiversität der Pflanzen

Zahl der Pflanzenarten auf 10 000 Quadratkilometer
2000

- mehr als 4000
- 3001 – 4000
- 2001 – 3000
- 1001 – 2000
- unter 1000
- keine oder keine verfügbaren Daten
- 2000 oder mehr endemische Gefäßpflanzen *Stand 2004*

ÖKOLOGISCHE «HOTSPOTS»

Angesichts der bedrohten und degradierten Lebensräume auf allen Kontinenten stehen die Umweltorganisationen vor einer gewaltigen Aufgabe. Die beste Strategie ist die Konzentration auf Kerngebiete (sogenannte Hotspots).

Der Umweltverband Conservation International hat etliche «Biodiversitäts-Hotspots» (s. Karte) identifiziert, die jeweils eine hohe Dichte verschiedener Arten und eine große Zahl endemischer Arten besitzen sowie mindestens siebzig Prozent ihrer ursprünglichen Habitate verloren haben. Diese «Hotspots» umfassen zwar weniger als zwei Prozent der globalen Festlandfläche, beherbergen jedoch etwa 44 Prozent aller Gefäßpflanzen- und 35 Prozent aller Landwirbeltierarten.

Auch der WWF hat weltweit bestimmte Schlüssel-Ökoregionen festgelegt – es sind 200 an der Zahl –, auf die alle Bemühungen konzentriert werden sollen. Anfang 2007 wurde jedoch zusätzlich ein neues WWF-Programm gestartet: «Protected Areas for a Living Planet» (s. Karte) soll die Umsetzung des Übereinkommens über die biologische Vielfalt (CBD, 1992) erleichtern: Dieses wurde mittlerweile von 190 Staaten ratifiziert und verpflichtet die Unterzeichnerstaaten, ein weltweites Netzwerk von umfassenden, nachhaltig geführten und repräsentativen terrestrischen und marinen Schutzgebieten zu schaffen. Bisher hat die Umsetzung in sechs Ökoregionen begonnen, die zu 34 Ländern gehören; dabei arbeiten Partnerorganisationen, wissenschaftliche Institutionen wie auch Regierungen zusammen.

Auch Wildnisgebiete – 75 Prozent des natürlichen Lebensraums müssen unberührt sein und die Besiedlung darf nicht über fünf Bewohnern pro Quadratkilometer liegen – werden vom Naturschutz besonders aufmerksam beobachtet. Die Größe des Amazonas- und Kongobecken-Regenwalds lässt diese Gebiete zwar unverwüstlich erscheinen, doch die enorme Erschließungsgeschwindigkeit gibt Anlass zu großer Sorge. Wenn wir nichts unternehmen, werden ihre Ökosysteme durch Fragmentierung und Brandrodung degradiert sein, lange bevor die Regenwälder vollständig verschwunden sind.

Der Schutz von Ökosystemen kann nicht von außenstehenden Organisationen oder selbst von nationalen Regierungen erzwungen werden. Dieser Schutz benötigt die Mitwirkung der Menschen, die in diesen Gebieten leben und arbeiten – viele von ihnen sind gerade auf die Aktivitäten angewiesen, welche die Umweltverbände verhindern möchten. Deshalb liegt der Schwerpunkt jetzt auf Aufklärung und Bewusstseinsbildung sowie der Förderung von nachhaltigen Industriezweigen.

Der **Riesenmammutbaum** ist eine der vielen Pflanzenarten, die in der **Kalifornischen Florenprovinz** heimisch sind. Auch eine Anzahl von stark gefährdeten endemischen Arten wie Riese-Kängururatte und Steppen-Wurmsalamander kommen hier vor. Es ist das Gebiet mit den meisten Brutvogelarten in den USA.

Der Atlantische Regenwald (Atlantikwald) nimmt nur mehr sieben Prozent seiner ursprünglichen Fläche ein; ein Teil ist zudem fragmentiert und sein Erhalt daher unwahrscheinlich. Das **Goldgelbe Löwenäffchen**, das nirgendwo anders vorkommt, ist nur eine der neun vom Aussterben bedrohten Säugerarten in diesem Hotspot.

Schutzgebiet-Schwerpunkt

2008

Conservation International «Biodiversitäts-Hotspots»

WWF Protected Areas for a Living Planet

Zur Ökoregion **Dinarischer Westbalkan** gehört das größte System an Karstgewässern in Europa, die flachen Riffe und produktive Meeresbereiche der Dalmatinischen Küste sowie die Dinarischen Alpen, wo Luchs, Braunbär und Wolf noch vorkommen.

Die **Altai-Sayan-Ökoregion** ist eines der wenigen unberührten Gebiete der Welt. Sie umfasst mehrere große Gebirgszüge und ein ausgedehntes Waldgebiet. Dort kommen mehr als 200 seltene Pflanzenarten vor, außerdem der vom Aussterben bedrohte Schneeleopard.

Der Tieflandregenwald in Westafrika ist durch Brandrodung und kleinräumigen Bergbau bedroht. Wilderei und Bejagung lohnen sich bei Großsäugern wie Antilopen und Primaten für «Bushmeat», bei Elefanten für das hochbegehrte Elfenbein. **Zwergflusspferd** und Weißbrust-Perlhuhn sind zwei der vielen stark gefährdeten Arten in dieser Region.

Die Philippinen beherbergen eines der biologisch vielfältigsten Ökosysteme der Welt. Ein Großteil der Arten ist endemisch, daher ist es noch wichtiger, die acht Prozent der noch verbliebenen ursprünglichen Inselvegetation wie angestrebt unter Schutz zu stellen.

Schutz von Tierarten

Auf welche Weise man bedrohte Tierarten am besten schützt, ist ein heiß diskutiertes Thema. In einer idealen Welt wären alle Tiere in ihrem natürlichen Lebensraum geschützt; trotz aller Bemühungen von Artenschützern könnte die prognostizierte Rate des Lebensraumverlusts jedoch dazu führen, dass an die 2000 Arten nur durch Nachzucht in menschlicher Obhut erhalten werden können. Die Artenschutzbewegung konzentriert sich jetzt auf Nachzuchten in menschlicher Obhut; gleichzeitig werden Programme zum Schutz und Management der betroffenen Lebensräume durchgeführt.

Um die genetische Vielfalt und Gesundheit von Arten zu erhalten, bedarf es einer Populationsgröße von 250 bis 500 Individuen, wobei Tiere aus verschiedenen Zentren gekreuzt werden. Die Nachzucht von bedrohten Tieren wird in vielen Fällen durch spezielle internationale Programme mit detaillierten Zuchtbüchern geregelt.

Gegenwärtig leben in den Zoos der Welt rund 250 000 Tiere, aber viele der am häufigsten gezeigten Tiere gehören nicht zu den am stärksten bedrohten Arten. Zoologische Gärten sind kostspielig im Unterhalt, und obgleich einige Zoos auf nationaler oder lokaler Ebene offizielle finanzielle Unterstützung erhalten, müssen sich die meisten weitgehend durch den Verkauf von Eintrittskarten finanzieren. Rund 660 Millionen Menschen besuchen jedes Jahr einen Zoo, dennoch stehen viele Zoos vor einem Dilemma: Sollen sie ein breites Spektrum der populärsten Arten zeigen, um mehr Besucher anzulocken, oder sich auf bedrohte Arten konzentrieren?

Manchmal können nachgezüchtete Tiere wieder in die Wildnis entlassen werden. Das ist unter anderem beim Kalifornischen Kondor (s. S. 78), der Balearen-Geburtshelferkröte und dem Mauritiusfalken erfolgreich geschehen. Viel hängt jedoch davon ab, wie gut diese ausgewilderten Tiere in der Wildnis geschützt werden können und ob es noch irgendwo einen geeigneten Lebensraum gibt, in den man sie entlassen kann.

Der **Durrell Wildlife Conservation Trust,** der im Zoo von Jersey ansässig ist, führt Nachzuchtprogramme und Artenschutzprojekte in aller Welt durch, um vom Aussterben bedrohte Tierarten zu erhalten. Dazu gehört der **Alaotra-Halbmaki,** dessen Lebensraum sich auf ein einziges Feuchtgebiet in Madagaskar beschränkt, das 2003 zum Ramsar-Schutzgebiet erklärt wurde.

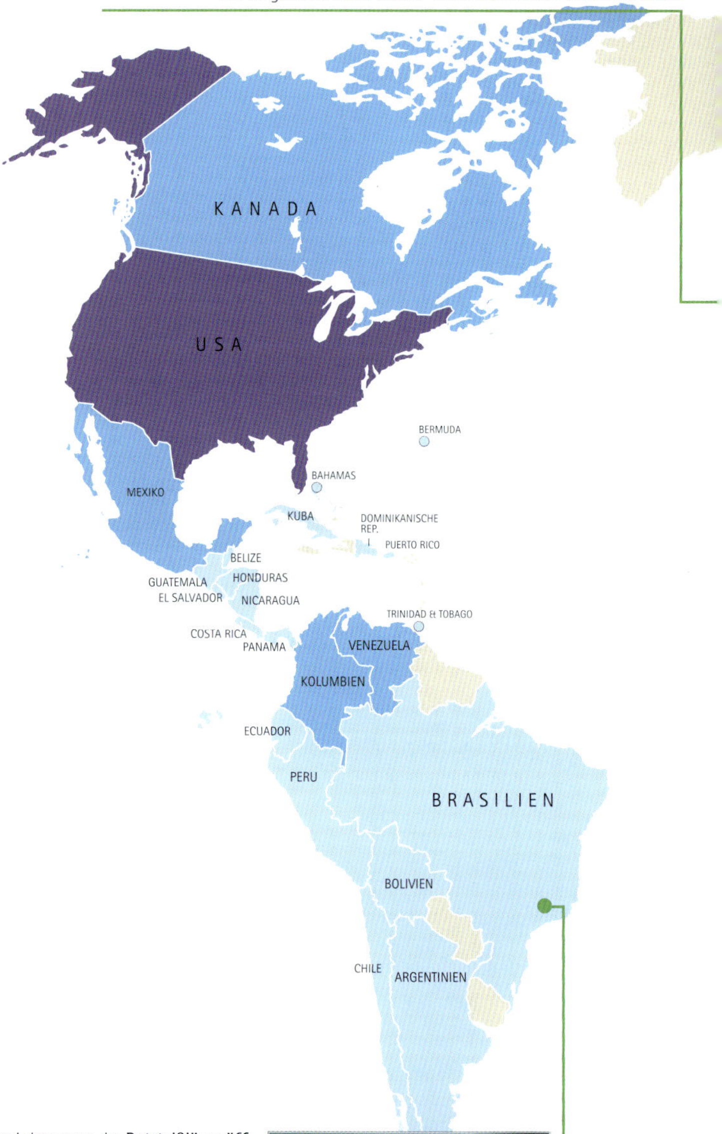

Der Lebensraum des **Rotsteißlöwenäffchens** ist der brasilianische Atlantikwald, der auf weniger als ein Zehntel seiner ursprünglichen Größe zusammengeschrumpft ist. Im Zoo von Jersey ist diese Art erfolgreich nachgezüchtet worden; die ausgewilderten Tiere haben sich aber im brasilianischen Wald nicht so gut eingelebt wie erhofft. Artenschützer konzentrieren sich nun darauf, den Atlantikwald wieder aufzuforsten, um Korridore zwischen isolierten Löwenäffchengruppen zu schaffen.

WAZA-Zoos

Zahl der Zoos, die zum internationalen Dachverband der Zoos und Aquarien (WAZA) gehören und Artenschutzaufgaben wahrnehmen *2008*

- mehr als 150
- 70 – 85
- 10 – 50
- weniger als 10
- keine oder keine Daten

Zoos konzentrieren sich beim Artenschutz zunehmend auf einen Ansatz, der den Schutz des Lebensraums in das Erhaltungskonzept einbezieht. Die Ausstellung «Web of Life» im **Londoner Zoo** stellt Arten in einem gemeinsamen Kontext und beschreibt die Beziehungen zwischen ihnen und ihrer natürlichen Umwelt.

Die Wildpopulation des **Amurleoparden** ist inzwischen auf 30 bis 35 Tiere geschrumpft. Etwas mehr als 200 Tiere leben in Zoos, wo Nachzuchtprogramme laufen. In Nordamerika möchte man die Zahl von 65 auf 120 Tiere steigern und gleichzeitig die genetische Vielfalt optimieren. Das Programm in Europa und der GUS umfasst 102 Tiere, aber nur elf sind reinblütig und die meisten miteinander verwandt. Die übrigen gefangenen Tiere besitzen alle ein fremdes Gen, das möglicherweise von einer anderen Leopardenart stammt und durch sorgfältige Zuchtwahl ausselektiert werden muss.

Die **Mallorca-Geburtshelferkröte** galt bis 1980 als ausgestorben. Inzwischen ist sie vom Durrell Wildlife Conservation Trust und anderen Stellen erfolgreich nachgezüchtet und in den nördlichen Bergen der Insel ausgewildert worden. Das Männchen bebrütet Laichschnüre, die es sich um seine Hinterbeine wickelt.

Vom **Mauritiusfalken** gab es 1974 nur noch vier Exemplare, doch Nachzuchten und das Management der verbliebenen Wildvögel durch den Durrell Wildlife Conservation Trust retteten die Art vor dem Aussterben. 2008 gab es bereits wieder 800 Wildvögel.

FALL UND AUFSTIEG DER HAWAIIGANS

2001

Der Bestand der **Hawaiigans** (Nene) war 1949 auf 20 bis 30 Vögel geschrumpft. Einige Vögel wurden eingefangen, und bis 1992 konnten mehr als 2200 Vögel wieder in die Freiheit entlassen werden. Andere verbleiben in Zoos und Wildtierzentren in aller Welt; dazu kommen ein paar Vögel, die offenbar entwischt sind und den St. James Park in London als neues Zuhause gewählt haben. Obgleich die Nachzucht der Hawaiigans kurzfristig das Überleben gesichert hat, bedarf es weiterer Forschungen und Schutzbemühungen in freier Wildbahn, um die Zukunft der Art langfristig sicherzustellen.

Schutz von Pflanzenarten

Botanische Gärten sind die Zoos der Pflanzenwelt: Weltweit gibt es etwa 1600, und sie beherbergen rund ein Viertel aller Blüten- und Farnpflanzenarten. Botanische Gärten werden jährlich von etwa 150 Millionen Menschen besucht; wie bei Zoos ist auch hier der Bildungsaspekt wichtig. Häufig unterhalten Botanische Gärten auch Herbarien; dort werden gepresste und getrocknete Pflanzenexemplare aufbewahrt, um als ständige Referenz für die Diversität der Pflanzen zu dienen. Auch Saatgutbanken («Samenbanken») werden häufig in Botanischen Gärten unterhalten. Da Pflanzensamen nur über gewisse Zeit lebensfähig bleiben, muss das Saatgut getrocknet und tiefgekühlt aufbewahrt werden («Kryolagerung»), damit es nicht auskeimt oder verdirbt.

Weltweit haben Regierungen Naturschutzgebiete eingerichtet, um wichtige Lebensräume zu schützen. Die Größe des Schutzgebiets ist allerdings von Bedeutung: In kleineren Gebieten ist die Individuenzahl der jeweiligen Pflanzenart geringer, sodass die Gefahr des Aussterbens größer ist. Die Schutzgebiete müssen in enger Nachbarschaft liegen oder durch ähnliche Lebensräume verbunden sein, damit Pollen und Samen untereinander ausgetauscht werden können.

Die Verhinderung von Feuersbrünsten ist für die meisten Pflanzenarten wesentlich. In der Tundra ist das Brandrisiko relativ niedrig, die Pflanzendiversität mäßig und die Möglichkeiten für landwirtschaftliche Nutzung begrenzt. Daher mussten in der Tundra weniger Schutzgebiete eingerichtet werden.

Invasive Pflanzen (Neophyten) können das ökologische Gleichgewicht der heimischen Pflanzenwelt empfindlich stören. Zur Kontrolle und Eliminierung dieser Neophyten setzt man mechanische Maßnahmen, Pestizide sowie Herbivore (Pflanzenfresser) und spezifische Parasiten ein. Das Risiko der «Genetischen Verschmutzung» tritt erst seit neuerem auf. Gentechnisch veränderte Nutzpflanzen könnten theoretisch ihre wild lebenden Verwandten bestäuben; dadurch würden schlimmstenfalls Gene von gänzlich anderen Lebewesen, wie Fischen, in Wildpflanzen eingeführt.

Die Ökozertifizierung von Holz ist eine Möglichkeit, den Naturschutz mithilfe von Marketing zu fördern. Der Forest Stewardship Council (FSC) betreibt ein Zertifizierungssystem für Produkte aus Wäldern, die nach strikten ökologischen Prinzipien bewirtschaftet werden. Ziel ist es, die Wälder entweder weitgehend intakt zu lassen oder die natürliche Regeneration der gefällten Baumarten zu ermöglichen. Wichtig für den Erfolg derartiger Naturschutzstrategien ist, dass das Wissen der lokalen Bevölkerung über die Flora ihrer Umgebung eingebunden wird.

Die heimische Flora der USA ist von mehr als 900 invasiven Pflanzenarten bedroht, im Bild der **Japanische Staudenknöterich.**

Jährlich werden zwölf Millionen Hektar Waldgebiet gerodet. Weltweit sind etwa 8 % aller Wälder geschützt, doch wenn umliegende Wälder zerstört werden, entstehen meistens isolierte Habitatfragmente, deren Vielfalt unweigerlich abnimmt.

Institutionen zum Schutz von Pflanzen

Anzahl der regionalen Gesellschaften, die mit Botanischen Gärten zusammenarbeiten
Conservation International
Stand 2008

- mehr als 100
- 50 – 99
- 10 – 49
- unter 10
- keine oder keine verfügbaren Daten

Der **Svalbard Global Seed Vault** auf Spitzbergen reicht 130 Meter tief in den Permafrostboden und wurde von der norwegischen Regierung erbaut, um Millionen von Saatgutproben aus aller Welt sicher aufzubewahren. Diese «Arche Noah für Pflanzen» soll als globale Sicherungssammlung dienen, falls nationale Sammlungen durch Katastrophen vernichtet werden.

In China – mit etwa 31 000 heimischen Pflanzenarten – wurde 2007 eine neues «Strategisches Programm zum Pflanzenschutz» ins Leben gerufen: Es soll den stetigen Verlust der pflanzlichen Diversität zum Stillstand bringen und Arten wie ***Magnolia sieboldii*** schützen, die zwar in Europa als Gartenpflanze recht häufig, doch am Wildstandort gefährdet ist.

Die erst 1987 entdeckte ***Mimetes chrysanthus,*** ein Protea-Gewächs, ist in den Bergen der Kleinen Karoo im Western Cape in Südafrika endemisch. Das Hauptvorkommen liegt weitgehend in einem Naturschutzgebiet; trotzdem muss der Schutz vor invasiven Pflanzen und Feuersbrünsten sichergestellt werden.

Erhalt alter Haustierarten

Der Mensch hat rund vierzig Tierarten domestiziert. Im Lauf von 12 000 Jahren haben sich durch künstliche Zuchtwahl bei der Kreuzung und durch Umwelteinflüsse viele Tausend verschiedene Arten entwickelt. In den letzten Jahrzehnten sind Hochleistungsarten bevorzugt worden, was dazu geführt hat, dass andere Arten gefährdet oder bereits ausgestorben sind. Mehr als ein Fünftel aller Haustierarten sind vom Aussterben bedroht. Durchschnittlich jede Woche verschwinden zwei Arten.

Die Vielfalt der Haustierarten ist ein wichtiger Bestandteil der globalen Biodiversität. Von den rund 6300 Haustierarten, die von der Ernährungs- und Landwirtschaftsorganisation (FAO) der UN registriert worden sind, werden etwa 400 «intensiv weitergezüchtet»: Sie bringen hohe Erträge, brauchen aber auch viel Pflege, wie spezielle Stallungen und Ernährung. Die Mehrheit der Weltbevölkerung ist jedoch noch immer auf Arten angewiesen, die kaum Unterstände brauchen und mit dem Futter auskommen, das sie auf der Weiden finden, aber nicht unbedingt viel Milch geben oder einen hohen Fleischertrag bringen. Zwar muss die Lebensmittelproduktion weltweit gesteigert werden, doch die Förderung von Hochleistungsarten, die mit schwierigen lokalen Bedingungen nicht zurechtkommen, kann nicht die Antwort sein.

Durch den Erhalt eines breiten Spektrums von Tierarten steht ein Genpool zur Verfügung, aus dem Wissenschaftler Tiere züchten können, die zukünftigen Anforderungen gewachsen sind. Möglicherweise erfordert der Klimawandel mit seinen begleitenden Auswirkungen auf lokale Umweltbedingungen die Entwicklung von dürreresistenten Arten. Die spezifischen Gene, die einigen Arten eine höhere Krankheitsresistenz verleihen, können identifiziert und in leistungsfähigere Arten eingekreuzt werden. Wenn sich aus kulturellen und gesundheitlichen Gründen Nahrungspräferenzen ändern, können Arten entwickelt werden, die diesen Bedarf decken.

Die «World Watch List» der FAO bewertet die «Fitness» spezifischer Arten in einem Land. Einige Populationen gelten als zu klein, um noch eine Überlebenschance zu haben. Andere sind in die Kategorie «vom Aussterben bedroht» oder «stark gefährdet» aufgenommen worden. Das lenkt die Aufmerksamkeit nationaler Organisationen auf die bedrohten Arten innerhalb ihrer Grenzen, aber es ruft auch Anomalien hervor: Afrikanische Länder, in denen über viele Arten keine Daten zur Verfügung stehen, melden relativ wenig bedrohte Haustierarten. Andererseits melden europäische Länder eine hohe Zahl bedrohter Arten, weil große Anstrengungen zu ihrer Rettung unternommen werden.

Die Zahl weiblicher **Angler Sattelschweine** im Fortpflanzungsalter betrug 1990 nur noch dreißig Tiere, ist aber inzwischen auf rund hundert Tiere gestiegen.

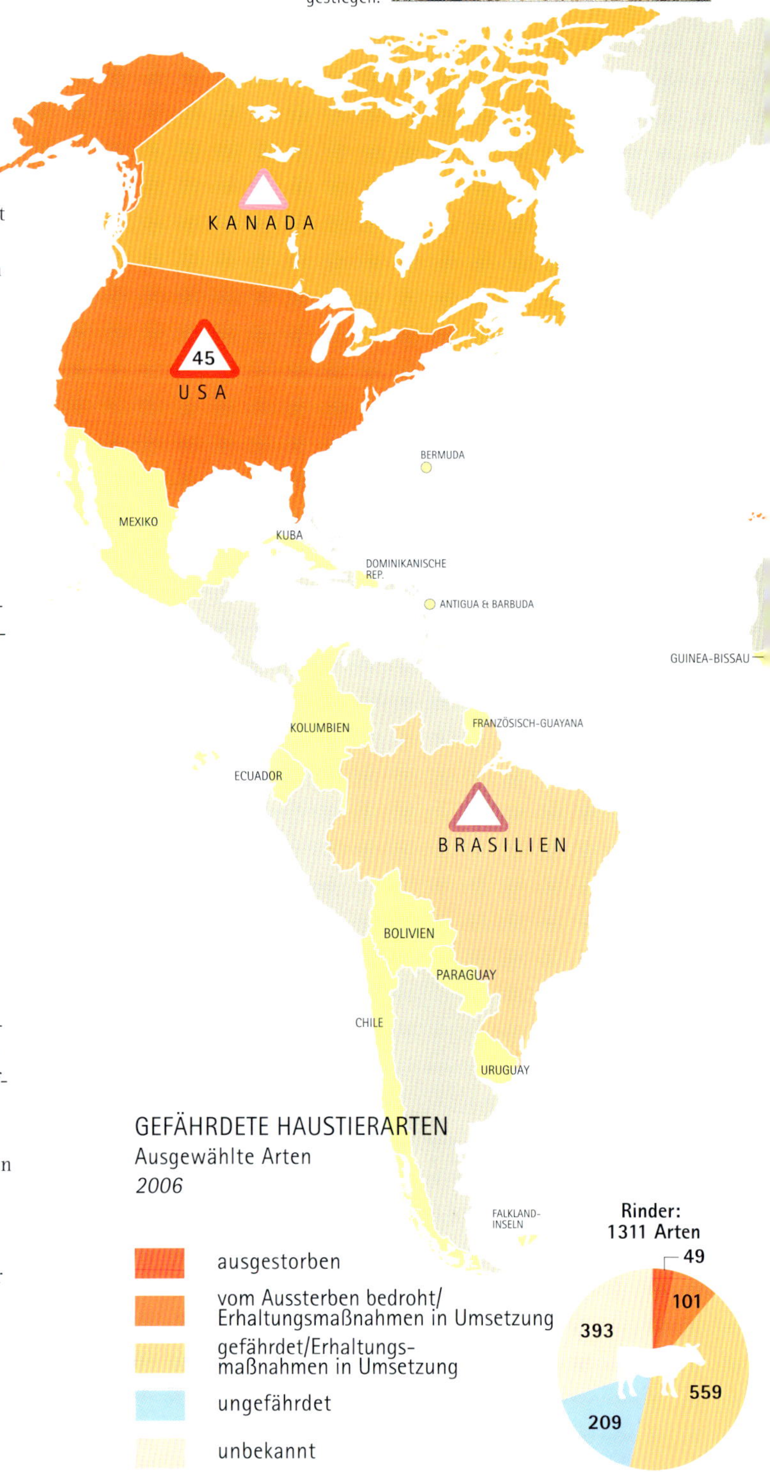

Bedrohte Haustierarten

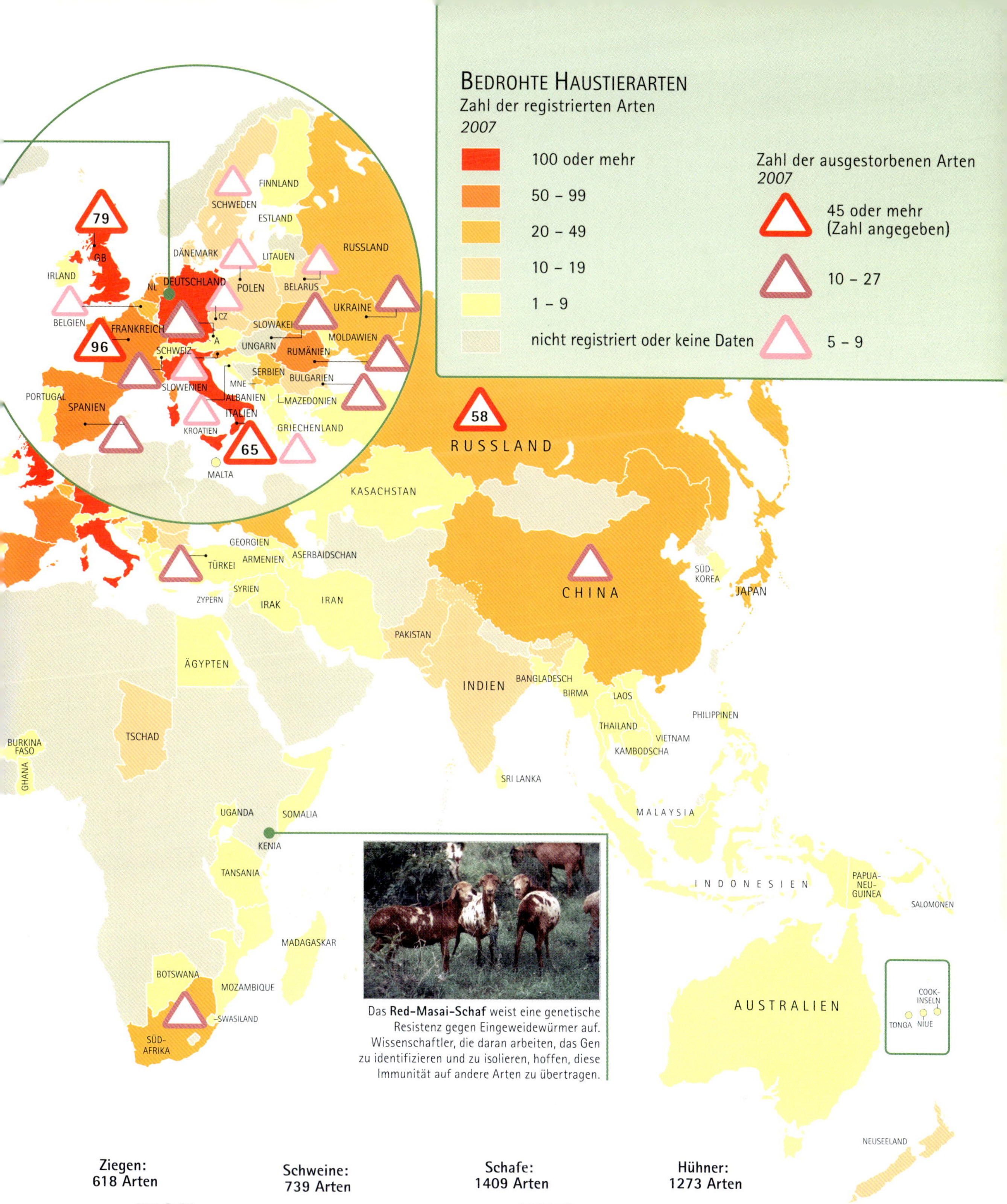

Das **Red-Masai-Schaf** weist eine genetische Resistenz gegen Eingeweidewürmer auf. Wissenschaftler, die daran arbeiten, das Gen zu identifizieren und zu isolieren, hoffen, diese Immunität auf andere Arten zu übertragen.

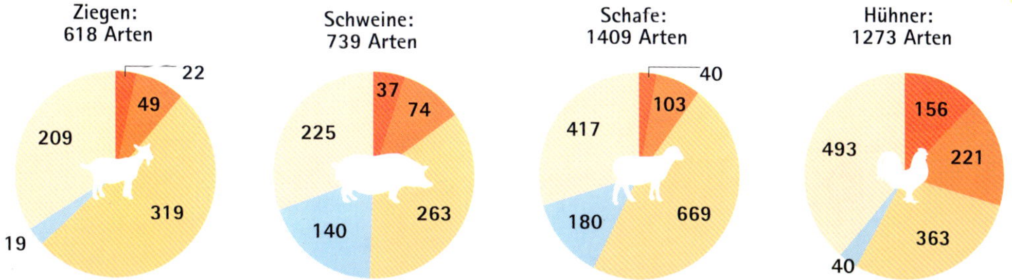

IMPORTHANDEL

Die Industrieländer haben 2002 legal 38 500 Primaten importiert, vor allem zu Forschungszwecken; die Hälfte davon ging in die USA. Tiere wie Papageien und Reptilien werden vorwiegend für Liebhaber eingeführt; 2002 wurden 385 000 Papageien legal importiert, wobei fast die Hälfte nach Europa ging. Auch der Handel mit Reptilienhäuten, die zur Herstellung von Kleidung oder modischen Accessoires dienen, hat einen großen Umfang. Jedes Jahr werden mehr als 200 000 Alligatorhäute verkauft, wenn auch viele davon nicht aus freier Wildbahn, sondern von Farmtieren stammen. Die Bedingungen, in denen Reptilien in manchen Ländern gezüchtet werden, sind brutal; dazu gehört, dass Schlangen noch lebend enthäutet werden, weil die Haut dann angeblich weicher bleibt.

Das Washingtoner Artenschutzabkommen (CITES) trat 1975 in Kraft und ist bisher von 170 Staaten unterzeichnet worden. Diese Staaten verpflichten sich in Einklang mit dem Artenschutzabkommen, den internationalen Handel mit manchen Tier- und Pflanzenarten zu unterbinden und ihn bei anderen Arten zu überwachen. Für den Handel mit Arten, die unter dem Schutz der Konvention stehen, sind spezielle Export- und Importgenehmigungen nötig, und die Handelsstatistiken müssen jedes Jahr an die CITES-Datenbank weitergegeben werden, diese wird vom World Conservation Monitoring Centre in Cambridge (Großbritannien) verwaltet. Nicht alle halten sich jedoch an die Verpflichtung zur Datenübermittlung; manche Unterzeichnerländer senden nicht einmal fünfzig Prozent der erforderlichen Berichte ein.

Diese Karte (und diejenige auf S. 102/103) spiegelt daher den legalen, durch die CITES genehmigten Handel wider. Sie umfasst nicht den milliardenschweren, weltweiten illegalen Handel. Und sie sagt auch nichts über die Mortalitätsrate der Tiere aus, die mit Genehmigung lebend exportiert und importiert werden. Was sie jedoch zeigt, ist das Ausmaß des legalen Handels mit bedrohten Arten. Und sie zeigt die Hauptimportländer, deren Nachfrage den Handel anheizt.

Die USA importieren jedes Jahr mehr als 20 000 Primaten, die meisten für Tierversuchslabors.

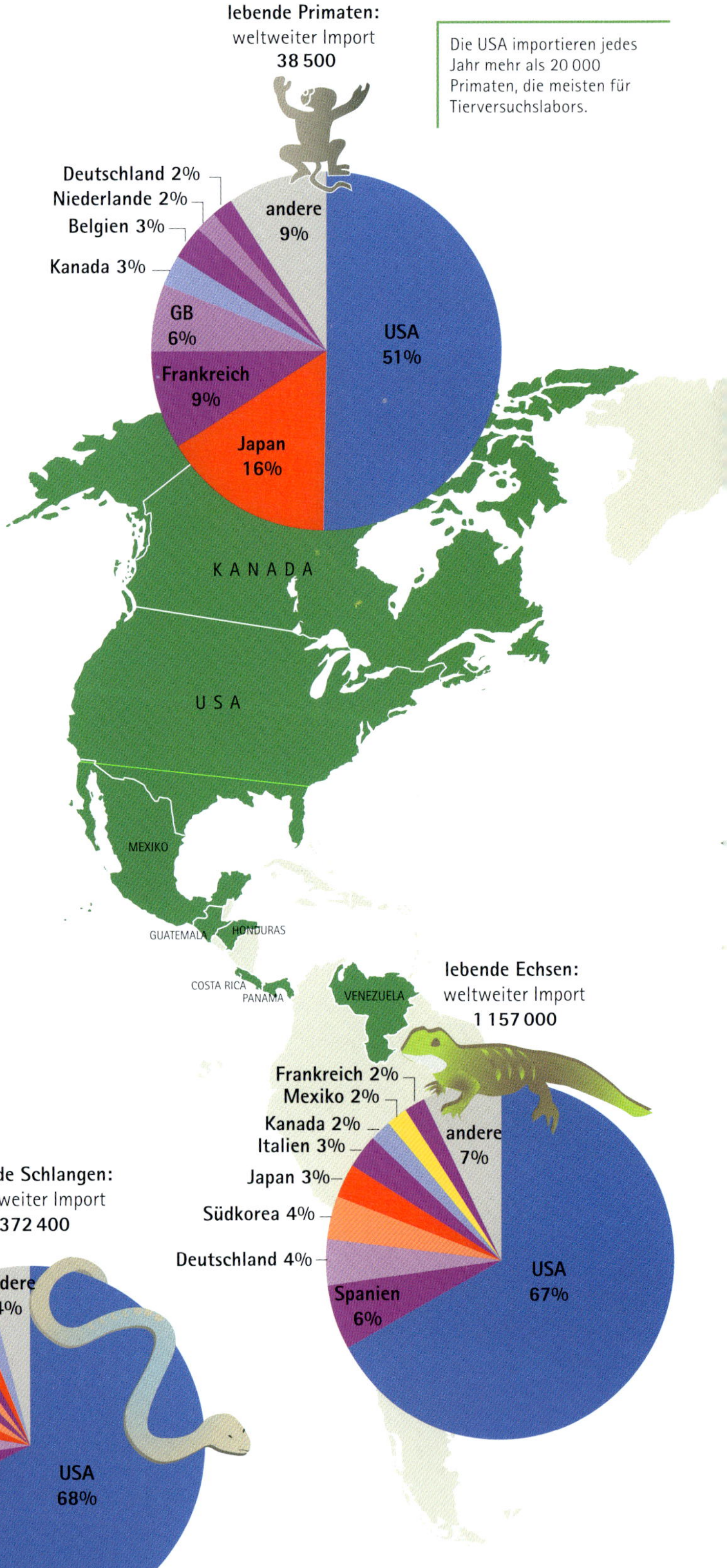

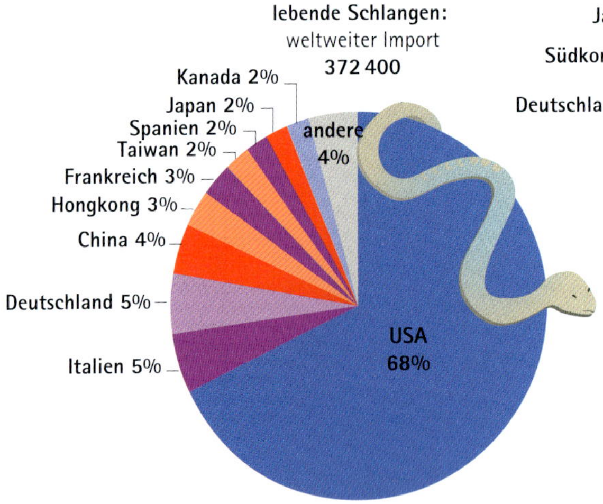

HAUPTIMPORTEURE

CITES-Mitglieder, die 2002 mehr als 1000 lebende Tiere oder wilde Orchideen legal importiert haben

Nichtmitglieder oder Nichtimporteure

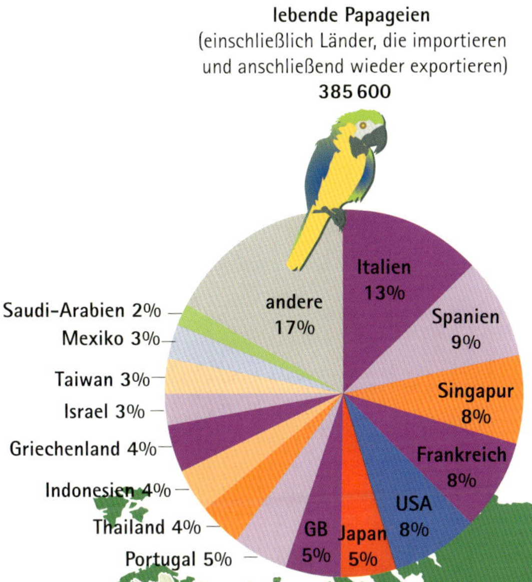

Der afrikanische **Graupapagei** ist ein beliebtes Haustier, seine Bestände in der Wildnis gehen aber aufgrund des Handels zurück. Europa ist für neunzig Prozent der legal importierten Graupapageien verantwortlich; zwischen 1994 und 2003 wurden fast 360 000 Vögel importiert.

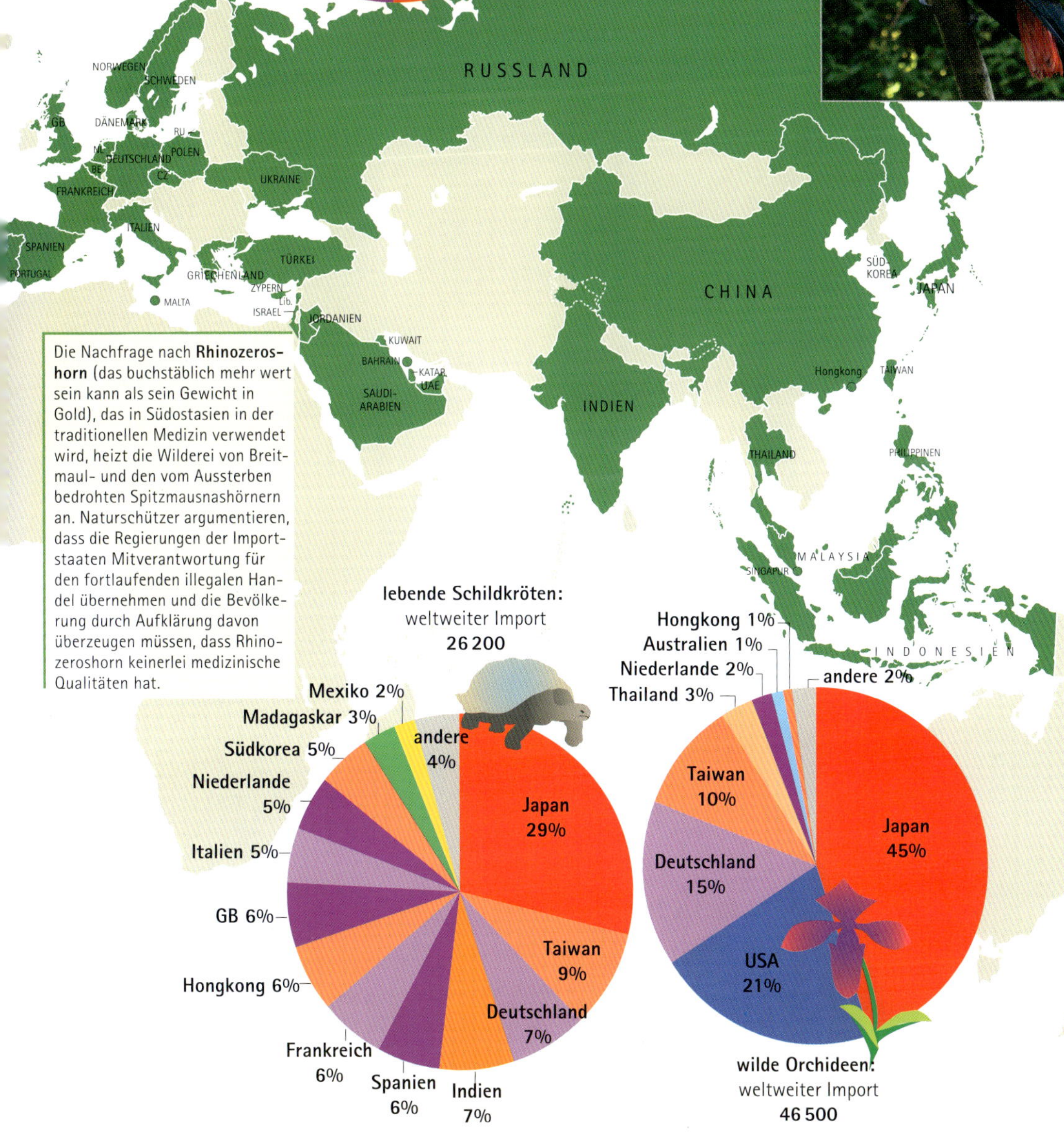

Die Nachfrage nach **Rhinozeroshorn** (das buchstäblich mehr wert sein kann als sein Gewicht in Gold), das in Südostasien in der traditionellen Medizin verwendet wird, heizt die Wilderei von Breitmaul- und den vom Aussterben bedrohten Spitzmausnashörnern an. Naturschützer argumentieren, dass die Regierungen der Importstaaten Mitverantwortung für den fortlaufenden illegalen Handel übernehmen und die Bevölkerung durch Aufklärung davon überzeugen müssen, dass Rhinozeroshorn keinerlei medizinische Qualitäten hat.

Exporthandel

Der finanzielle Gewinn aus dem Export wertvoller Tier- und Pflanzenarten ist beträchtlich. Im Washingtoner Artenschutzabkommen (CITES) sind etwa 33 000 Arten aufgeführt. Für Arten, die vom Aussterben bedroht sind, gilt – von seltenen Ausnahmen abgesehen – ein internationales Handelsverbot. Die Konvention listet auch Arten, deren Handel kontrolliert werden muss, damit sie nicht Gefahr laufen auszusterben. Und schließlich umfasst sie Arten, die in mindestens einem Land geschützt sind, wobei dieses Land andere CITES-Unterzeichner um Hilfe bei der weltweiten Kontrolle des Handels mit dieser Art gebeten hat.

Obwohl die CITES-Artenlisten regelmäßig aktualisiert werden, liegt es weitgehend in der Verantwortung eines jeden Mitgliedsstaats, die angemessene Maximalzahl von Exportgenehmigungen für eine Art innerhalb seiner Grenzen festzulegen.

Selbst wenn es angemessene Exportquoten gibt, ist es schwierig, sie zu kontrollieren. CITES-Verantwortliche drängen die Staaten daher, eine kleine Zahl von Export- und Importhäfen einzurichten und spezielle Beamte zu schulen, um die gehandelten Arten identifizieren zu können. In dieser Hinsicht ist jedoch nur wenig geschehen, auch wenn es so aussieht, als hätten Maßnahmen in den USA, wo nur neun Häfen zur Abwicklung des Exports und Imports von Wildtier- und Wildpflanzenarten berechtigt sind, den illegalen Handel reduziert.

Die Organisation TRAFFIC, das gemeinsame Artenschutzprogramm von WWF und Weltnaturschutzunion IUCN zur Überwachung des Handels, wurde in den 1970ern eingerichtet, um bei der Umsetzung von CITES zu helfen. In den letzten Jahren hat TRAFFIC seine Rolle ausgeweitet und kümmert sich nicht nur um den Handel, der vom Artenschutzabkommen abgedeckt wird, sondern auch darum, wie internationale Branchen, einschließlich Fischerei und Holzhandel, ganze Regionen beeinflussen.

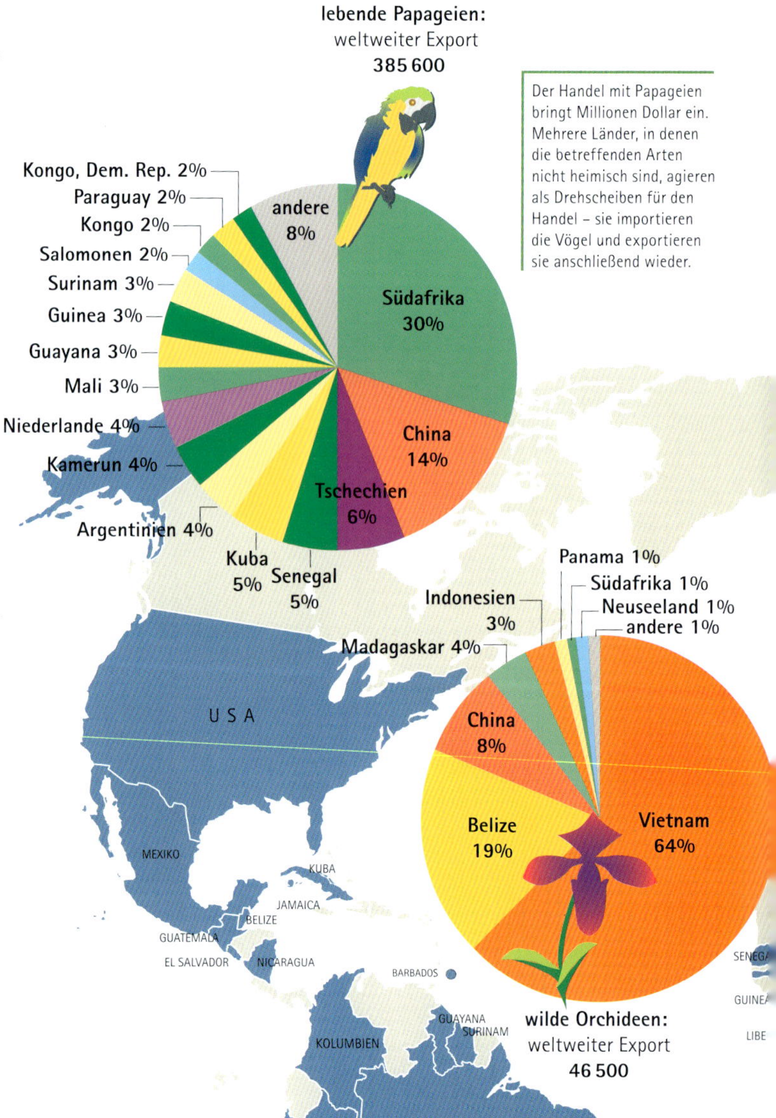

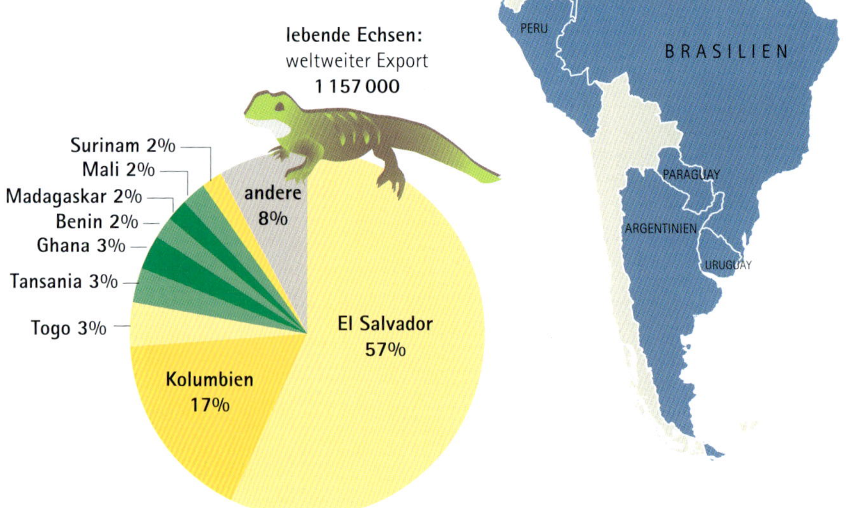

Hauptexporteure

- CITES-Mitglieder, die 2002 mehr als tausend lebende Tiere oder wilde Orchideen legal exportiert haben
- Nichtmitglieder oder Nichtexporteure

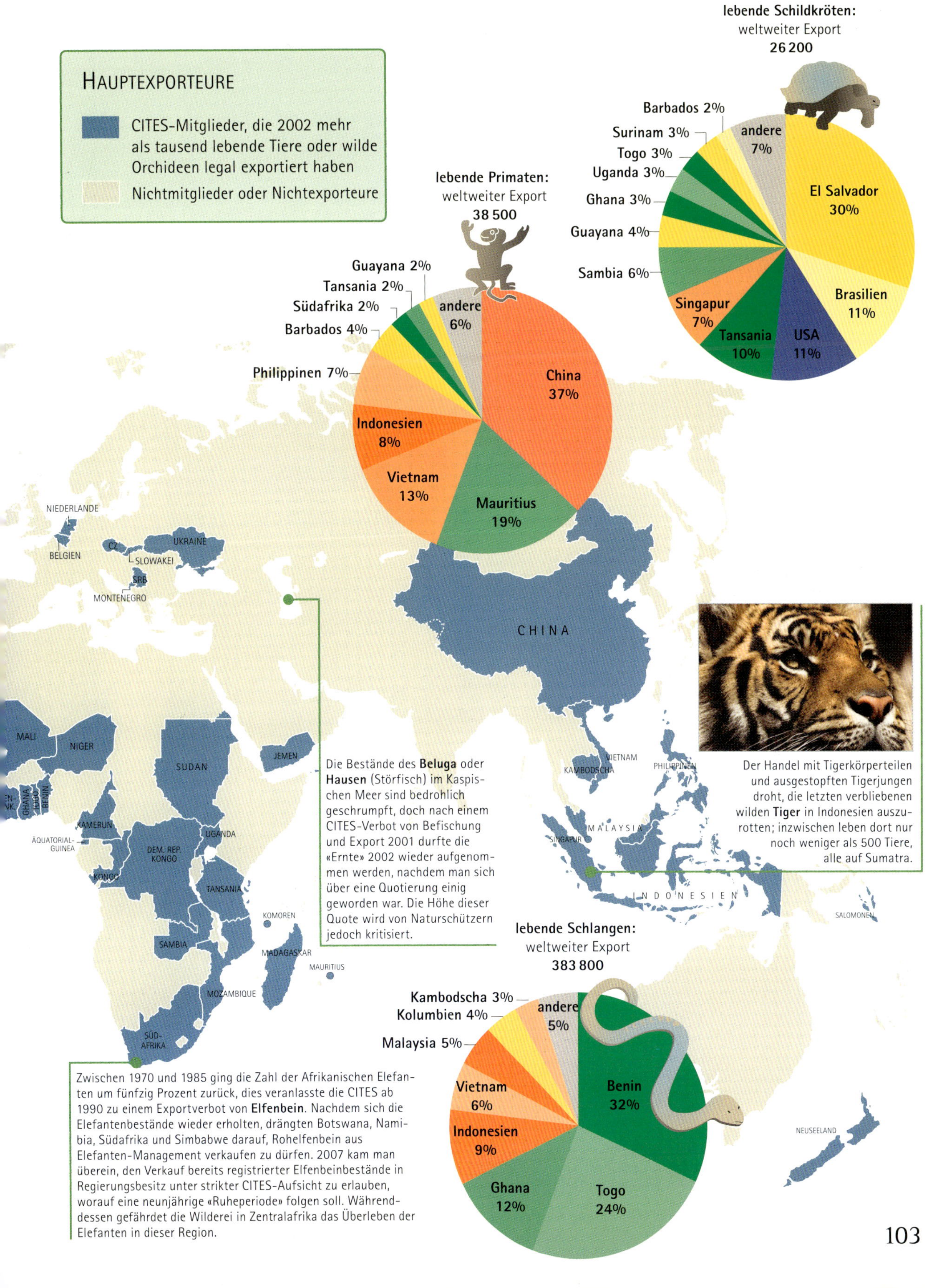

Die Bestände des **Beluga** oder **Hausen** (Störfisch) im Kaspischen Meer sind bedrohlich geschrumpft, doch nach einem CITES-Verbot von Befischung und Export 2001 durfte die «Ernte» 2002 wieder aufgenommen werden, nachdem man sich über eine Quotierung einig geworden war. Die Höhe dieser Quote wird von Naturschützern jedoch kritisiert.

Der Handel mit Tigerkörperteilen und ausgestopften Tigerjungen droht, die letzten verbliebenen wilden **Tiger** in Indonesien auszurotten; inzwischen leben dort nur noch weniger als 500 Tiere, alle auf Sumatra.

Zwischen 1970 und 1985 ging die Zahl der Afrikanischen Elefanten um fünfzig Prozent zurück, dies veranlasste die CITES ab 1990 zu einem Exportverbot von **Elfenbein**. Nachdem sich die Elefantenbestände wieder erholten, drängten Botswana, Namibia, Südafrika und Simbabwe darauf, Rohelfenbein aus Elefanten-Management verkaufen zu dürfen. 2007 kam man überein, den Verkauf bereits registrierter Elfenbeinbestände in Regierungsbesitz unter strikter CITES-Aufsicht zu erlauben, worauf eine neunjährige «Ruheperiode» folgen soll. Währenddessen gefährdet die Wilderei in Zentralafrika das Überleben der Elefanten in dieser Region.

7 Tabellen

«Aufgrund von Krankheitsrisiken, genetischen Risiken oder simplen Unfallrisiken kann keine Wildtierpopulation als sicher gelten, wenn sie nicht etwa 500 Individuen zählt.»

Colin Tudge,
Letzte Zuflucht Zoo

Geschützte Ökosysteme und Biodiversität

	1 LANDFLÄCHE	2 TROPISCHE WÄLDER *1999 oder aktuellere Daten*			3 GEMÄSSIGTE WÄLDER *1999 oder aktuellere Daten*			5 FEUCHT-GEBIETE
	km²	km²	km² geschützt	% geschützt	km²	km² zertifiziert	% zertifiziert	km² geschützt
Afghanistan	652'090	–	–	–	20'762	0	0	–
Ägypten	995'450	1'335	0	0	44	0	0	1'057
Albanien	27'400	–	–	–	10'660		0	831
Algerien	2'381'740	–	–	–	26'941	0	0	29'596
Angola	1'246'700	375'637	9'772	3	–	–	–	–
Äquatorialguinea	28'050	17'486	0	0	–	–	–	–
Argentinien	2'736'690	43'599	2'407	6	190'944	0	0	39'952
Armenien	28'200	–	–	–	3'552	0	0	4'922
Aserbaidschan	82'660	–	–	–	11'333	0	0	995
Äthiopien	1'000'000	–	–	–	–	–	–	–
Australien	7'682'300	140'884	10'310	7	228'767	0	0	73'719
Bahamas	10'010	–	–	–	–	–	–	326
Bahrain	710	–	–	–	–	–	–	68
Bangladesch	130'170	8'625	321	4	–	–	–	6'112
Barbados	430	4	0	0	–	–	–	0
Belarus	207'480	–	–	–	62'801	0	0	2'831
Belgien	30'230	–	–	–	6'872	40	1	429
Belize	22'810	14'404	6'283	44	–	–	–	236
Benin	110'620	15'162	2'764	18	–	–	–	11'794
Bhutan	47'000	9'663	2'216	23	11'293	0	0	–
Bolivien	1'084'380	686'376	83'334	12	–	–	–	65'181
Bosnien-Herzegowina	51'200	–	–	–	23'027	0	0	109
Botswana	566'730	121'231	24'092	20	–	–	–	55'374
Brasilien	8'459'420	3'012'726	206'579	7	26'129	6'660	26	64'341
Brunei	5'270	2'479	984	40	–	–	–	–
Bulgarien	108'640	–	–	–	37'868	0	0	203
Burkina Faso	273'600	–	–	–	–	–	–	2'992
Burma	657'550	206'605	1'574	1	95'735	0	0	3
Burundi	25'680	2'190	399	18	–	–	–	10
Chile	748'800	–	–	–	145'265	0	0	1'592
China	9'327'490	1'089	142	13	827'097	0	0	29'375
Costa Rica	51'060	14'640	6'553	45	–	–	–	5'101
Dänemark	42'430	–	–	–	4'587	0	0	20'788
Deutschland	348'770	–	–	–	104'015	32'420	31	8'431
Dominikanische Republik	48'380	11'710	1'975	17	–	–	–	200
Dschibuti	23'180	327	0	0	–	–	–	30
Ecuador	276'840	135'082	32'280	24	–	–	–	1'708
El Salvador	20'720	1'109	50	5	–	–	–	1'258
Elfenbeinküste	318'000	27'018	6'156	23	–	–	–	1'273
Eritrea	101'000	10	0	0	–	–	–	–
Estland	42'390	119'373	22'498	19	15'240	0	0	2'260
Fidschi	18'270	6'411	61	1	–	–	–	6
Finnland	304'590	–	–	–	253'085	219'000	87	7'995
Frankreich	550'100	–	–	–	108'306	10	0	8'288

ARTENDICHTE Artenzahl pro 10 000 km²					
6 SÄUGETIERE	7 VÖGEL	8 REPTILIEN	9 AMPHIBIEN	10 PFLANZEN	
31	59	26	2	1'008	Afghanistan
21	33	18	1	454	Ägypten
48	162	22	9	2'139	Albanien
15	32	13	2	520	Algerien
56	156	–	–	1'055	Angola
131	194	–	–	2'312	Äquatorialguinea
50	140	37	24	1'463	Argentinien
59	169	36	5	–	Armenien
49	122	26	5	2'109	Aserbaidschan
54	133	40	13	1'398	Äthiopien
29	72	83	23	1'741	Australien
–	–	–	–	–	Bahamas
–	–	–	–	–	Bahrain
45	122	49	8	2'074	Bangladesch
–	–	–	–	–	Barbados
27	81	3	4	772	Belarus
40	125	6	12	1'073	Belgien
95	271	81	24	2'200	Belize
85	138	–	–	990	Benin
59	269	11	14	3'281	Bhutan
67	–	45	26	3'885	Bolivien
42	127	16	9	–	Bosnien-Herzegowina
43	101	41	10	563	Botswana
45	162	53	63	6'058	Brasilien
–	–	–	–	–	Brunei
37	108	15	8	1'615	Bulgarien
49	112	–	–	369	Burkina Faso
62	216	51	19	1'742	Burma
76	322	–	–	1'783	Burundi
22	71	20	12	1'269	Chile
41	114	35	30	3'340	China
120	350	125	98	7'074	Costa Rica
27	121	3	9	895	Dänemark
23	73	4	6	824	Deutschland
12	81	69	21	3'354	Dominikanische Rep.
–	–	–	–	–	Dschibuti
100	460	126	141	6'421	Ecuador
106	196	57	18	2'277	El Salvador
73	170	–	–	1'163	Elfenbeinküste
50	141	38	8	–	Eritrea
40	130	3	7	1'018	Estland
3	61	20	2	1'334	Fidschi
19	78	2	2	345	Finnland
25	72	9	9	1'233	Frankreich

Geschützte Ökosysteme und Biodiversität

	1 LANDFLÄCHE	2 TROPISCHE WÄLDER *1999 oder aktuellere Daten*			3 GEMÄSSIGTE WÄLDER *1999 oder aktuellere Daten*			5 FEUCHT- GEBIETE
	km²	km²	km² geschützt	% geschützt	km²	km² zertifiziert	% zertifiziert	km² geschützt
Gabun	257'670	214'815	7'778	4	–	–	–	17'638
Gambia	10'000	1'878	96	5	–	–	–	263
Georgien	69'490	–	–	–	31'581	0	0	345
Ghana	227'540	16'943	1'197	7	–	–	–	1'784
Griechenland	128'900	–	–	–	44'225	0	0	1'635
Großbritannien u. Irland	241'930	–	–	–	23'033	9'580	42	9'180
Guatemala	108'430	38'622	12'310	32	–	–	–	6'286
Guinea	245'720	30'730	331	1	–	–	–	64'224
Guinea-Bissau	28'120	11'411	0	0	–	–	–	391
Guayana	196'850	178'444	2'358	1	–	–	–	–
Haiti	27'560	638	13	2	–	–	–	–
Honduras	111'890	52'733	9'656	18	–	–	–	2'233
Indien	2'973'190	444'499	39'496	9	92'603	0	0	6'771
Indonesien	1'811'570	887'437	185'342	21	–	–	–	6'565
Irak	437'370	–	–	–	–	–	–	1'377
Iran	1'628'550	–	–	–	23'479	0	0	14'811
Irland	68'890	–	–	–	4'567	0	0	670
Island	100'250	–	–	–	–	–	–	590
Israel	21'640	–	–	–	–	–	–	4
Italien	294'110	–	–	–	67'573	110	0	598
Jamaika	10'830	3'987	818	21	–	–	–	378
Japan	364'500	–	–	–	56'772	30	0	1'303
Jemen	527'970	–	–	–	–	–	–	–
Jordanien	88'240	–	–	26	–	–	–	74
Kambodscha	176'520	115'159	29'537	0,26	–	–	–	546
Kamerun	465'400	200'088	11'991	6	–	–	–	6'066
Kanada	9'093'510	–	–	–	4'043'133	43'600	1	130'667
Kap Verde	4'030	–	–	–	–	–	–	–
Kasachstan	2'699'700	–	–	–	26'377	0	0	3'533
Katar	11'000	–	–	–	–	–	–	–
Kenia	569'140	34'225	2'834	8	–	–	–	1'018
Kirgisien	191'800	–	–	–	7'846	0	0	6'397
Kolumbien	1'109'500	531'861	57'516	11	–	–	–	4'479
Komoren	1'860	–	–	–	–	–	–	160
Kongo	341'500	243'213	10'774	4	–	–	–	4'390
Kongo, Dem. Rep.	2'267'050	1'350'712	89'705	7	–	–	–	–
Korea (Nord-)	120'410	–	–	–	39'674	0	0	–
Korea (Süd-)	98'730	–	–	–	14'260	0	0	46
Kroatien	55'920	–	–	–	13'913	1'670	12	866
Kuba	109'820	17'614	2'701	15	–	–	–	11'884
Kuwait	17'820	–	–	–	–	–	–	–
Laos	230'800	36'392	8'388	23	8'492	0	0	–
Lesotho	30'350	889	78	9	–	–	–	4
Lettland	62'290	–	–	–	16'239	0	0	1'484

ARTENDICHTE Artenzahl pro 10 000 km²					
6 SÄUGETIERE	7 VÖGEL	8 REPTILIEN	9 AMPHIBIEN	10 PFLANZEN	
64	157	–	–	2'248	Gabun
112	269	45	29	935	Gambia
56	–	27	7	2'292	Georgien
78	186	–	–	1'308	Ghana
41	107	24	6	2'131	Griechenland
17	80	3	2	565	Großbritannien u. Irland
114	208	107	49	3'948	Guatemala
66	142	–	–	1'043	Guinea
71	159	–	–	655	Guinea-Bissau
70	246	–	–	2'329	Guayana
2	54	77	40	3'743	Haiti
78	190	73	36	2'559	Honduras
47	137	58	31	2'363	Indien
81	271	91	50	5'196	Indonesien
23	49	23	2	–	Irak
26	60	31	2	1'489	Iran
13	75	1	2	499	Irland
5	41	0	0	175	Island
91	141	76	5	2'194	Israel
29	76	13	13	1'820	Italien
23	110	35	23	3'207	Jamaika
57	75	26	18	1'679	Japan
18	39	21	–	446	Jemen
34	68	35	–	1'069	Jordanien
47	118	32	11	–	Kambodscha
114	193	51	53	2'310	Kamerun
20	44	4	4	335	Kanada
–	–	–	–	–	Kap Verde
28	62	8	2	–	Kasachstan
–	–	–	–	–	Katar
94	222	50	23	1'703	Kenia
31	–	12	1	1'412	Kirgisien
75	356	124	143	10'735	Kolumbien
–	–	–	–	–	Komoren
62	140	–	–	1'870	Kongo
74	153	62	13	1'818	Kongo, Dem. Rep.
–	51	8	6	1'274	Korea (Nord-)
23	53	12	7	1'359	Korea (Süd-)
43	126	16	11	–	Kroatien
14	62	47	25	2'949	Kuba
17	17	24	2	193	Kuwait
61	171	23	13	–	Laos
23	40	–	–	1'103	Lesotho
45	117	4	7	651	Lettland

Geschützte Ökosysteme und Biodiversität

	1 LANDFLÄCHE	2 TROPISCHE WÄLDER *1999 oder aktuellere Daten*			3 GEMÄSSIGTE WÄLDER *1999 oder aktuellere Daten*			5 FEUCHT-GEBIETE
	km²	km²	km² geschützt	% geschützt	km²	km² zertifiziert	% zertifiziert	km² geschützt
Libanon	10'230	–	–	–	355	0	0	11
Liberia	96'320	31'485	913	3	–	–	–	959
Libyen	1'759'540	–	–	–	525	0	0	1
Litauen	62'680	–	–	–	15'095	0	0	505
Luxemburg	2'590	–	–	–	806	0	0	3
Madagaskar	581'540	69'401	3'831	6	–	–	–	7'876
Makedonien	25'430	–	–	–	10'907	0	0	216
Malawi	94'080	38'301	3'262	9	–	–	–	2'248
Malaysia	328'550	130'065	15'181	12	–	–	–	554
Malediven	300	–	–	–	–	–	–	–
Mali	1'220'190	61'320	1'417	2	–	–	–	41'195
Marokko	446'300	–	–	–	18'621	0	0	2'720
Mauretanien	1'030'700	–	–	–	–	–	–	12'311
Mauritius	2'030	–	–	–	–	–	–	4
Mexiko	1'943'950	457'649	19'518	4	212'926	1'690	1	59'526
Moldawien	32'870	–	–	–	1'434	0	0	947
Mongolei	1'566'500	–	–	–	26'365	0	0	14'395
Montenegro	13'810	–	–	–	36'644	0	0	200
Mozambique	786'380	208'630	15'544	7	–	–	–	6'880
Namibia	823'290	34'362	3'626	11	–	–	–	6'296
Nepal	143'000	11'622	2'184	19	26'605	0	0	344
Neuseeland	267'710	–	–	–	42'116	3'630	9	391
Nicaragua	121'400	53'225	13'134	25	–	–	–	4'057
Niederlande	33'880	–	–	–	2'351	690	29	8'189
Niger	1'266'700	269	42	16	–	–	–	43'176
Nigeria	910'770	116'338	8'583	7	–	–	–	10'767
Norwegen	304'280	–	–	–	81'386	56'000	69	1'164
Oman	309'500	–	–	–	–	–	–	–
Österreich	82'450	–	–	–	35'927	5'500	15	1'224
Pakistan	770'880	8'065	45	1	20'830	0	0	13'436
Panama	74'430	37'444	11'577	31	–	–	–	1'599
Papua-Neuguinea	452'860	357'905	38'257	11	–	–	–	5'949
Paraguay	397'300	92'904	2'440	3	28'476	0	0	7'860
Peru	1'280'000	756'362	38'917	5	–	–	–	67'806
Philippinen	298'170	24'023	1'248	5	–	–	–	684
Polen	306'330	–	–	–	89'388	27'430	31	1'451
Portugal	91'500	–	–	–	26'613	0	0	738
Ruanda	24'670	2'907	2'237	77	–	–	–	–
Rumänien	229'980	–	–	–	81'372	0	0	6'836
Russland	16'381'390	–	–	–	8'155'509	330	0	103'238
Salomonen	27'990	–	–	–	–	–	–	–
Sambia	743'390	219'885	70'176	32	–	–	–	40'305
Samoa	2'830	–	–	–	–	–	–	–
Saudi-Arabien	2'149'690	–	–	–	–	–	–	–

ARTENDICHTE Artenzahl pro 10 000 km²					
6 SÄUGETIERE	7 VÖGEL	8 REPTILIEN	9 AMPHIBIEN	10 PFLANZEN	
56	152	41	8	2'961	Libanon
87	168	28	17	993	Liberia
14	17	10	1	331	Libyen
37	109	4	7	967	Litauen
–	–	–	–	–	Luxemburg
37	53	95	47	2'479	Madagaskar
57	154	23	10	2'563	Mazedonien
86	230	55	31	1'665	Malawi
95	160	110	60	4'890	Malaysia
–	–	–	–	–	Malediven
28	81	3	–	355	Mali
30	60	26	3	1'049	Marokko
13	59	–	–	239	Mauretanien
–	–	–	–	–	Mauritius
86	135	123	54	4'569	Mexiko
46	119	6	9	1'173	Moldawien
25	80	4	1	533	Mongolei
45	104	33	10	1'896	Montenegro
42	117	39	15	1'340	Mozambique
58	109	58	12	942	Namibia
75	252	41	18	2'871	Nepal
1	51	18	1	802	Neuseeland
86	207	69	25	3'256	Nicaragua
35	120	4	10	767	Niederlande
27	60	–	–	238	Niger
62	135	30	24	1'059	Nigeria
17	77	2	2	544	Norwegen
20	39	23	–	439	Oman
41	106	7	10	1'537	Österreich
36	88	41	4	1'168	Pakistan
112	376	116	84	5'088	Panama
63	184	79	63	3'257	Papua-Neuguinea
90	164	35	25	2'311	Paraguay
93	310	73	76	3'674	Peru
51	64	62	30	2'907	Philippinen
27	72	3	6	778	Polen
30	100	14	8	2'428	Portugal
110	373	–	–	1'664	Ruanda
29	87	9	7	1'194	Rumänien
23	58	5	4	–	Russland
37	115	43	12	2'235	Salomonen
56	145	35	16	1'141	Sambia
–	–	–	–	–	Samoa
13	26	14	–	345	Saudi-Arabien

Geschützte Ökosysteme und Biodiversität

	1 LANDFLÄCHE	2 TROPISCHE WÄLDER *1999 oder aktuellere Daten*			3 GEMÄSSIGTE WÄLDER *1999 oder aktuellere Daten*			5 FEUCHT-GEBIETE
	km²	km²	km² geschützt	% geschützt	km²	km² zertifiziert	% zertifiziert	km² geschützt
Schweden	410'330	–	–	–	293'636	111'670	38	5'145
Schweiz	40'000	–	–	–	13'086	490	4	87
Senegal	192'530	20'763	1'449	7	–	–	–	997
Serbien	77'470	–	–	–	36'644	0	0	537
Seychellen	460	–	–	–	–	–	–	1
Sierra Leone	71'620	2'598	528	2	–	–	–	2'950
Simbabwe	386'850	153'967	18'732	12	–	–	–	–
Singapur	690	–	–	–	–	–	–	–
Slowakei	48'100	–	–	–	23'079	0	0	407
Slowenien	20'140	–	–	–	6'957	0	0	82
Somalia	627'340	118'003	1'351	1	–	–	–	–
Spanien	499'190	–	–	–	140'236	0	0	2'818
Sri Lanka	64'630	15'806	4'366	28	–	–	–	85
Südafrika	1'214'470	103'326	5'334	5	523	8'280	–	5'440
Sudan	2'376'000	122'882	15'065	12	–	–	–	77'846
Surinam	156'000	132'194	5'226	4	–	–	–	120
Swasiland	17'200	2'861	92	3	–	–	–	–
Syrien	183'780	–	–	–	471	0	0	100
Tadschikistan	139'960	–	–	–	–	–	–	946
Tansania	885'800	143'562	22'728	16	–	–	–	48'684
Thailand	510'890	162'370	50'651	31	3'608	0	0	3'706
Togo	54'390	2'240	59	3	–	–	–	12'104
Trinidad & Tobago	5'130	1'241	87	7	–	–	–	159
Tschad	1'259'200	35'161	1'266	4	–	–	–	98'791
Tschechien	77'260	–	–	–	24'806	100	0	547
Tunesien	155'360	–	–	–	3'005	0	0	7'265
Türkei	769'630	–	–	–	83'898	0	0	1'795
Turkmenistan	469'930	–	–	–	2'164	0	0	–
Uganda	197'100	37'724	6'405	17	–	–	–	3'548
Ukraine	579'380	–	–	–	70'458	2'030	3	7'447
Ungarn	89'610	–	–	–	7'765	0	0	2'354
Uruguay	175'020	20	0	0	969	0	0	4'249
USA	9'161'920	4'428	297	7	2'793'863	261'290	9	13'123
Usbekistan	425'400	–	–	–	2'309	0	0	313
Venezuela	882'050	556'152	328'013	59	–	–	–	2'636
Vereinigte Arabische Emirate	83'600	–	–	–	–	–	–	–
Vietnam	310'070	42'180	4'355	10	7'233	0	0	258
Westsahara	266'000	–	–	–	–	–	–	–
Zentralafrikanische Republik	623'000	171'008	34'419	20	–	–	–	–
Zypern	9'240	–	–	–	1'396	0	0	16

ARTENDICHTE Artenzahl pro 10 000 km²					
6 SÄUGETIERE	7 VÖGEL	8 REPTILIEN	9 AMPHIBIEN	10 PFLANZEN	
17	71	2	4	498	Schweden
47	121	9	11	1'898	Schweiz
72	144	37	1	780	Senegal
45	104	33	10	1'896	Serbien
–	–	–	–	–	Seychellen
77	243	–	–	1'091	Sierra Leone
81	159	46	36	1'325	Simbabwe
213	295	350	60	5'713	Singapur
50	124	12	12	1'849	Slowakei
59	164	20	16	2'535	Slowenien
43	107	49	7	768	Somalia
22	76	15	8	1'383	Spanien
47	134	77	21	1'781	Sri Lanka
52	122	65	22	4'797	Südafrika
43	110	–	–	507	Sudan
72	240	60	38	1'997	Surinam
–	–	–	–	–	Swasiland
24	78	–	–	1'145	Syrien
35	–	18	1	–	Tadschikistan
70	184	64	30	2'231	Tansania
72	168	81	31	3'170	Thailand
110	220	–	–	1'739	Togo
125	324	87	32	2'816	Trinidad & Tobago
27	75	1	–	322	Tschad
41	101	5	10	–	Tschechien
31	69	25	3	873	Tunesien
28	72	25	4	2'059	Türkei
29	–	23	1	–	Turkmenistan
118	290	52	17	1'891	Uganda
28	68	5	4	1'318	Ukraine
40	98	7	8	1'155	Ungarn
31	92	–	–	882	Uruguay
45	68	30	28	2'036	USA
28	–	18	1	1'369	Usbekistan
73	302	64	55	4'752	Venezuela
12	33	18	–	–	Vereinigte Arabische Emirate
67	168	59	25	3'306	Vietnam
–	–	–	–	–	Westsahara
53	137	33	12	921	Zentralafrikanische Rep.
–	–	–	–	–	Zypern

Bedrohte Arten

	Zahl der bedrohten Arten 2008					
	1 PRIMATEN	2 KATZEN	3 HUFTIERE	4 NAGER	5 FLEDERTIERE	6 DELFINE UND WALE
Afghanistan	–	5	5	1	4	–
Ägypten	–	3	9	–	–	–
Albanien	–	–	–	–	1	–
Algerien	1	5	7	–	4	–
Angola	2	3	2	–	–	2
Äquatorialguinea	8	1	1	2	1	–
Argentinien	–	2	5	7	3	5
Armenien	–	–	4	2	5	–
Aserbaidschan	–	–	5	–	5	–
Äthiopien	–	2	11	8	7	–
Australien	–	–	–	16	8	5
Bahamas	–	–	–	1	1	1
Bahrain	–	–	1	–	–	–
Bangladesch	5	4	5	2	–	4
Barbados	–	–	–	–	–	–
Belarus	–	–	1	–	3	–
Belgien	–	–	–	1	4	3
Belize	1	–	1	–	1	–
Benin	3	3	1	–	–	1
Bhutan	2	5	6	2	–	–
Bolivien	2	1	4	6	1	1
Bosnien-Herzegowina	–	–	–	2	6	–
Botswana	–	3	1	–	1	–
Brasilien	21	–	2	14	14	4
Brunei	3	5	1	–	–	–
Bulgarien	–	–	–	4	6	1
Burkina Faso	1	2	3	–	–	–
Burma	5	6	9	6	2	3
Burundi	1	3	1	2	–	–
Chile	–	2	2	4	3	4
China	12	11	20	16	2	3
Costa Rica	1	–	1	2	2	1
Dänemark	–	–	–	–	2	1
Deutschland	–	–	–	2	4	2
Dominikanische Republik	–	–	–	2	–	1
Dschibuti	–	1	5	–	–	–
Ecuador	2	–	2	7	8	4
El Salvador	–	–	1	–	2	–
Elfenbeinküste	4	2	4	1	7	–
Eritrea	–	2	5	1	1	1
Estland	–	–	–	–	1	1
Fidschi	–	–	–	–	4	1
Finnland	–	–	–	1	–	1
Frankreich	–	–	1	1	7	3

Zahl der bedrohten Arten *2008*						
7 REPTILIEN	8 AMPHIBIEN	9 WIRBELLOSE	10 FISCHE	11 VÖGEL	12 PFLANZEN	
1	1	1	0	14	2	Afghanistan
11	0	1	23	10	2	Ägypten
4	2	4	27	6	0	Albanien
7	3	14	22	10	3	Algerien
4	0	5	22	18	26	Angola
3	4	0	13	5	63	Äquatorialguinea
5	29	10	30	49	42	Argentinien
5	0	6	1	12	1	Armenien
5	0	4	5	13	0	Aserbaidschan
1	9	15	2	21	22	Äthiopien
38	47	282	87	50	55	Australien
6	0	1	20	5	5	Bahamas
4	0	0	6	4	0	Bahrain
21	1	0	12	26	12	Bangladesch
4	0	0	14	1	2	Barbados
0	0	8	0	3	0	Belarus
0	0	12	8	1	1	Belgien
5	6	1	24	3	30	Belize
4	0	0	15	4	14	Benin
1	1	1	0	16	7	Bhutan
2	21	1	0	31	71	Bolivien
2	1	10	28	6	1	Bosnien-Herzegowina
0	0	0	2	8	0	Botswana
22	110	35	66	122	382	Brasilien
4	3	0	7	21	99	Brunei
2	0	7	13	12	0	Bulgarien
1	0	0	0	4	2	Burkina Faso
22	0	2	16	39	38	Burma
0	6	5	18	8	2	Burundi
0	20	2	18	33	39	Chile
31	85	6	60	86	446	China
8	62	12	20	17	111	Costa Rica
0	0	11	11	3	3	Dänemark
0	0	30	16	4	12	Deutschland
10	31	6	15	14	30	Dominikanische Republik
0	0	0	14	7	2	Dschibuti
10	163	51	15	68	1'838	Ecuador
6	9	0	7	4	26	El Salvador
3	13	1	19	12	105	Elfenbeinküste
6	0	0	13	7	3	Eritrea
0	0	4	2	3	0	Estland
6	1	3	10	10	66	Fidschi
0	0	10	2	3	1	Finnland
5	2	63	27	5	7	Frankreich

Bedrohte Arten

	Zahl der bedrohten Arten 2008					
	1 PRIMATEN	2 KATZEN	3 HUFTIERE	4 NAGER	5 FLEDERTIERE	6 DELFINE UND WALE
Gabun	5	2	1	–	1	–
Gambia	2	2	2	–	–	–
Georgien	–	–	5	–	5	1
Ghana	4	2	2	2	5	–
Griechenland	–	–	1	4	4	–
Großbritannien u. Irland	–	1	–	–	2	7
Guatemala	1	–	1	1	–	–
Guinea	2	2	3	–	8	–
Guinea-Bissau	2	2	2	–	–	–
Guayana	–	–	1	1	4	1
Haiti	–	–	–	2	–	–
Honduras	–	–	1	2	3	–
Indien	7	10	19	16	10	6
Indonesien	13	9	8	47	34	5
Irak	–	2	3	–	4	1
Iran	–	6	4	5	7	–
Irland	–	–	–	–	–	3
Island	–	–	–	–	–	6
Israel	–	1	5	3	4	–
Italien	–	–	2	1	6	2
Jamaika	–	–	–	1	3	–
Japan	–	1	–	5	12	7
Jemen	–	2	4	–	1	–
Jordanien	–	2	5	–	3	–
Kambodscha	6	5	6	3	–	–
Kamerun	9	3	2	9	6	–
Kanada	–	1	–	2	1	9
Kap Verde	–	–	–	–	–	3
Kasachstan	–	3	4	5	2	–
Katar	–	–	–	–	–	–
Kenia	1	3	5	4	5	5
Kirgisien	–	3	2	2	1	–
Kolumbien	7	–	3	4	11	2
Komoren	1	–	–	–	1	–
Kongo	6	2	1	–	2	1
Kongo, Dem. Rep.	4	3	1	4	6	1
Korea (Nord-)	–	3	2	–	1	6
Korea (Süd-)	–	1	2	–	1	6
Kroatien	–	–	–	1	6	–
Kuba	–	–	–	6	2	1
Kuwait	–	2	2	–	–	–
Laos	9	5	7	3	1	–
Lesotho	–	1	–	1	1	–
Lettland	–	–	–	1	2	1

Zahl der bedrohten Arten *2008*						
7 REPTILIEN	8 AMPHIBIEN	9 WIRBELLOSE	10 FISCHE	11 VÖGEL	12 PFLANZEN	
2	3	0	21	5	108	Gabun
1	0	0	16	5	4	Gambia
7	1	9	8	8	0	Georgien
3	10	0	17	8	117	Ghana
5	5	14	50	10	11	Griechenland
0	0	10	16	3	13	Großbritannien u. Irland
14	76	7	18	11	84	Guatemala
1	5	3	19	12	22	Guinea
1	0	0	18	1	4	Guinea-Bissau
6	6	1	23	3	22	Guayana
9	46	3	16	13	29	Haiti
11	55	1	19	7	110	Honduras
25	63	22	39	75	247	Indien
27	33	31	111	116	386	Indonesien
2	1	2	6	18	0	Irak
8	4	5	16	18	1	Iran
0	0	3	8	1	1	Irland
0	0	0	11	0	0	Island
10	0	12	30	12	0	Israel
5	6	58	31	7	19	Italien
8	17	5	16	10	209	Jamaika
11	20	43	40	39	12	Japan
2	1	6	17	13	159	Jemen
5	0	4	14	8	0	Jordanien
11	3	0	17	24	31	Kambodscha
2	53	2	43	15	355	Kamerun
3	1	12	26	18	1	Kanada
0	0	0	18	4	2	Kap Verde
2	1	4	9	20	16	Kasachstan
1	0	0	7	4	0	Katar
5	6	32	70	27	103	Kenia
2	0	3	0	8	14	Kirgisien
15	209	2	31	87	222	Kolumbien
2	0	4	5	9	5	Komoren
1	0	4	15	3	35	Kongo
3	13	26	25	31	65	Kongo, Dem. Rep.
0	1	2	11	19	3	Korea (Nord-)
0	1	2	14	27	0	Korea (Süd-)
2	2	14	42	11	1	Kroatien
7	47	5	28	17	163	Kuba
1	0	0	10	8	0	Kuwait
11	4	0	6	22	21	Laos
0	0	2	1	5	1	Lesotho
0	0	10	4	4	0	Lettland

Bedrohte Arten

	Zahl der bedrohten Arten 2008					
	1 PRIMATEN	2 KATZEN	3 HUFTIERE	4 NAGER	5 FLEDERTIERE	6 DELFINE UND WALE
Libanon	–	2	3	–	3	–
Liberia	3	2	4	–	6	1
Libyen	–	3	5	–	1	–
Litauen	–	2	1	1	2	1
Luxemburg	–	–	–	1	2	–
Madagaskar	20	–	–	5	6	–
Makedonien	–	–	–	3	6	2
Malawi	–	–	1	1	–	–
Malaysia	5	7	4	8	7	3
Malediven	–	–	–	–	–	–
Mali	1	2	6	–	1	–
Marokko	1	5	5	1	5	2
Mauretanien	–	2	5	–	–	1
Mauritius	–	–	–	–	3	–
Mexiko	1	2	1	33	15	7
Moldawien	–	–	–	1	3	–
Mongolei	–	1	6	3	–	–
Montenegro	–	–	–	1	4	–
Mozambique	–	2	1	1	2	3
Namibia	–	3	2	–	–	2
Nepal	1	6	10	4	2	1
Neuseeland	–	–	–	–	2	5
Nicaragua	–	–	1	–	1	1
Niederlande	–	–	–	1	4	4
Niger	–	3	7	–	3	–
Nigeria	10	2	5	4	–	–
Norwegen	–	–	–	–	1	7
Oman	–	1	6	1	3	–
Österreich	–	–	–	2	3	–
Pakistan	–	6	6	3	1	4
Panama	1	–	1	3	1	3
Papua-Neuguinea	–	–	–	15	21	–
Paraguay	–	–	3	1	1	–
Peru	4	1	3	6	15	3
Philippinen	–	–	5	22	11	–
Polen	–	–	1	3	4	4
Portugal	–	1	–	1	7	4
Ruanda	2	2	1	5	2	–
Rumänien	–	–	–	6	6	1
Russland	–	4	8	7	8	7
Salomonen	–	–	–	4	14	1
Sambia	–	2	1	2	3	–
Samoa	–	–	–	–	–	1
Saudi-Arabien	–	3	4	1	3	–

Zahl der bedrohten Arten *2008*						
7 REPTILIEN	8 AMPHIBIEN	9 WIRBELLOSE	10 FISCHE	11 VÖGEL	12 PFLANZEN	
6	0	3	14	6	0	Libanon
3	4	2	19	11	46	Liberia
5	0	0	13	4	1	Libyen
0	0	6	4	4	0	Litauen
0	0	4	0	0	0	Luxemburg
20	55	32	73	35	280	Madagaskar
2	0	5	8	10	0	Makedonien
0	5	16	101	12	14	Malawi
21	46	21	47	40	686	Malaysia
2	0	0	11	0	0	Malediven
1	0	0	1	6	6	Mali
9	2	9	29	10	2	Marokko
2	0	1	22	8	0	Mauretanien
7	0	32	11	11	88	Mauritius
95	198	40	115	59	261	Mexiko
1	0	4	9	9	0	Moldawien
0	0	3	1	20	0	Mongolei
2	1	11	20	9	0	Montenegro
5	3	5	45	21	46	Mozambique
3	1	0	20	21	24	Namibia
6	3	0	0	31	7	Nepal
12	4	14	16	70	21	Neuseeland
8	10	5	22	9	39	Nicaragua
0	0	6	9	1	0	Niederlande
0	0	1	2	5	2	Niger
3	13	1	21	12	171	Nigeria
0	0	9	11	2	2	Norwegen
4	0	4	21	9	6	Oman
1	0	43	7	5	4	Österreich
9	0	0	20	26	2	Pakistan
7	55	2	21	19	194	Panama
9	10	12	38	31	142	Papua-Neuguinea
2	0	0	0	28	10	Paraguay
6	80	2	10	94	274	Peru
9	48	20	58	67	213	Philippinen
0	0	16	4	5	4	Polen
2	0	83	39	8	16	Portugal
0	8	5	9	10	3	Ruanda
2	0	22	13	12	1	Rumänien
6	0	29	22	51	7	Russland
4	2	6	9	20	16	Salomonen
0	1	5	10	10	8	Sambia
1	0	1	8	7	2	Samoa
2	0	2	15	14	3	Saudi-Arabien

Bedrohte Arten

	Zahl der bedrohten Arten 2008					
	1 PRIMATEN	2 KATZEN	3 HUFTIERE	4 NAGER	5 FLEDERTIERE	6 DELFINE UND WALE
Schweden	–	–	–	–	3	1
Schweiz	–	–	–	1	3	–
Senegal	2	3	3	–	1	1
Serbien	–	–	–	2	6	–
Seychellen	–	–	–	–	3	–
Sierra Leone	3	2	4	1	1	–
Singapur	–	1	–	1	1	–
Slowakei	–	–	–	2	5	–
Slowenien	–	–	–	1	6	–
Somalia	–	2	10	–	1	–
Spanien	–	1	–	1	7	6
Sri Lanka	3	3	–	3	–	4
Südafrika	–	3	2	1	3	5
Sudan	1	2	9	–	2	–
Surinam	–	–	1	–	3	3
Swasiland	–	2	1	–	1	–
Syrien	–	3	5	1	1	–
Tadschikistan	–	4	4	1	1	–
Tansania	4	2	3	2	5	5
Thailand	5	6	8	4	4	2
Togo	2	3	2	–	–	–
Trinidad & Tobago	–	–	–	–	–	–
Tschad	–	2	7	–	–	–
Tschechien	–	–	–	2	4	–
Tunesien	–	4	6	–	4	1
Türkei	–	4	3	4	6	1
Turkmenistan	–	3	6	3	2	–
Uganda	2	3	1	9	5	–
Ukraine	–	–	2	7	4	1
Ungarn	–	–	–	2	6	–
Uruguay	–	–	1	–	1	3
USA	–	4	–	11	7	9
Usbekistan	–	4	4	1	2	–
Venezuela	2	–	1	5	5	3
Vereinigte Arabische Emirate	–	1	4	–	–	1
Vietnam	13	5	7	4	3	–
Westsahara	–	3	5	–	–	1
Zentralafrikanische Republik	2	3	2	–	2	–
Zimbabwe	–	2	1	1	2	–
Zypern	–	–	2	–	1	–

Zahl der bedrohten Arten 2008						
7 REPTILIEN	8 AMPHIBIEN	9 WIRBELLOSE	10 FISCHE	11 VÖGEL	12 PFLANZEN	
0	0	13	9	3	3	Schweden
0	1	29	8	2	3	Schweiz
6	0	0	28	8	7	Senegal
0	0	16	8	10	1	Serbien
10	6	5	14	10	45	Seychellen
3	2	2	16	10	47	Sierra Leone
4	0	1	22	13	54	Singapur
1	0	19	9	7	2	Slowakei
1	2	42	25	3	0	Slowenien
2	0	1	25	12	17	Somalia
17	5	62	51	15	49	Spanien
8	52	52	31	13	280	Sri Lanka
19	21	152	66	36	73	Südafrika
2	0	2	13	13	17	Sudan
6	2	0	21	0	26	Surinam
0	0	0	3	7	11	Swasiland
6	0	6	26	11	0	Syrien
1	0	2	5	9	9	Tadschikistan
5	41	43	137	39	240	Tansania
22	3	1	50	43	86	Thailand
2	3	0	16	2	10	Togo
5	9	0	21	2	1	Trinidad & Tobago
1	0	1	0	6	2	Tschad
0	0	18	9	5	4	Tschechien
4	1	7	19	7	0	Tunesien
13	9	12	54	15	3	Türkei
1	0	5	8	15	3	Turkmenistan
0	6	26	54	17	38	Uganda
2	0	14	14	12	1	Ukraine
1	0	26	10	9	1	Ungarn
3	4	1	27	25	1	Uruguay
32	53	571	166	74	242	USA
2	0	1	5	15	15	Usbekistan
13	69	3	31	26	68	Venezuela
1	0	2	9	8	0	Vereinigte Arabische Emirate
25	15	0	31	38	146	Vietnam
0	0	1	19	1	0	Westsahara
1	0	0	0	5	15	Zentralafrikanische Republik
0	6	4	3	12	17	Zimbabwe
4	0	0	11	4	7	Zypern

Quellen

Für Quellen aus dem Internet wird in den meisten Fällen nur die Hauptadresse der Homepage angegeben. Um die Quelle zu sehen, wird empfohlen, den Titel der Seite oder des Dokuments in einer Suchmaschine einzugeben.

CITES	Convention on International Trade in Endangered Species of Wild Fauna and Flora (Übereinkommens über den internationalen Handel mit gefährdeten Arten frei lebender Tiere und Pflanzen = Washingtoner Artenschutzabkommen)
FAO	Food and Agricultural Organization (Ernährungs- und Landwirtschaftsorganisation)
IUCN	International Union for Conservation of Nature and Natural Resources (Weltnaturschutzunion)
TRAFFIC	Trade Records Analysis of Flora and Fauna in Commerce (Netzwerk zur Beobachtung des Artenhandels)
UNDP	United Nations Development Programme (Entwicklungsprogramm der Vereinten Nationen)
UNEP	United Nations Environment Programme (Umweltprogramm der Vereinten Nationen)
WRI	World Resources Institute (Weltressourceninstitut)

Deutschsprachige Internetseiten zum Washingtoner Artenschutzabkommen:
www.cites.at
www.bvet.admin.ch/themen/handel_wild/index.html?lang=de
www.bfn.de/0305_cites.html

KAPITEL 1 AUSSTERBEN IST ENDGÜLTIG

12–13 EVOLUTION

Darwin, C. *On the origin of species by means of natural selection, or The preservation of favoured races in the struggle for life.* Erstmals publiziert 1859. Deutsch: *Ueber die Entstehung der Arten im Thier- und Pflanzen-Reich oder Erhaltung der vervollkommneten Rassen im Kampfe um's Daseyn.* Schweizerbart, Stuttgart 1860

The academic technology web server, daphne.palomar.edu

The Evolution Wing, www.ucmp.berkeley.edu/history/evolution.html

14–15 MASSENAUSSTERBEN

BBC Learning, www.bbc.co.uk/learning

Weltressourceninstitut, www.wri.org

16–17 HOMININI (MENSCHEN UND VORMENSCHEN)

Institute of Human Origins, www.asu.edu/clas/iho/

The TalkOrigins Archive (Artikelsammlung zur Kontroverse um «Schöpfung/Evolution»), www.talkorigins.org

18–19 UMWELTEINFLUSS DES MENSCHEN

Arktisches Meereis auf Rekordtief geschmolzen: «Arctic sea ice shatters all previous record lows», National Snow and Ice Data Center, Pressemitteilung, 1. Okt. 2007, http://nsidc.org/news

Globale Erwärmung: *Global warming: early warning signs*, www.climatehotmap.org [Abruf März 2008]

Greenemeier, L. «US protects polar bears under endangered species act», *Scientific American*, 14. Mai 2008, www.sciam.com

Human development report 2007/2008, UNDP, S. 102–105, http://hdr.undp.org (deutsche Zusammenfassung: http://hdr.undp.org/en/media/hdr_20072008_summary_german.pdf)

Menzel, A. & al. «Impacts of climate variability, trends and NAO on 20th-century European plant phenology», in: Bronnimann, S. & al. *Climate variability and extremes during the past 100 years.* Springer, Dordrecht 2007, S. 221–233, www.springerlink.com

National Geographic, Sept. 2004

Northwest Territories, Environmental and Natural Resources (Hrsg.), *Caribou forever – our heritage, our responsibility*, www.nwtwildlife.com

Ökologischer Fußabdruck: *Global Footprint Network*, www.footprintnetwork.org (auch auf Deutsch); www.footprint.ch (Online-Test von WWF-CH)

Vernon, C. «The plight of the Great Barrier Reef», 23. Mai 2008, www.sciencealert.com.au

Walker, G./King, D. *The hot topic.* Bloomsbury, London 2008, S. 39–40. Deutsch: *Ganz heiß: die Herausforderung des Klimawandels.* Berlin Verlag, Berlin 2008

KAPITEL 2 OEKOSYSTEME

22–23 TROPISCHE WÄLDER

State of the world's forests 1999, FAO, 1999, www.fao.org

Forests for life, WWF-UK, 2005, www.panda.org (siehe auch: *Wälder: Die Schatzkammern des Lebens*, www.wwf.de/themen/waelder/portal-text-waelder/)

Bryant, D.& al. *The last frontier forests: ecosystems and economics on the edge*, Weltressourceninstitut, 1997, www.wri.org

Tropenwälder, geschützte Flächen, tropische Wälder nach Regionen

EarthTrends: The Environmental Information Portal (Umweltportal des WIR), www.earthtrends.org

Indonesien: Butler, R. A. «Facts on Borneo», www.mongabay.com/borneo.html [Abruf 15. Juli 2008]

Regenwaldverlust

FAO, *Global forest resources assessment*, heruntergeladen von WDI online (Word Development Indicators)

Informationen zu Regenwald: www.mongabay.com [Abruf Mai 2008]

24–25 GEMÄSSIGTE WÄLDER

State of the world's forests 1999, FAO, 1999, www.fao.org

Forests for life, WWF-UK, 2005, www.panda.org

Bryant, D. & al. *The last frontier forests: ecosystems and economics on the edge.* Weltressourceninstitut, 1997, www.wri.org

Gemäßigte Wälder nach Regionen

EarthTrends (Umweltportal des WIR), www.earthtrends.org

China: Liang Chao «Tree-planting paying off as 18% growth recorded», *China Daily*, 11. Juni 2008, www.chinadaily.com

Russland: Markus, F. «Illegal logging spreads in Russia», *BBC News*, 29. Oktober 2001, http://bbc.co.uk

Holzproduktion: FAO-Daten, abgerufen über *EarthTrends* (Umweltportal des WIR), www.earthtrends.org

26–27 GRASLAND

World resources 2000–2001, Weltressourceninstitut, 2000, S.119–139, www.wri.org

Populationsrückgang bei Vögeln in Nordamerika: Sauer, J. R. & al. *The North American breeding bird survey, results and analysis 1966–1998*, Version 98.1, USGS Patuxent Wildlife Research Center, 1999

Grasland

White, R. & al. *Pilot Analysis of Global Ecosystems: Grassland Ecosystems, Karte 15*, Weltressourceninstitut, 2000, www.wri.org

Bodennutzung: *World resources 2000–2001*, op. cit., S. 123

Asiatisches Steppenhochland: *World resources 2000–2001*, op. cit., S. 212–224

Hindutrappe: *Birding in India and South Asia* (Vogelbeobachtung in Indien und Südasien), www.birding.in [Abruf Mai 2008]

28–29 FEUCHTGEBIETE

Feuchtgebiete von internationaler Bedeutung

Wetlands International, www.ramsar.org

International Rivers Network, www.irn.org

WWF, www.panda.org

Finanzieller Wert: *In the front line: shoreline protection and other ecosystem services from mangroves and coral reefs*, UNEP-WCMC biodiversity series 24, Cambridge 2006, S. 12–14, www.unep-wcmc.org

Mangroven in Florida: www.unep-wcmc.org

Wasserhyazinthe: *Biocontrol News and Information*, Vol. 25, Nr. 4, Dez. 2004, www.pestscience.com

Global invasive species database (Datenbank mit Daten und Fakten zu invasiven Arten), *Eichhornia crassipes*, www.invasivespecies.net

Mangrovenverlust in Thailand: *Database on local coping strategies* (Datenbank über lokale Bewältigungsstrategien), «Mangrove reforestation in southern Thailand», Zusammenfassung unter: http://maindb.unfccc.int/public/adaptation [Abruf 15. Juli 2008]

30–31 KORALLENRIFFE IM FLACHWASSER

Zustand der Korallenriffe

Wilkinson, C. *The status of coral reefs in the world*, WWF, 2004

www.globalissues.org (Website, die globale Probleme darstellt und zusammengefasst wiedergibt)

Veron, C. «The plight of the Great Barrier Reef», *ScienceAlert*, 23. Mai 2008, www.sciencealert.com.au

Butler, R. A. *Coral reefs and mangroves have high economic value*, 24. Jan. 2006, http://news.mongabay.com

Carpenter, K./Livingstone, S. IUCN-Bericht Internationales Korallenriff-Symposium, 10. Juli 2008, angeführt von Radford, T. «One third of reef-building corals face extinction, study shows», *The Guardian*, 10. Juli 2008, www.guardian.co.uk

Reef Check International, www.reefcheck.org; *Reef Check Europe*, www.reefcheck.de

32–33 MEERE

Freiwald, A. & al. *Cold-water coral reefs*, GB-Cambridge, UNEPWCMC, 2004

World Energy Council, *Survey of energy resources 2001*, www.worldenergy.org

Biogenic reefs – cold water corals, Joint Nature Conservation Committee, www.jncc.gov.uk [Abruf 15. Juli 2008]

Boswell, R. «Buried treasure», *The American Association of Mechanical Engineers*, Feb. 2005, www.memagazine.org

Greimel, H. *Resource-poor Japan is banking on ice that burns as future fuel source*, 3. Juli 2003, www.climateark.org

Grundnetzfischerei: Steffens, B. *Verborgene Vielfalt – Seamounts*, 25. Sept. 2005, www.greenpeace.de

New research reveals clear scientific reasons for the bottom trawling to stop, 15. Nov. 2006, www.savethehighseas.org

NURP research supports conservation of deep-sea corals, 16. Juli 2007, www.nurp.noaa.gov

Fisheries organizations in the Atlantic and Indian Oceans fail their end of year report, 10. Dez. 2007, www.savethehighseas.org

UN-FAO: Die Konferenz endet ohne eine Vereinbarung über Leitlinien für die Tiefseefischerei auf hoher See, 10. Feb. 2008, www.savethehighseas.org

Kaiserbarsch

Lack, M. & al. *Managing risk and uncertainty in deep-sea fisheries: lessons from Orange Roughy*, TRAFFIC Ozeanien und WWF Australien, 2003, www.wwf.org.au

Polymetallische Knollen

Deep-sea bed polymetallic nodule exploration: Development of environmental guidelines, www.isa.org.jm

International Seabed Authority (Internationale Meeresbodenbehörde), *Marine mineral resources* (Factsheet), www.isa.org

Workshop on polymetallic nodule mining technology – current status and challenges ahead, Feb. 2008, Background-Dokument. Gemeinsam organisiert von der Int. Meeresbodenbehörde (ISA) und dem indischen Ministerium für Wissenschaft, Technologie und Erdwissenschaften

Methanhydrat: «Japan, US agree to cooperate on methane hydrates», *China View*, 7. Juni 2008, www.chinaview.cn

Fischfang in der Tiefse: Giannia, M. *High seas bottom trawl fisheries and their impacts on the biodiversity of vulnerable deep-sea ecosystems: Options for international action*, IUCN, 2004

KAPITEL 3 VERLETZLICHE REGIONEN

36–37 ARKTIS

Karte erstellt von Hugo Ahlenius, abgedruckt mit der freundlichen Genehmigung von UNEP/GRID-Arendal. Verfügbar unter: http://maps.grida.no/go/graphic/arctic-conservation-area-caff-topographic-map

Zöckler, C. & Lysenko, I. *Water birds on the edge*, World Conservation Monitoring Centre, 2000

«Cold wars: Russia claims Arctic land», *Geotimes*, 1. Aug. 2007, www.geotimes.org

Schutz und Bedrohung durch Erschließung

Schutzgebiete, arktische Transportrouten, Abnahme der Eisfläche: UNEP/GRID-Arendal, Maps and Graphics Library, 2007, http://maps.grida.no

Arctic National Wildlife Refuge: WWF, *Oil and gas in the Arctic*, 21. Mai 2008, www.panda.org

Russische Ölverschmutzung: *Russia oil spill*, TED case study, 1. Nov. 1997, www.american.edu/ted/komi.htm

Rothalsgans: *BirdLife International*, www.birdlife.org

38–39 ANTARKIS

Antarktis-Online, www.antarktis.ch

Schutz der Antarktis, www.umweltbundesamt.de/antarktis/

Antarktis-Vertragssystem, www.bfn.de/0310_antarktis.html

Reaney, P. *Antarctic warming killing off fish food*, 4. Nov. 2004, www.abc.net.au

Davis, T. H. «Tourism threatens Antarctica», zitiert die International Association of Antartica Tour Operators, *Times Online*, 5. Juni 2007, http://travel.timesonline.co.uk

Fogarty, D. «Race for Antarctic krill a test for green management», *Reuters*, 26. Mai 2008

Rote Liste der IUCN, www.redlist.org

National Snow and Ice Data Center, *Larsen B Ice-Shelf Collapses in Antarctica*, 21. März 2002, www.nsidc.org

McKenna, P. «Warming seas threaten Antarctic marine life», *New Scientist Environment*, 16. Feb. 2008, http://environment.newscientist.com

National Geographic, Sept. 2004

Central Intelligence Agency, *The World Factbook 2000*, www.cia.gov

Schutzgebiete

Secretariat of the Antarctic Treaty, ASPA (Antarctic Specially Protected Area) Karte und Liste, www.ats.aq

Antarktisches Walschutzgebiet: *International Whaling Commission*, www.iwcoffice.org

40–41 AUSTRALIEN

National Geographic, Beilage über Australien, Washington, Juli 2000

Meeresschutzgebiete: *Marine Protected Areas*, www.environment.gov.au

Taylor, R. «Australia to build climate corridor», *Reuters*, 9.Juli 2007, http://uk.reuters.com

Macintosh, A. & Wilkinson, D. *Environment Protection and Biodiversity Conservation Act. A five-year assessment*, The Australia Institute, Diskussionspapier Nr. 81, Juli 2005, www.tai.org.au

Unesco-Weltnaturerbe: www.unesco.org/whc

Schutzgebiete, Art des Schutzgebietes

Collaborative Australian Protected Areas Database 2006, www.environment.gov.au

Bedrohte Arten

Rote Liste der IUCN, www.redlist.org

Gouldamadine: *Australian Wildlife Conservancy*, www.australianwildlife.org

Goldbauchsittich: www.parks.tas.gov.au/wildlife/birds/obp.html

42–43 MITTEL- UND SÜDAMERIKA

Barreto, P. & al. *Human pressure on the Brazilian Amazon forests. An overview of the findings and maps*, März 2006, Weltressourceninstitut, Imazon, Global Forest Watch, www.globalforestwatch.org

Vidal, J. «Road to oblivion», *The Guardian*, 11. Juni 2001, zitiert William Laurence vom Smithsonian Institute in *Science*, 19. Jan. 2001

WWF, *Amazon Region Protected Areas Programme*, www.panda.org

WWF, *Brazil announces new Amazon protected areas*, 30. Mai 2008, www.panda.org

Geschützte Landfläche

EarthTrends (Umweltportal des WIR), www.earthtrends.org

UNESCO-Weltnaturerbe: www.unesco.org/whc

Spinnenaffen: The Nature Conservancy, *Places we work. The Atlantic forest of Brazil*, www.nature.org

Conservation International, *Atlantic Forests*, www.biodiversityhotspots.org

Illegales Straßennetz: Bellos, A. «The long road to ruin for the Amazon forest», *The Observer*, 15. April 2007, www.guardian.co.uk

Souza, C. Jr. & al. *The expansion of unofficial roads in the Brazilian Amazon. State of the Amazon*, Mai 2005, www.imazon.org.br

Pantanal: WWF, *Pantanal Program*, www.panda.org

44–45 GALAPAGOSINSELN

Galapagos Conservation Trust, www.gct.org

Darwin Foundation, www.darwinfoundation.org

Ziegen: www.galapagos.org/conservation/projectisabela.html

Galapagospinguin: Vargas, H. & al. «Population size and trends of the Galapagos Penguin Spheniscus mendiculus», in: *Ibis* 147 (2005), S. 367–374

46–47 MADAGASKAR

Schutzgebiete: www.parcs-madagascar.com/carte.htm

UNESCO-Weltnaturerbe: http://whc.unesco.org

Bedrohte Tierarten, Gefährdungskategorie, Bedrohte Pflanzenarten

Rote Liste der IUCN, www.redlist.org

Madagaskar-Immergrün: www.mobot.org

Seeadler, Goldener Halbmaki: *WWF*, www.panda.org

KAPITEL 4 BEDROHTE TIERE UND PFLANZEN

50–51 PRIMATEN

Day, P. «British biologist warns of threat to monkeys», *Daily Telegraph*, 31. Okt. 1999, S. 16

Duke University Primate Center, www.duke.edu/web/primate

University of Manitoba, www.umanitoba.ca

Bedrohte Primaten

Rote Liste der IUCN, www.redlist.org

Kamerun: *Cameroonian gorillas arrive home*, BBC News, 30. Nov. 2007, http://news.bbc.co.uk

52–53 KATZEN

Bedrohte Katzen: *Rote Liste der IUCN*, www.redlist.org

Niedergang des Tigers: *Big Cat Rescue*, www.bigcatrescue.org

Bengaltiger: Nitin Sethi «Just 1,411 tigers in India», *Times of India*, 13. Feb. 2008, http://timesofindia.indiatimes.com

Florida-Puma: *Florida Panther Net*, www.floridaconservation.org/panther

54–55 HUFTIERE

Bedrohte Huftiere: *Rote Liste der IUCN*, www.redlist.org

Arabische Oryxantilope: *UNESCO-Weltnaturerbe*, http://whc.unesco.org

«Regional strategy for the conservation of Arabian Oryx», *Jordan Times*, 30. Mai 2007, www.arabenvironment.net

Hunter-Leierantilope: Butynski, T. M. *Independent evaluation of hirola antelope (Beatragus hunteri) conservation status and conservation action in Kenya*, Nairobi, 2000, Kapitel 7, http://coastalforests.tfcg.org

Zwergwildschwein: *Durrell Wildlife Conservation Trust*, www.durrellwildlife.org

Wechselhaftes Schicksal des nordamerikanischen Bisons

Carter, D. «Future of the buffalo business», *National Bison Association*, www.bisoncentral.com

56–57 ELEPHANTEN UND NASHÖRNER

Verbreitung von Elefanten und Nashörnern

Rote Liste der IUCN, www.redlist.org

International Rhino Foundation, www.rhinos-irf.org

58–59 BÄREN

Kemf, E. & al. *Bears in the wild*, WWF, 1999

Bedrohte Bären, bedrohte Pandas

Rote Liste der IUCN, www.redlist.org

Populationsgröße bedrohter Bärenarten

WWF, www.panda.org

Braunbär: «Hunters kill last female bear native to Pyrenees», *Times online*, 4. Nov. 2004, www.timesonline.co.uk

Große Pandas: Elegant, S. «When pandas go wild», *Time*, 6. Jan. 2007, www.time.com

WWF, *Panda-Factsheet*, www.panda.org

60–61 NAGER

Nowak, R. *Walker's mammals of the world*, 6. Auflage, Bd. II, Baltimore und London: The Johns Hopkins University Press, 1999

Bedrohte Nagerarten: *Rote Liste der IUCN*, www.redlist.org

Ein Murmeltier am Rand des Aussterbens

Bryant, A. *Forestry and historical population dynamics of the endangered Vancouver Island marmot*, American Society of Mammalogists meeting, Durham, New Hampshire, Juni 2000, www.speciesatrisk.gc.ca www.marmots.org

62–63 FLEDERTIERE (FLEDERMÄUSE UND FLUGHUNDE)

Bedrohte Fledermäuse: *Rote Liste der IUCN*, www.redlist.org

Rodriguez-Flughund: Factsheet bereitgestellt von Durrell Wildlife Conservation Trust, www.durrell.org

64–65 DELFINE UND WALE

Internationale Walfangkommission (IWC), www.iwcoffice.org

Bedrohte Delfine und Wale: *Rote Liste der IUCN*, www.redlist.org

Chinesischer Flussdelfin: «Baiji dolphin previously thought extinct spotted in Yangtze river», *Science Daily*, 1. Sept. 2007, www.sciencedaily.com

Große Walpopulationen

Internationale Walfangkommission (IWC), www.iwcoffice.org

66–67 REPTILIEN UND AMPHIBIEN

«Disasters take their toll on amphibians», *Pretoria News*, 31. Jan. 2005, www.climateark.org

Global Amphibian Assessment, www.globalamphibians.org

Bedrohte Reptilien, bedrohte Amphibien

Rote Liste der IUCN, www.redlist.org

EarthTrends (Umweltportal des WIR), www.earthtrends.org

Panama-Stummelfrösche: «Last wave of wild golden frog», *BBC News*, 2. Feb. 2008, http://news.bbc.co.uk

Chytridpilz, www.environment.nsw.gov.au

68–69 WIRBELLOSE

Bedrohte Wirbellose: *Rote Liste der IUCN*, www.redlist.org

Asiatischer Marienkäfer: «Hunt for the Harlequin – a UK survey for the world's most invasive ladybird», *Natural Environment Research Council*, Pressemitteilung, 15. März 2005, www.nerc.ac.uk

Monarchfalter: Oberhauser, K./Townsend Peterson, A. «Modeling current and future potential wintering distributions of eastern North American monarch butterflies», in: *Proceedings of the National Academy of Sciences of the United States of America 2003*, 100, S. 14063–14068

Bedrohte Krebstiere: *Rote Liste der IUCN*, www.redlist.org

70–71 FISCHE

Bedrohte Fische: *Rote Liste der IUCN*, www.redlist.org

Globale Produktion

FAO, *World fisheriess production by capture and aquaculture 2005*, www.fao.org

72–73 PFLANZEN

Bedrohte Pflanzen: *Rote Liste der IUCN*, www.redlist.org

Mandrinette: *Rote Liste der IUCN*, www.redlist.org

Bastard-Köcherbaum: Yun, L. «Saving the bastard quiver tree», *IUCN*, 8. Juli 2007, www.conservation.org

Ausmaß der Gefährdung: *Rote Liste der IUCN*, www.redlist.org

KAPITEL 5 BEDROHTE VÖGEL

76–77 VÖGEL

Bedrohte Vögel: *Rote Liste der IUCN*, www.redlist.org

Weißkopf-Seeadler: *American Bald Eagle Information*, www.baldeagleinfo.com

Tristan-Albatros, Gough-Ammerfink: Vidal, J. «From stowaway to supersize predator: the mice eating rare seabirds alive», *The Guardian*, 20. Mai 2008, S. 3

Feldvogelarten

European Bird Census Council, *Trends of common birds in Europe, 2007 update*, www.ebcc.info/trends2007.html

78–79 GREIFVÖGEL UND EULEN

Bedrohte Greifvögel und Eulen: *Rote Liste der IUCN*, www.redlist.org

Der Kalifornische Kondor in höchste Gefahr

US Fish & Wildlife Service, *1996 Recovery Plan for the California Condor*, http://ecos.fws.gov

CRES, *Milestones in Californian Condor Conservation*, http://cres.sandiegozoo.org

Rückgang des Bengalengeiers

Prakash, V., Bombay Natural History Society, zitiert bei: www.peregrinefund.org/conserv_vulture.html

O'Connell, S. «Change in the pecking order», *The Guardian*, 24. Okt. 2002, www.guardian.co.uk

Birdlife International, *Hopes soar after vulture chick hatches*, 9. Jan. 2007, www.birdlife.org

Affenadler: *WWF*, www.panda.org

80–81 PAPAGEIEN UND KAKADUS

Snyder, N. & al. (Hrsg.). *Parrots: Status Survey and Conservation Action Plan*, IUCN, 2000

WWF, www.panda.org

Bedrohte Papageien und Kakadus: *Rote Liste der IUCN*, www.redlist.org

Kakapo: *Kakapo Recovery Programme*, www.kakaporecovery.org.nz

Mauritiussittich: *Birdlife International*, www.birdlife.org

Spix-Ara: *Al Wabra Wildlife Preservation*, Factsheet, http://awwp.alwabra.com

Gelbohrsittich: *International Conure Association*, www.conure.org

Puerto-Rico-Amazone

Quist, C. F. & al. «Granular cell tumor in an endangered Puerto Rican Amazon parrot», *IVCVM 1998*, www.vet.uga.edu

Birdlife International Factsheet, www.birdlife.org

82–83 SEEVÖGEL

Resolution der Generalversammlung der Vereinten Nationen 46/215 vom 20. Dez. 1991, www.panda.org

Bedrohte Seevögel: *Rote Liste der IUCN*, www.redlist.org

Madeirasturmvogel, Brillensturmvogel, Kurzschwanzalbatros

www.uct.ac.za

Birdlife International Factsheet, www.birdlife.org

84–85 ZUGVÖGEL
WWF, www.panda.org
Ramsar-Konvention über Feuchtgebiete, www.ramsar.org
Weltzugvogeltag 2007, www.worldmigratorybirdday.org
«Climate change linked to migratory bird decrease», *Science Daily*, 23. März 2003, www.sciencedaily.com
«Bird migration at mercy of weather patterns», *New Scientist*, 17. Mai 2008, http://environment/newscientist.com
Amerika
National Audubon Society, www.audubon.org
US Forest Service, www.r5.fs.fed.us
WWF, www.panda.org
Europa und Afrika
BirdLife International, www.birdlife.org
Royal Society for the Protection of Birds, www.rspb.org.uk
BirdWatch Ireland, www.birdwatchireland.ie
Guardian Education, 28. März 2000
Migrating birds know no boundaries, www.birds.org.il
www.wildwatch.com
UNESCO-Weltnaturerbe, www.unesco.org
Weltzugvogeltag, www.unep-aewa.org
Asien und Ozeanien: *Sanctuary Asia*, www.sanctuaryasia.com
Weltzugvogeltag: *World Migratory Bird Day 2008 focuses on biodiversity. Migratory bird numbers plummeting globally – warning signs of a changing environment*, African-Eurasian Waterbird Agreement, 8. Mai 2008, www.unep-aewa.org
Malta: *BirdLife International*, «Malta in about-turn on bird hunting laws», 3. April 2006, www.birdlife.org
BirdlLife International, «Maltese 2008 spring hunting season banned by European Court», 25. April 2008, www.birdlife.org

KAPITEL 6 NATUR-, TIER- UND PFLANZENSCHUTZ

88–89 BIODIVERSITÄT DER TIERE
Groombridge, B./Jenkins, M. D. *World atlas of global biodiversity*, World Conservation Press, 2000
Biodiversität der Tiere
World resources 2000–2001, Weltressourceninstitut, 2000, Tabelle BI. 3, www.wri.org
Endemische Arten
EarthTrends (Umweltportal des WIR), www.earthtrends.org
Gesamtzahl aller bekannten Tierarten
Wirbellose: *Global Environmental Outlook 3*, United Nations Environment Programme, www.unep.org
Fische: Froese, R./Pauly, D. (Hrsg.). *FishBase 04/2008 version*, www.fishbase.org
Vögel: LePage D. *Avibase: The World Bird Database 2004*, Port Rowan, Ontario: Bird Studies Canada, www.bsc-eoc.org
Reptilien: European Molecular Biology Laboratory (EMBL), *The EMBL Reptile Database 2004*, Heidelberg, Germany: EMBL, www.embl-heidelberg.de
Amphibien: *Information on amphibian biology and conservation 2004*, Berkeley, California: AmphibiaWeb, http://amphibiaweb.org
Säugetiere: Reeder D. M. & al. *Global trends and biases in new mammal species discoveries*, Museum of Texas Tech University Occasional Papers no. 269, 8. Okt. 2007

90–91 BIODIVERSITÄT DER PFLANZEN
Groombridge, B./Jenkins, M. D. *World atlas of global biodiversity*, World Conservation Press, 2000
Biodiversität der Pflanzen: *World resources 2000–2001*, Weltressourceninstitut, 2000, Tabelle BI. 3, www.wri.org
Endemische Gefäßpflanzenarten
EarthTrends (Umweltportal des WIR), www.earthtrends.org
Anzahl Pflanzenarten: *UNEP-WCMC*

92–93 ÖKOLOGISCHE «HOTSPOTS»
Schutzgebiet Schwerpunkt
Conservation International, www.biodiversityhotspots.org
WWF Protected Areas for a Living Planet, www.panda.org

94–95 SCHUTZ VON TIERARTEN
WAZA-Zoos
World Association of Zoos and Aquariums, www.waza.org
Amurleopard: *Alta Amur Leopard Conservation*, www.amur-leopard.org
Mauritiusfalke: Durrell Wildlife Conservation Trust, www.durrellwildlife.org
Fall und Aufstieg der Hawaiigans
Wildlfowl & Wetlands Trust, www.wwt.org.uk

96–97 SCHUTZ VON PFLANZENARTEN
Plant Conservation Alliance, www.nps.gov/plants/index.htm
Institutionen zum Schutz von Pflanzen
East Asia Botanic Gardens, http://202.127.158.171/eabgn/english/index.htm
Canada BCGI, www.bgci.org/canada/inst_map
Daten für USA und Afrika: *BCGI*, www.bgci.org/usa
Daten für Europa: *The International Plant Exchange Network (IPEN)*, http://www.bgci.org/abs/ipen
Pacific Agricultural Plant Genetic Resources Network (PAPGREN), www.spc.int
China: www.bgci.org
Mimetes chrysanthus: www.redlist.org
Japanischer Staudenknöterich: www.invasive.org
Magnolia: www.bgci.org
Svalbard Global Seed Vault: www.bgci.org

98–99 ERHALT ALTER HAUSTIERARTEN
Bedrohte Haustierarten
FAO Domestic Animal Diversity Information System, www.fao.org/dad-is
Gefährdete Haustierarten
Commission on Genetic Resources for Food and Agriculture, *The state of the world's animal genetic resources for food and agriculture*, Rome: FAO, 2007, S. 39–40
Begriffsdefinitionen
vom Aussterben bedroht: 100 oder weniger sich fortpflanzende Weibchen, 5 oder weniger sich fortpflanzende Männchen, oder eine Population von unter 121 und abnehmend, mit unter 80% sich fortpflanzenden Weibchen
gefährdet: 101–1000 sich fortpflanzende Weibchen, 6–20 sich fortpflanzende Männchen, oder eine Population von 81–99 und zunehmend, mit über 80% sich fortpflanzenden Weibchen
bedroht/gefährdet, Erhaltungsmaßnahmen in Umsetzung: bedrohte oder gefährdete Populationen, für die Schutzprogramme bestehen oder für die Wirtschaftsunternehmen oder Forschungseinrichtungen Erhaltungsmaßnahmen umsetzen

100–101 IMPORTHANDEL
http://www.eu-wildlifetrade.org/index.htm
http://ec.europa.eu/environment/cites/home_en.htm
Hauptimporteure
CITES-Daten zugänglich über *EarthTrends* (Umweltportal des WIR), www.earthtrends.org
Graupapagei: «African Grey parrots under threat from pet trade», *Planet Ark*, 5. Juli 2006, www.planetark.com

102–103 EXPORTHANDEL
http://www.eu-wildlifetrade.org/index.htm
http://ec.europa.eu/environment/cites/home_en.htm
Hauptexporteure
CITES-Daten zugänglich über *EarthTrends* (Umweltprotal des WIR), www.earthtrends.org
Fangverbot von Störfisch: «Caspian Sea states to resume caviar trade», CITES-Pressemitteilung, 6. März 2002, www.cites.org
The Pew Charitable Trust, *Pew Institute for Ocean Science expresses concern over new caviar quotas*, 27. Mai 2008, 222.pewtrusts.org
Elfenbein: «African Elephant ivory sales allowed before renewed ban», *Environment News Service*, 14. Juni 2007, www.ens-newswire.com
Tiger: Traffic, *Authorities act against tiger poachers in Sumatra*, 4. Juni 2008, www.traffic.org

KAPITEL 7 TABELLEN

106–113 TABELLE 1: GESCHÜTZTE ÖKOSYSTEME UND BIODIVERSITÄT
Spalte 1: FAOSTAT
Spalten 2–3: *EarthTrends*, www.earthtrends.org
Spalte 4: www.ramsar.org
Spalten 5–9: *World resources 2000–2001*, Tabelle BI. 3

114–121 TABELLE 2: BEDROHTE ARTEN
Rote Liste der IUCN, www.redlist.org

Register